Rolf Fetscher

Grundlinien der Tiefenpsychologie von S. Freud + C. G. Jung in vergleichender Darstellung

problemata
frommann-holzboog   69

Herausgeber der Reihe „problemata": Günther Holzboog

CIP-Kurztitelaufnahme der Deutschen Bibliothek

Fetscher, Rolf
Grundlinien der Tiefenpsychologie
von S. Freud + [und] C. G. Jung
in vergleichender Darstellung
1. Aufl. – Stuttgart-Bad Cannstatt:
frommann-holzboog, 1978.
(problemata; 69)

ISBN 3-7728-0681-3
ISBN 3-7728-0680-5

© Friedrich Frommann Verlag Günther Holzboog GmbH & Co
Stuttgart-Bad Cannstatt 1978
Gesamtherstellung: Ernst Kieser KG, Augsburg

Der Autor versucht zu zeigen, daß sich die tiefenpsychologischen Konzepte von Freud und Jung ergänzen.

Die Grundkonzeption des Buches folgt der Auffassung, daß die unterschiedliche Theoriebildung bei Freud und Jung Ergebnis ihrer verschiedenen Denkweise – kausal-reduktiv bei Freud, vorwiegend sinngebunden-final bei Jung – ist. Der verschiedenen Denkweise entspricht eine Bevorzugung unterschiedlicher Aspekte am Forschungsobjekt. Freud interessieren vornehmlich seelische Mechanismen, psychodynamische Abläufe und Strukturen des „seelischen Apparates", sowie das, was im Seelischen erworben ist und was damit durch das persönliche Erleben des Einzelnen bedingt ist. Die Aufmerksamkeit Jungs gilt vorwiegend dem Sinn und der Struktur seelischer Inhalte und führt ihn zur Erkenntnis kollektiver, angeborener seelischer „Dominanten" (Archetypen).

Da Freud und Jung sich verschiedenen Aspekten des Seelischen zuwenden, ergibt sich zwischen ihren Auffassungen und gemessen am „Gesamt-Objekt Psyche" in weiten Bereichen ein Ergänzungsverhältnis, auch wenn dies durch die verschiedene Methode und Terminologie verdeckt wird und – insbesondere in der Libido-Theorie – echte Divergenzen vorliegen. Dementsprechend versucht der Autor darzulegen, daß sich die beiden bedeutendsten tiefenpsychologischen Theorien unserer Zeit nicht unversöhnlich gegenüberstehen, sondern sich zu einer vollständigeren Auffassung des Seelischen ergänzen können.

Einerseits wurde durch die Freudschen Erkenntnisse ein großes, bis dahin verborgenes Feld seelischen Geschehens in genauen Begriffen beschreibbar und der therapeutischen Beeinflussung erschlossen. Andererseits wies Jung im seelischen Erleben des Einzelnen allgemeine, angeborene Strukturen und Entwicklungstendenzen in ihrer bildhaften Ausformung nach und ordnete sie in den größeren Seinszusammenhang des „objektiv Seelischen" ein. Damit eröffnete er auch Möglichkeiten, Heilungsimpulse durch das Sichtbarmachen eines autonomen Entwicklungsprozesses der Seele – des Individuationsprozesses – freizulegen.

Schließlich skizziert der Autor die Möglichkeit, die Erkenntnisse beider Schulen in der praktischen therapeutischen Arbeit für den Patienten nutzbar zu machen. Er ist sich dabei im klaren darüber, daß die Akzentsetzung weitgehend von der Persönlichkeit und den Erfahrungen des Therapeuten abhängt, ist aber überzeugt, daß vom Grundsätzlichen her der Verzicht auf eine der beiden Theorien und das weite Feld ihrer Forschungsresultate eine Verarmung an therapeutischen und erkenntnismäßigen Möglichkeiten bedeutet.

General aspects. Freud's preference for formal aspects. Jung's theory-construction, oriented toward psychic content. Analysis as a dialogic process in Freud's work, as an autonomous process in the work of Jung. Freud and Jung on the unconscious *and its contents, the theory of libido and of drives, transference, the concept of the dream and the interpretation of dreams. On the possibility of a synthesis of their respective theoretical conceptions in therapeutic practice.*

The author attempts to show that the depth psychology developed by Jung to a large extent complements that of Freud. The basis tenet of this work is that their differing theory-construction is the result of their differing modes of thought: causal and reductive in Freud's case, predominantly briented toward meaning and final causes in the case of Jung. These divergent modes of thought also lead Freud and Jung to investigate different aspects of the research object. Freud was mainly interested in psychic mechanisms, psychodynamic processes and structures of the ‚psychic apparatus‘ as such, as well as that which is acquired by the psyche and which therefore preeminently is determined by the individual's personal experience. Jung was mainly concerned with the meaning and structure of psychic content, which led him to the perception of collective, innate psychic ‚dominants‘ (archetypes).

Precisely because Freud and Jung deal with different aspects of the psyche, there exists between their conceptions a largely complementary relationship with regard to the psyche as a whole. Although this relationship is obscured by differences in method and terminology and although they hold some genuinely divergent views, especially in their respective theories of libido, the author attempts to show that the two most important contemporary theories of depth psychology are not incontrovertibly opposed to each other. Rather, they can be combined to provide a more comprehensive conception of the psyche.

On the one hand, Freud's insights made possible the exact description of a large and hitherto concealed area of psychic experience, thereby making it amenable to therapy. On the other hand, Jung showed that there exist symbolic forms of general, innate structures and developmental tendencies in the individual's psychic experience and placed these in the broader ontological context of the ‚objective psyche‘. Thus he brought to light an autonomous process of psychic development – the process of individuation – which in turn opened up ways to uncover healing impulses.

Finally, the author sketches the possibility of making use of the combined insights of the two schools of thought in thereapeutic practice. He is conscious of the fact that each therapist will place the accent on one school or the other, in accordance with his or her own personality and experience. Nevertheless, he is convinced that to renounce in principle one of the two theories, together with the wide range of their research findings, is to accept an unnecessary limitation on the possibilities of therapy and of knowledge.

Inhalt

Zweiter Teil: Das Unbewußte und seine Inhalte

Dritter Teil: Die Trieb- und Libidotheorie bei S. Freud und C. G. Jung

Vierter Teil: Die Übertragung in der Psychologie von S. Freud und C. G. Jung

Fünfter Teil: Traum und Traumdeutung

Erster Teil

„Nicht vertilgt werden sollen die Systeme, sondern zusammenbestehen, wie die verschiedenen Systeme in einem Organismus, und durch dieses ihr Zusammenbestehen eine Ansicht erzeugen, die über allen einzelnen liegt . . .“

Schelling*

* Schelling V, 7, „Erlanger Vorträge“

Einleitung

„It is only fair to advise those who have the hardihood to read essays on psychological theory that fundamentally the science of psychology is an exercise in imagination."

Edward Glover*

Diesen Satz stellt Edward Glover an den Anfang seines Buches „The Birth of the Ego". Er erscheint nützlich, um von vornherein das Gewicht theoretischer Vorstellungen zu relativieren und dogmatischen Versteifungen vorzubeugen.

Freud und Jung haben dasselbe Forschungsobjekt, die menschliche Psyche. Sie unterscheiden sich von den bis dahin vorherrschenden Richtungen der akademischen Psychologie durch die Anerkennung eines dynamischen Unbewußten und die Erforschung von im Unbewußten sich abspielenden psychischen Dynamismen, und sie benützten mindestens über eine gewisse Wegstrecke ihrer Arbeit eine gleiche oder ähnliche Methode, sich dem Unbewußten und seinen Phänomenen zu nähern: die Methode der freien Assoziation und der Traumdeutung, deren Voraussetzung das absolute Ernstnehmen aller wie immer gearteten Äußerungen des Seelenlebens ist. Trotzdem gelangten sie schließlich zu Auffassungen, die sich erheblich unterschieden, und im weiteren Verlaufe kam es zu einer immer stärkeren Konfrontation der beiden Schulen, die schließlich den Anschein erweckte, als stünden sich die beiden Theoriebildungen in einem Ausschließungsverhältnis gegenüber.

Das Objekt der Forschung, die Seele bzw. die Seelentätigkeit, ist aus sich heraus gegeben. Es wird nicht wie etwa in der Physik und in der Chemie durch die Methode bestimmt und abgegrenzt. Vielmehr wird der methodische Zugang seinerseits bestimmt durch die Eigenheiten des Objektes oder besser: die Komplexheit des Objektes erfordert verschiedene Methoden des Zuganges, wie ja auch die somatische Medizin einer Vielheit von Forschungsmethoden zur Erfassung ihres Objektes bedarf: der Chemie, Physik, Anatomie, Pathologie, Physiologie etc. Einerseits fließen die Besonderheiten der Methode in die Untersuchungen mit ein

---

* Glover, 1968, 7

und gestalten das Ergebnis mit, andererseits begrenzen sie den Ausschnitt, der jeweils sichtbar gemacht werden kann. Mit anderen Worten: verschiedene Beobachtungsmethoden und -standpunkte werden jeweils andere Aspekte des Objektes erfassen. Deswegen erscheint es wünschenswert, das Objekt von verschiedenen Beobachtungsstandpunkten aus zu betrachten und die verschiedenen Objekt-Facetten, die sich dabei ergeben, zu einem umfassenderen Bild des Gesamtobjektes zusammenzufügen.

In der Psychologie sind der Weg, den ein Forscher wählt, und seine Methode in besonderem Maße abhängig von persönlichen Voraussetzungen, die häufig den Charakter einer fundamentalen Einstellung oder Überzeugung besitzen und nicht mehr weiter aufgelöst werden können.

Freuds Denken ist durchdrungen von dem naturwissenschaftlichen, kausal-reduktiven Denken seiner Zeit. Dem gegenüber steht die mehr finale und sinn-orientierte Denkweise Jungs. Sofern man nicht von vornherein einer der beiden Betrachtungsweisen ihre Berechtigung abspricht, müßte man annehmen, daß sie sich prinzipiell gegenseitig ergänzen könnten. Dem stehen jedoch, soweit ich sehe, zwei hauptsächliche Schwierigkeiten im Wege: Erstens kommt es im Laufe einer langwierigen Theoriebildung zur Entstehung einer eigenen Vorstellungswelt und Terminologie, welche zu einer Präzisierung der Ausdrucksmöglichkeiten innerhalb der Theorie führt, jedoch gleichzeitig zu einer Erschwerung der Verständigungsmöglichkeit nach außen.

Zweitens kann die Entwicklung zu Vorstellungen führen, die sich substantiell mit denen der anderen Schule nicht mehr vereinigen lassen. Dies könnte in unserem Falle vielleicht für das unterschiedliche Libido-Konzept von Freud und Jung gelten, wo eine echte Unvereinbarkeit vorzuliegen scheint.

Eine weitere Schwierigkeit liegt in der psychologischen Situation der Forscher selbst. Eine einmal aufgebaute Vorstellungswelt besitzt eine eigene Faszination, um so mehr, je neuartiger, geschlossener und dynamischer sie ist. Alle drei Bedingungen treffen für die Freudsche Psychoanalyse in weitem Maße zu. Um zu seiner eigenen Denkwelt vorzustoßen, bedurfte es deshalb für Jung einer gewaltigen Anstrengung. Er mußte sich abgrenzen und den anderen abstoßen, um sein eigenes Feld abstecken zu können. Andererseits kämpfte Freud um die Geschlossenheit seiner Theorie und um die Unantastbarkeit seiner persönlichen Voraussetzungen mit derselben oder noch größerer Entschiedenheit. Jung hat immerhin die subjektive Bedingtheit der psychologischen Theoriebildung immer gesehen und betont. Interessanterweise schreibt er in seiner Arbeit „Der Gegensatz Freud und Jung": „Die Einsicht in den subjektiven Charakter jeder Psychologie, die von einem einzelnen erzeugt ist, dürfte das Merkmal sein, welches mich von Freud am strengsten sondert" (JGW IV, 388). Wie dem auch sei, heute sollten diese in der Psychologie der Forscher selbst gelegenen Schwierigkeiten in den Hintergrund treten und einer ruhigen Überprüfung der Ergebnisse beider Schulen Platz machen.

Die Schwierigkeit für eine vergleichende Darstellung der beiden Schulen besteht darin, einen Modus zu finden, der es erlaubt, beide Auffassungen in ihren Grundlinien so aufzuzeichnen, daß die Verschiedenheiten der Ausgangspunkte und der Ergebnisse deutlich hervortreten, ohne daß dabei unnötige Gegensätzlichkeiten konstruiert werden. Im Hintergrund stehen dabei immer die Überlegungen: erstens wo die Theorien sich gegenseitig ergänzen könnten, zweitens wo sie sich auszuschließen scheinen, und drittens wo das große Feld liegt, auf dem die verschiedenen Forschungswege zu Beobachtungen und Folgerungen geführt haben, die sich nicht unmittelbar berühren und die man gewissermaßen unverbunden nebeneinander stehen lassen kann.

Ich möchte zunächst versuchen, beide Psychologien unter möglichst allgemeinen Aspekten zu untersuchen, Aspekten, die es erlauben, durchgängige Linien der besonderen Auffassung des Gegenstandes durch Freud und Jung aufzuweisen und die neutral genug sind, um nicht von vornherein Gegensätzlichkeiten zu ergeben, die gewissermaßen den weiteren Weg der Untersuchung verlegen.

Ich wähle dabei erstens die Betonung des *formalen* bzw. des *inhaltlichen Gesichtspunktes* bei der Untersuchung des Objektes und zweitens die Auffassung der Analyse als eines *dialogischen Prozesses* auf der einen bzw. als eines *autonomen Prozesses* auf der anderen Seite.

Anschließend an die Betrachtung unter diesen allgemeinen Gesichtspunkten, werde ich einige Teilgebiete besprechen, die für die Gegenüberstellung der beiden Systeme besonders wichtig und geeignet erscheinen, nämlich *erstens* die Auffassung und die Bedeutung des Unbewußten, *zweitens* die Libidotheorie, *drittens* die Übertragung, *viertens* die

Traumdeutung, *fünftens* möchte ich schließlich kurz die Möglichkeit einer Synthese der beiden Auffassungen in der praktischen therapeutischen Arbeit besprechen.

Das folgende Schema soll skizzenhaft und ohne Anspruch auf Vollständigkeit versuchen, das gegenseitige Verhältnis einiger theoretischer Konzeptionen von Freud und Jung zu veranschaulichen. Eine gewisse Willkür, die derartigen Einteilungen anhaftet, muß dabei in Kauf genommen werden.

~~Jung~~ *Freud* | ~~Freud~~ *Jung*

---

gemeinsam

das dynamische Unbewußte

ergänzend	*ergänzend*
kausal-mechanistische, reduktive Denkweise	finale, sinnorientierte Denkweise
reduktive Traumdeutung	„kompensatorische" Traumdeutung
objektstufige Traumdeutung	subjektstufige Traumdeutung
ohne unmittelbare Berührung	*ohne unmittelbare Berührung*
Beschreibung formaler psychodynamischer Abläufe (z. B. Abwehrmechanismen)	das kollektive Unbewußte
	Archetypenlehre
Beschreibung der Stufen der Libidoentwicklung	Individuationsprozeß

in gegenseitigem Ausschließungsverhältnis

Libido als seelische Energie (neben der Aggression), die sich ausschließlich aus sexueller Triebkraft herleitet	Libido als rein quantitativ-energetisch aufgefaßter und von einem Substrat abgelöster Begriff, als Ausdruck und Ergebnis eines Potentialgefälles zwischen jeweils polar angeordneten Gegebenheiten des Seins

A Der formal und der inhaltlich orientierte Gesichtspunkt

1. Die Bevorzugung formaler Gesichtspunkte bei Freud

Wenn man die beiden Psychologien in ihrer endgültigen Gestalt von einem genügend entfernten Standpunkt aus betrachtet, dann erkennt man deutlich, daß im Brennpunkt der Aufmerksamkeit bei Freud formale, bei Jung aber inhaltliche Aspekte überwiegen. Um zu zeigen, was ich damit meine: Freud hat eine psychologische Theorie geschaffen, die vor allem psychische *Mechanismen* und *Strukturen* beschreibt. Die Mechanismen sind z. B. die Abwehrmechanismen des Ich, Strukturen das Es, Ich und Überich. Die inhaltlichen Gegebenheiten beschränken sich auf die sexuellen Phantasien und ihre Abkömmlinge (z. B. Sublimierungen; ich sehe dabei ab von der späteren Entwicklung der Ich-Psychologie, die jedoch ebenfalls die Beschreibung formaler Aspekte bevorzugt). Während Freud sich also vornehmlich für das *Wie* des Ablaufes der seelischen Vorgänge interessiert, interessiert sich Jung für das *Was* der seelischen Erscheinungen, für den gestalthaften Inhalt seelischer Phänomene: z. B. den Inhalt der psychotischen und neurotischen Phantasien, ihre Struktur und ihren Sinn.

Freud war sich über diesen Unterschied der Interessenrichtung schon früh klar: in „Geschichte der psychoanalytischen Bewegung" schreibt er 1914: „Ich will es nicht unterlassen, auf einen Unterschied hinzuweisen, der schon damals in der Arbeitsrichtung der beiden Schulen [nämlich der Wiener bzw. der Züricher Schule] deutlich war ... Mir war ... nicht die Deutbarkeit der Symptome [ihr Sinn!]*, sondern der *psychische Mechanismus* der Erkrankung das Wichtige gewesen ..." (FGW X, 67ff) und später: „Erinnern wir uns ferner daran, daß die Untersuchungen der Schweizer Schule trotz all ihrer Verdienstlichkeit doch nur über zwei

---

* Bemerkungen und Ergänzungen des Verfassers sind jeweils in eckige Klammern gesetzt.

Punkte im Bilde der Dementia praecox Aufklärung gebracht haben, über die Existenz der von Gesunden wie von Neurotikern bekannten Komplexe und über die Ähnlichkeit ihrer Phantasiebildungen mit den Völkermythen, auf den *Mechanismus der Erkrankung* aber sonst kein Licht werfen konnten" (FGW X, 146. Hervorhebung vom Verf.).

Die Betonung formaler Aspekte ist bei Freud eng verbunden mit seiner Herkunft aus dem naturwissenschaftlichen, mechanistischen und kausalreduktiven Denken seiner Zeit.

1.1 Die Voraussetzungen Freuds

Ungeachtet der Originalität und des Mutes zur Unbefangenheit gegenüber traditionellen Anschauungen, die Freud im Bereiche seiner eigenen psychologischen Forschungen auszeichnen, ist doch zu erwarten, daß er in den Grundpositionen seines Denkens von Zeitströmungen beeinflußt wurde.

Tatsächlich ist sein Weltbild geprägt vom mechanistisch-materialistischen Denken seiner Zeit, welches besonders in der damaligen Naturwissenschaft dominierte. Diese, in ihren Methoden basierend auf einem reduktiv-kausalen Denken, schien ihre materialistische Grundanschauung durch die eigenen Erfolge bekräftigen zu können. Andererseits wurde sie bestätigt durch Entwicklungen in den Geisteswissenschaften, wo um die Mitte des Jahrhunderts die Philosophie des Deutschen Idealismus abgelöst wurde von einer materialistischen Strömung.

Als bedeutendster Exponent dieses Denkansatzes vor Marx hatte sich Ludwig Feuerbach, ursprünglich von Hegel herkommend, gegen die idealistische Philosophie gewendet und einen „anthropologischen, sensualistischen Materialismus" begründet. Er stellte der Verabsolutierung des denkenden Subjektes und des Geistes die unmittelbare Gegebenheit des leiblichen Menschen, den Primat der Materie und der sinnlichen Erfahrung entgegen. Abgesehen von seiner Rolle als Wegbereiter des historischen, dialektischen Materialismus von Marx und Lenin („Der anthropologische Materialismus . . . verkörpert . . . die fortgeschrittenste Stufe des vormarxistischen Materialismus überhaupt", Schmidt 1976, 212), war sein Einfluß auf seine Zeit allgemein außerordentlich groß: „Wenigen deutschen Philosophen um die Mitte des letzten Jahrhunderts

können derart weitgespannte Nachwirkungen zuerkannt werden"
(Braun 1971, 33).

Es ist unwahrscheinlich, daß Freud direkt von Feuerbach beeinflußt
wurde, nirgends in seinem Werk wird der Philosoph erwähnt. Die Feuerbachschen Anschauungen scheinen vielmehr mittelbar, zum Teil vielleicht über die akademischen Lehrer Freuds auf diesen eingewirkt zu
haben (s. auch Braun 1971, 42 und Jones 1962, III, 419).

In jüngster Zeit versuchten Dimitrov und Gerdjikov eine Reihe von
Übereinstimmungen in den Konzeptionen Feuerbachs und Freuds nachzuweisen (Dimitrov 1974, 87 ff).

Sie finden bei Feuerbach das deterministische Prinzip, welches Freud
zur Basis seiner Psychologie macht, den „Glückseligkeitstrieb" als Vorläufer des Freudschen „Lustprinzips" (s. Dritter Teil 1.2), die zentrale
Stellung der Triebe als biologisch verankerter Bedürfnisse, Entsprechungen zur strukturellen Einteilung der Psyche in Ich, Es und Überich und schließlich eine weitgehende Übereinstimmung in der Auffassung der Religion.

Freilich ist vieles, was bei Feuerbach nur angedeutet ist, bei Freud – vom
mechanistisch-materialistischen Gesichtspunkt aus gesehen – konse-
quenter durchgeführt. Die Feuerbachschen Anschauungen sind zugleich organismisch-ganzheitlicher und psychologisch weniger differenziert. Körperlich-Seelisches-Geistiges werden mehr ineins gesehen,
wenngleich der Leib in seiner sinnlichen Erfahrbarkeit zum Mittelpunkt
philosophischer Seins-Gewißheit wird, im Unterschied zum Descart-
schen Cogito, ergo sum: „Konkrete Existenz kann der Leib genannt
werden. Nur wo der Leib ist, gilt der Mensch als wirklich" (Braun, 1971,
91).*

* Feuerbachs Philosophie nimmt ihren Ausgang „beim konkret-sinnlichen,
raumzeitlich bestimmten Menschen – nicht (wie der französische Materialismus des 18. Jahrhunderts) bei mechanisch bewegter, einzelwissenschaftlich
erforschter Materie" (Schmidt 1976, 185). Feuerbach sieht den Menschen in
seiner geistig-leiblichen Ganzheit und die sinnliche Erfahrbarkeit von Leib
und Welt wird für ihn zu einem konstitutiven Moment für die Gewißheit des
existenziellen Seins. Aber er reduziert dieses Sein nicht auf seine materielle
Grundlage und auf die mechanisch-physiologischen Bedingungen der Leib-
Seite. Im Gegenteil richtet sich seine Kritik genauso wie gegen den idealistischen Standpunkt auch gegen eine mechanistisch-materialistische Philosophie
„wenn diese die menschliche Wirklichkeit auf die dürre Abstraktion ‚bewegte
Materie' glaubt bringen zu können" (Schmidt 1976, 188).

Die Freudschen Reduktionen gehen viel weiter. Er versucht, Seelisches über das Bindeglied des Triebes kausal auf die körperlich-materielle Grundlage zurückzuführen und physiologisch zu erklären. Geistiges wird als Sublimierung triebhafter Vorgänge, das heißt als ein Epiphänomen des Körperlichen aufgefaßt.

Trotz dieser Einschränkungen möchte ich auf einige der interessanten Übereinstimmungen näher eingehen:

Als zentrales Motiv menschlichen Handelns faßt Feuerbach einen eudämonistischen „Glückseligkeitstrieb" auf. Im Unterschied zum streng definierten Freudschen Trieb (siehe Dritter Teil A, 1.) bedeutet dieser Glückseligkeitstrieb jedoch letztlich die Realisierung aller Triebe, Bedürfnisse – auch geistiger Bedürfnisse – und Anlagen des menschlichen Wesens: „Der Glückseligkeitstrieb ist der Trieb der Triebe. Jeder Trieb ist ein anonymer, weil nur nach dem Gegenstand, worein der Mensch sein Glück setzt, benannter Glückseligkeitstrieb" (Feuerbach X, 108), und „jede Befriedigung eines Triebes, sei dieser nun ein *niederer oder höherer, psychischer oder geistiger, practischer oder theoretischer,* ist für den Menschen ein göttlicher Genuß . . ." (Feuerbach VIII, 68, Hervorhebungen vom Autor). Es liegt nahe, in dieser, die Lust „vergöttlichenden" Auffassung eine Verläuferin des Freudschen „Lustprinzips" zu sehen.

Freuds psychologische Unterscheidung von Ich und Es, beziehungsweise von bewußt und unbewußt ist bei Feuerbach philosophisch vorbereitet in der Beschreibung der „Relation von Ich zu Nichtich": „Der Mensch steht mit seinem Ich oder Bewußtsein an dem Rande eines unergründlichen Abgrunds, der aber nichts Anderes ist, als sein eigenes bewusstloses Wesen, das ihm wie ein fremdes Wesen vorkommt. Das Gefühl, das den Menschen an diesem Abgrund ergreift, das in die Worte der Be- und Verwunderung ausbricht: was bin ich? woher? wozu? ist das religiöse Gefühl, das Gefühl, daß Ich Nichts bin ohne ein Nichtich, welches zwar von mir unterschieden, aber doch mit mir innigst verbunden, ein *anderes* und doch mein *eigenes* Wesen ist" (Feuerbach VIII, 392).

Der „Abgrund des Nichtich" läßt sich durchaus mit der Triebsphäre des Freudschen „Es" vergleichen, obgleich das Letztere gerade durch seine Beschränkung als Grundlage nur triebhafter Vorgänge enger gefaßt ist. Während Feuerbach angesichts des Nichtich ein „religiöses Gefühl" beschreibt, führt bei Freud eben diese Einengung des menschlichen Urgrundes zur „Mythologie der Triebe" (s. Dritter Teil 2.25).

Die Parallele geht noch weiter bis zur Vorausnahme der Freudschen Einteilung des „psychischen Apparates" in Es, Ich und Überich. Feuerbach schreibt: „Je tiefer der Mensch in sich eingeht, desto mehr sieht er den Unterschied zwischen Natur und Mensch oder Ich verschwinden, desto mehr erkennt er, daß er nur das oder ein *bewusstes Bewusstloses,* das oder ein *Ich seiendes Nichtich* ist. Daher ist der Mensch das allertiefste und tiefsinnigste Wesen. Aber der Mensch begreift und erträgt seine eigene Tiefe nicht und zerspaltet daher sein Wesen in ein Ich ohne Nichtich, welches er Gott, und ein Nichtich ohne Ich, welches er Natur nennt." (Feuerbach VIII, 394, Fußnote; siehe dazu auch Dimitrov 1974, 91/92.)

Wie bei Freud das Ich eingespannt ist zwischen das „Es" auf der einen, und das „Überich" auf der anderen Seite, so bei Feuerbach zwischen „Nichtich ohne Ich" und „Ich ohne Nichtich". Der dunkle Urgrund des „Nichtich ohne Ich" ist bei Feuerbach die blind waltende Natur und entspricht der letzten Endes ebenso unerkennbaren Triebsphäre des „Es" bei Freud, während das „Ich ohne Nichtich" als eine Instanz gesehen werden kann, die unabhängig von den Notwendigkeiten der Natur über das abhängige Ich gebietet und in welchem Feuerbach den alten Gottesbegriff erkennt, der bei Freud eine Projektion des Überich darstellt.

Weitgehende Entsprechungen finden sich in den Auffassungen Feuerbachs und Freuds über die Religion. Bei Feuerbach bezieht sich das religiöse Gefühl in seinem Ursprung nicht mehr auf ein transzendentes, göttliches Wesen, das in eigenständigem Sein Ursache und Ziel des menschlichen Lebens ist, sondern es bezieht sich auf den Menschen selbst. Theologie wird bei Feuerbach zur Anthropologie. Wie später Freud erklärt er Gott aus psychologischen Prämissen, und zwar als eine Projektion des vergöttlichten Wesens des Menschen an einen imaginären Himmel (vgl. Braun 1971, 17).

„Die Theologie ist Anthropologie, d. h. in dem Gegenstande der Religion, den wir griechisch Theos, deutsch Gott nennen, spricht sich nichts Anderes aus als das Wesen des Menschen, oder: der Gott des Menschen ist nichts Anderes als das vergötterte Wesen des Menschen, . . ." (Feuerbach VIII, 21). Der Gottesbegriff wird also wie bei Freud psychologi-

sierend aus der Natur des Menschen erklärt, die Religion aus Gefühlen der Abhängigkeit: „Das Abhängigkeitsgefühl des Menschen ist der Grund der Religion; der Gegenstand dieses Abhängigkeitsgefühles, Das, wovon der Mensch abhängig ist und abhängig sich fühlt, ist aber ursprünglich nichts Anderes, als die Natur" (Feuerbach, VII, 434).

Wie Freud sieht auch Feuerbach im religiösen Bedürfnis ein kindliches Stadium der Menschheit: „Die Religion ist das *kindliche Wesen* der Menschheit" (Feuerbach VI, 16). Zwar ist ihm die Religion nicht durchweg eine pathologische Bildung, wie sie Freud erscheint, aber ihre Phänomene finden doch zum Teil ihre Erklärung in der menschlichen Pathologie: „Ich habe in meinem Wesen des Christenthums ausgesprochen, daß die Geheimnisse der Religion nicht nur in der Anthropologie, sondern selbst auch in der Pathologie ihre Auflösung und Aufklärung finden" (Feuerbach VIII, 43/44). Für Freud gleicht die Religion einer Kindheitsneurose der Menschheit, wird also zu einem kollektiv-pathologischen Phänomen, das überwunden werden sollte: „Dabei drängt sich ihm [dem Psychologen] die Auffassung auf, daß die Religion einer Kindheitsneurose vergleichbar sei, und er ist optimistisch genug, anzunehmen, daß die Menschheit diese neurotische Phase überwinden wird, wie so viele Kinder ihre ähnliche Neurose auswachsen" (FGW XIV, 377). Die Inhalte der Religion sind auch bei ihm bedingt durch Abhängigkeitsgefühl und Schutzbedürfnis (s. ebd. 338).

In beiden Ansätzen führt die materialistische Grundposition mit ihrer Negierung eines eigenständigen geistig-transzendenten Prinzips zu einer Zurückverweisung des Menschen auf sich selbst und notwendig in der Folge zu einer psychologisierenden Erklärung religiöser Phänomene. Insofern der Glückseligkeitstrieb bei Feuerbach aber die Realisierung aller Bedürfnisse, Fähigkeiten, und Anlagen des Menschen meint, geht die Reduktion menschlichen Wesens bei ihm viel weniger weit als bei Freud, der menschliche Motivierungen ausschließlich auf biologisch-physiologisch begründete Triebhaftigkeit im engeren Sinne zurückführt. Ja, die Feuerbachsche Anschauung führt geradezu zu einer „Vergöttlichung" des Menschen, insofern er alle Wesenszüge, die bis dahin Gott zugeschrieben wurden, als solche des Menschen postuliert: „Was dem Menschen *Gott* ist, das ist *sein Geist, seine Seele,* und was des *Menschen Geist, seine Seele, sein Herz, das ist sein Gott:* Gott ist das *offenbare* Innere, das *ausgesprochene* Selbst des Menschen; die Religion die feierliche Enthüllung der verborgenen Schätze des Menschen ..." und: *„Das göttliche Wesen ist nichts Anderes* als das menschliche Wesen oder besser: *das Wesen des Menschen,* abgesondert von den Schranken des individuellen, das heißt, wirklichen, leiblichen Menschen, vergegenständlicht, das heißt, *angeschaut* und *verehrt als ein anderes von ihm unterschiedenes eigenes Wesen – alle Bestimmungen* des göttlichen Wesens sind darum Bestimmungen des menschlichen Wesens" (Feuerbach VI, 15 und 17).

Feuerbach schreibt also dem menschlichen Wesen alle Vollkommenheiten zu, die der Gottesvorstellung eignen, und er versucht, diese Vollkommenheit dem „selbstentfremdeten" Menschen zurückzugeben. (Dies ist auch die anthropologisch-ideologische Grundlage des dialektischen Materialismus, der ein innerweltliches Heil nur erwarten kann, sofern der Mensch seiner Natur nach vollkommen und gut sei!) Damit wird die Religion für Feuerbach zugleich Ausdruck einer kindlichen Verfassung der Menschheit, als auch eines Mangels und eines Hindernisses der Selbstverwirklichung des Menschen: „Positive Religionen sind [für Feuerbach] Erscheinungen verfehlter menschlicher Selbstrealisierung ... das Göttliche erscheint als Gegenbild des Menschen, und zwar als vollkommenes eines gebrochenen, unvollkommenen. Es ist Antwort darauf, daß sich der Mensch meist nicht selbst erreicht, sondern – immer wieder in der Geschichte – verfehlt ... Religiöses Verhalten bringt nach Feuerbach also eine menschliche Selbstentfremdung zum Ausdruck" (Braun 1972, 171).

Während also Feuerbach letzten Endes Gott im Menschen wiederfindet, ist Gott für Freud nur eine Illusion, gespeist aus infantilen Abhängigkeitsgefühlen und Wünschen und ohne wesensmäßige Entsprechung im Menschen, der von Natur ein unvollkommenes, leidendes und zum Leiden verurteiltes Wesen ist, hineingestellt zwischen die triebhaften Grundmächte Eros und Todestrieb und deren psychologische Entsprechungen Liebe und Haß (siehe Dritter Teil A 2.2). Im Gegensatz zu Freud behält Feuerbach offenbar ein Stück idealistischer Sicht bei. Das kommt deutlich in der Konzeption seines „Glückseligkeitstriebes" zum Ausdruck, der, wie bereits dargestellt, eine ganz allgemeine Realisierungstendenz aller menschlichen Bedürfnisse, zu denen Feuerbach durchaus auch primär geistige Strebungen zählt, meint, und sich damit wesentlich unterscheidet von dem mechanistisch-materialistisch aufgefaßten, auf die physiologische Grundlage verweisenden Triebbegriff Freuds.

Nicht zuletzt auch ist der Begriff des Glückseligkeitstriebes bei Feuerbach eingebettet in eine anthropologische Konzeption, in der für das menschliche Sein die „Ich – Du – Relation" wesentlich, ja konstitutiv ist. „Wesensmäßig, nicht akzidentell gehört [für Feuerbach] zur Existenz des Menschen der konkrete andere Mensch. Wesensteil des Ich ist das mitmenschliche Du . . . Ich und Du sind als transzendierende aufgefaßt. Ihr Transzendieren ermöglicht sich aus dem Wesen der Empfindung und Liebe" (Braun 1971, 119). Damit findet der Glückseligkeitstrieb Feuerbachs sein Regulativ jeweils in den Bedürfnissen des Du. Feuerbach ist Optimist, und er glaubt an eine „Läuterung und Erhebung des Glückseligkeitstriebes" im Zuge der Entwicklung des Menschengeschlechtes „aus seinem singulären in einen universellen, aus seinem individuellen in einen sozialen, aus seinem nationalen in einen globalen-menschheitlichen Status" (ebd., 115).

Für den Skeptiker Freud stößt der Trieb an die Schranken der kulturellen Gegebenheiten und wird nie voll befriedigt werden können. Zusätzlich erwächst dem Menschen Pein aus dem Schuldgefühl, das „Ausdruck [ist] des Ambivalenzkonflikts, des ewigen Kampfes zwischen dem Eros und dem Destruktions- oder Todestrieb" (FGW XIV, 492). Der Preis der Menschheitsentwicklung ist Leiden. Der Einzelne ist seiner Natur nach in sich eingeschlossen. Der Trieb zielt zwar auf ein Objekt, ist aber stets in Gefahr, zurückgeworfen, vom Objekt oder den soziokulturellen Schranken abgewiesen zu werden. Er fällt dann gewissermaßen auf das Ich zurück und stürzt es in neurotische Leiden.

Während die Anthropologie Feuerbachs die marxistische Heilsbotschaft vorbereitet, die das Glück des Einzelnen von einem transzendenten Bezug auf Gott loslöst und in einer kollektiven Solidarität der Menschen zu finden hofft, herrscht bei Freud in bezug auf das Wesen des Menschen Pessimismus. Eine Verbesserung des Lebens erhofft er von der Wissenschaft, vielleicht auch einen Trost in der Genugtuung des Wissens als solchem (siehe FGW XIV, 379). Aber letztlich ist es bei ihm die Tapferkeit des Einzelnen, mit der er versucht, die Würde des Menschen aus sich selbst heraus zu vertreten. Vielleicht, ganz zuunterst, setzt er doch ein Stückchen Hoffnung auf eine irrationale „himmlische Macht". Dies könnte man vermuten, wenn er am Schluß seiner Arbeit „Das Unbehagen in der Kultur" schreibt: „Die Schicksalsfrage der Menschenart scheint mir zu sein, ob und in welchem Maße es ihrer Kulturentwicklung gelingen wird, der Störung des Zusammenlebens durch den menschlichen Aggressions- und Selbstvernichtungstrieb Herr zu werden . . . Die Menschen haben es jetzt in der Beherrschung der Naturkräfte so weit gebracht, daß sie es mit deren Hilfe leicht haben, einander bis auf den letzten Mann auszurotten . . . Und nun ist zu erwarten, daß die andere der beiden ‚himmlischen Mächte‘, der ewige Eros, eine Anstrengung machen wird, um sich im Kampf mit seinem ebenso unsterblichen Gegner zu behaupten. Aber wer kann den Erfolg und Ausgang voraussehen?" (FGW XIV, 506).

Ich bin auf die Feuerbachschen Anschauungen näher eingegangen, weil sie ein gutes Bild des geistigen Hintergrundes geben, vor dem das Freudsche Denken sich abspielte.

Ich möchte jetzt noch kurz einige Einflüsse skizzieren, die unmittelbar auf Freud eingewirkt haben. Im Vorangehenden wurde schon angedeutet, daß das naturwissenschaftliche Weltbild seiner Zeit es Freud nahelegte, die Psyche als einen „Apparat" zu konzipieren, der gemäß einem physikalischen Modell funktioniere und dessen Wirkungsweise kausal eindeutig bestimmt sei. Hier scheint ein direkter Einfluß von Helmholtz vorzuliegen. Nach Rapaport zeigt sich dieser „im Postulat des durchgehenden Determinismus, in der zentralen Position des Lust-Unlust-Prinzips . . ., im Realitätsprinzip, das dem Prinzip des geringsten Energieaufwandes nachgebildet ist, und schließlich im ökonomischen Prinzip, das dem Prinzip der Energieerhaltung folgt" (Rapaport 1973, 15).

Die jüdische Tradition der talmudischen Interpretation schärfte Freuds Blick für Motivationen, die hinter der sichtbaren Oberfläche des psychologischen Ausdruckes standen. Rapaport schreibt dazu: „Der stereotype aramäische Satz, der die talmudische Interpretation einleitet, lautet in der Übersetzung: ‚Was will er mich hören lassen?‘ " (Rapaport 1973, 18). Diese Art zu fragen induziert ein Denken, welches sich nicht mit dem unmittelbar Gegebenen begnügt, sondern das Eigentliche und Wesentliche dahinter vermutet.

Die genetische Tendenz des Freudschen Denkens wurde sicherlich gefördert durch den Einfluß der Darwinschen Evolutions-Theorie, die ihrerseits wieder großartiges Ergebnis einer kausal-reduktiven Denkweise war. Die genannten Faktoren verhalfen Freud zu einer bestimmten Auffassung und Interpretation der psychischen Phänomene, welchen er an seinen Patienten begegnete. Hier tritt schließlich noch der Einfluß zutage, den ein bestimmtes Krankengut auf sein Denken haben mußte. Die ersten Eindrücke empfing er vor allem an hysterischen Patientinnen, an denen sich zeigen ließ, daß hinter den Symptombildungen sexuelle Phantasien steckten. Freud hatte damit *die* inhaltliche Bestimmung gefunden, an der er ausschließlich während seines ganzen Lebens festhielt. Durch diese Beschränkung auf *einen* inhaltlichen Gesichtspunkt wurde er in die Lage versetzt, eine formal relativ straffe Theorie zu bilden, deren Dynamik durchgängig durch einen Antrieb, durch ein Motiv, nämlich das Sexuelle, gegeben war. (Später kam in einem eingeschränkteren Sinne noch der Aggressionstrieb hinzu.)

1.2 Übersicht über den systematischen Grundriß der Psychoanalyse (in Anlehnung an David Rapaport)

Ich möchte jetzt versuchen, einen sehr knappen und unvollständigen Grundriß der Freudschen Psychoanalyse zu zeichnen, der jedoch mindestens die für uns wesentlichen Linien aufweist. Rapaport (1973) hat gezeigt, wie weit sich die Freudsche Theorie systematisieren läßt und in welch hohem Abstraktionsgrad sie dargestellt werden kann. Ich möchte mich deswegen im Folgenden eng an seine Ausführungen anlehnen.

1.21 Der empirische Gesichtspunkt

Das Objekt der Psychoanalyse ist Verhalten (Rapaport 1973, 43). Verhalten wird dabei im weitesten Sinne verstanden und schließt Denken und Gefühl mit ein. Die Empirie geht aus von beobachtbarem Verhalten. Die Interpretation des beobachteten Materials basiert auf der Grundannahme eines durchgehenden seelischen Determinismus, d. h., es werden für ein bestimmtes Verhalten eine oder mehrere lückenlose Motivationsreihen verlangt. Das entspricht einer streng genetischen Auffassung psychologischer Phänomene und führt zwangsläufig zur Annahme unbewußter psychischer Prozesse. Wie Freud in „Psychopathologie des Alltagslebens" ausführt, läßt sich dort, wo eine bewußte Motivierung zu fehlen scheint, immer eine Motivierung aus dem Unbewußten finden (FGW IV, 282). Dies führt zu dem genetischen Gesichtspunkt.

1.22 Der genetische Gesichtspunkt (Rapaport 1973, 47)

Alles Verhalten ist Glied in einer Abfolge und wird von seinen Vorläufern determiniert, d. h. es ist Glied einer Kausalkette oder jeweils Schnittpunkt zahlreicher Kausalketten. Die Ausformung von Verhaltensweisen ist das Ergebnis eines epigenetischen Ablaufes: eines Prozesses, der einerseits bestimmt wird durch „eingeborene Gesetze des Organismus" (Rap. 1973, 47), andererseits durch kumulative Erfahrung, d. h. im wesentlichen durch die Auseinandersetzung mit den ersten Objekten*. Dieser Gesichtspunkt besagt also, daß Verhaltensweisen einmal bestimmt werden durch Anlagefaktoren („den eingeborenen Gesetzen des Organismus"), andererseits erworben werden durch die Erfahrung mit der Umwelt. Hier liegt einer der Punkte, wo in der Freudschen Theorie eine vorgegebene anlagemäßige Struktur angenommen wird. Dazu schreibt Freud: „Verwahren wir uns an dieser Stelle gegen den mißverständlichen Vorwurf, als hätten wir die Bedeutung der angeborenen (konstitutionellen) Momente geleugnet, weil wir die der infantilen Eindrücke hervorgehoben haben ... Die Psychoanalyse hat über die akzidentellen Faktoren der Ätiologie viel, über die konstitutionellen wenig geäußert, aber nur darum, weil sie zu den ersteren etwas Neues beibringen konnte, über die letzteren hingegen zunächst nicht mehr wußte, als man sonst weiß. Wir lehnen es ab, einen prinzipiellen Gegensatz zwischen beiden Reihen von ätiologischen Momenten zu statuieren; wir nehmen vielmehr ein regelmäßiges Zusammenwirken beider zur Hervorbringung des beobachteten Effektes an ..." (FGW VIII, 364 Fußnote). Trotz dieser Ausführungen legt die Theorie doch den Schwerpunkt auf die erworbenen Momente, also auf den Umwelteinfluß. Dies sicherlich auch aus einem ursprünglichen therapeutischen Motiv: nur was erworben war, schien einer Beeinflussung prinzipiell zugänglich zu sein.

1.23 Der dynamische Gesichtspunkt (Rapaport 1973, 51)

Alles Verhalten ist letzten Endes triebbestimmt. Der Motor des psychischen Geschehens ist der Trieb. Er wird gesehen als das „kausale Agens",

---

* Unter den ersten Objekten versteht man in der Psychoanalyse die ersten Bezugspersonen des Kindes, also vor allem Mutter und Vater.

welches das seelische Geschehen in Gang bringt und unterhält und welches „die scheinbare Spontaneität des Verhaltens" erklärt (Rap. 1973, 52). Freud definiert den Triebbegriff so: „Unter einem ‚Trieb' können wir zunächst nichts anderes verstehen, als die psychische Repräsentanz einer kontinuierlich fließenden innersomatischen Reizquelle" (FGW V, 67). Er tritt als ‚konstante [kontinuierlich wirkende] Kraft' auf und läßt sich durch Fluchtreaktionen nicht bezwingen (s. FGW X, 212/213). Zu Anfang stehen in der Theorie die Sexualtriebe den Ich-Trieben, d. h. den Selbsterhaltungstrieben gegenüber. Später stehen dem Trieb die äußere Realität bzw. die (im Überich) internalisierten Repräsentanten der Realität entgegen.

Das Primum movere ist bei Freud immer die Libido, also letztlich der Sexualtrieb. Da die Triebe auf ihre Objekte hin ausgerichtet sind, bringen sie nach Rapaport einen zweckgerichteten Ablauf in das psychische Geschehen, eine Art teleologischen Charakter: „Die Koordination von Trieb und Triebobjekt bringt außerdem eine primäre, durch die Evolution gegebene Koordination zwischen der menschlichen Natur und ihrer Umgebung zum Ausdruck und ist somit die psychologische Repräsentanz der biologischen Angepaßtheit der Spezies Mensch an ihren umweltlichen, ecologischen Ort" (Rap. 1973, 53). Andererseits muß hier beachtet werden, daß beim Menschen die vorgegebene Zuordnung vom Trieb zu seinem Objekt nicht zwangsläufig und relativ locker ist, und daß der Weg bis zur Triebbefriedigung über zwischengeschaltete, kulturell geprägte Verhaltensanweisungen führt. Tatsächlich stößt der Trieb auf dem Wege zu seinem Objekt und zu seiner Befriedigung häufig auf eine ihm entgegenstehende Realität, die eine unmittelbare Befriedigung eben nicht gewährt. Da der Trieb Repräsentant einer innersomatischen kontinuierlichen Reizquelle ist, läßt er eine Flucht nicht zu. Er muß aufgehalten, evtl. umgeformt werden, um schließlich auf Umwegen doch einer Befriedigung zugeführt werden zu können.

1.24 Der ökonomische Gesichtspunkt

„Alles Verhalten führt seelische Energie ab und wird durch seelische Energie reguliert" (Rap. 1973, 54). Dynamischer und ökonomischer Gesichtspunkt sind eng benachbart. Während der erste annimmt, daß alles seelische Geschehen letzten Endes triebbedingt und vom (Sexual-)-Trieb gespeist sei, sieht der ökonomische Gesichtspunkt Sinn und Aufgabe des seelischen Apparates in der Abfuhr und Regulierung von seelischer (Trieb-)Energie.

Da nach Freud im allgemeinen eine Verringerung von Triebspannung Lust, eine Vermehrung Unlust bedeutet, gehorchen die einfacheren Ebenen des seelischen Apparates dem Lust-Unlust-Prinzip und arbeiten nach Art des „Primärprozesses", d. h., sie trachten unter Außerachtlassung der Realität nach unmittelbarer Triebabfuhr, sei es in einer direkten auf ein Realobjekt gerichteten Aktion, sei es – sofern dies nicht möglich ist – durch Mechanismen wie Verschiebung, Verdichtung, Symbolbildung, durch welche Affektbeträge untergebracht werden können, auch wenn dabei ein Stück Real-Wahrnehmung und Ausrichtung an Realfaktoren geopfert wird.

Dem Lust-Unlust-Prinzip übergeordnet ist das Realitätsprinzip, welches versucht, Triebabfuhr in einer Weise zu regulieren, die den realen Gegebenheiten und Möglichkeiten gerecht wird. Ihm ist der „Sekundärprozeß" zugeordnet. „Der Sekundärprozeß arbeitet nach dem Prinzip des geringsten Kraftaufwandes, ist auf die objektive Realität hin orientiert und findet durch Aufschub und Umwege, durch experimentelles Handeln in Gedanken den sichersten Weg zum erstrebten Objekt in der Wirklichkeit" (Rap. 1973, 54).*

Sekundärprozeß und Realitätsprinzip bedürfen aber zur Erledigung ihrer Aufgabe festgefügter und dauernder seelischer Einrichtungen, die die Zurückstellung, Lenkung und evtl. Umformung von Triebenergie ermöglichen. Diese Einrichtungen von relativer Stabilität und Dauer werden Strukturen genannt. Sofern sie sich direkt gegen die Triebe selbst richten, sind es Abwehrstrukturen, die ihrerseits zusammengefaßt sind im Ich, das selbst als psychische Struktur aufgefaßt wird, welche einerseits die verschiedenen Abwehrfunktionen subsumiert, andererseits durch seine auf die Realität hin ausgerichteten Funktionen (Wahrnehmung, Motorik etc.) die Organe zur adäquaten Triebverarbeitung, Trieblenkung und Triebabfuhr bereitstellt. Damit kommen wir zum strukturellen Gesichtspunkt.

1.25 Der strukturelle Gesichtspunkt

Im Tierreich besteht tatsächlich eine enge Koppelung zwischen Trieb und Objekt in der Art, daß unter durchschnittlichen Bedingungen der

* Zum Lust-Unlustprinzip und zum Realitätsprinzip siehe Dritter Teil A 1.2 und 1.4

Trieb sein Objekt findet und zur Befriedigung gelangt. Trieb und Objekt, man kann auch sagen innere und äußere Realität, sind unmittelbarer ineinander gepaßt. Der Mensch dagegen lebt in einer künstlichen sozialen Welt, in der im allgemeinen der Weg zum Objekt länger ist. Es müssen daher Vorrichtungen bestehen, welche einerseits den Trieb aufhalten, andererseits die Realität so gestalten, daß auf Umwegen dann doch eine Triebbefriedigung ermöglicht wird. Letztlich stehen die Triebe im Konflikt mit der sozio-kulturellen Realität. In der strukturellen Auffassung der Theorie unterscheidet man Es, Ich und Überich. Das Es beherbergt die Triebe, „das Ich wurde als Struktur aufgefaßt, die – zusammen mit den Trieben – alles Verhalten mitbestimmt und für den koordinierten und organisierten Charakter allen Verhaltens einschließlich spezifischer Trieb-Abfuhrhandlungen (etwa des Sexual-Aktes) verantwortlich ist" (Rap. 1973, 58/59). Dazu verfügt das Ich nach innen über kontrollierende und Abwehrfunktionen, die gegen das Bestreben des Triebes nach unmittelbarer Befriedigung gerichtet sind, nach außen verfügt es unter anderem über die Wahrnehmungs- und Gedächtnisfunktion, die ihm erlauben, die äußere Realität zu erkennen, und über die motorischen Funktionen, mit deren Hilfe es die Außenwelt verändern und letzten Endes doch für die Befriedigung der Triebe zurichten kann. Das Ich vermittelt also zwischen den Ansprüchen des Es und den Möglichkeiten der Realität. Schließlich aber ist es noch dem Einfluß des Überich unterworfen, dessen Forderung es ebenfalls erfüllen soll. Das Überich wird aufgefaßt als normative Instanz, seine Herkunft abgeleitet aus der Internalisierung vorwiegend urteilender, wertender, verbietender Elternaspekte. Da die normative Funktion der Eltern sich jedoch ausrichtet an den Wertmaßstäben der Sozietät, stellt das Überich letzten Endes eine internalisierte Repräsentanz der in der Sozietät gültigen Normen dar. In der Freudschen Auffassung stellen einerseits die fundamentale Bedeutung der Sexualtriebe und andererseits die normative Bedeutung der Sexualtabuierung Entsprechungen dar. Damit bewegen wir uns bereits im Bereiche des adaptiven Gesichtspunktes.

1.26 Der adaptive Gesichtspunkt

Das Verhalten wird motiviert durch den Triebanspruch. Aber es wird in seinem Ablauf und in seiner Ausgestaltung bestimmt durch den Einfluß von Ich und Überich. Da sich beide Instanzen genetisch herleiten aus

Identifikationen mit Objekten der äußeren Realität, bekommt die so gewonnene internalisierte Verhaltensregulierung neben dem Aspekt der Triebabwehr zugleich den der Adaption an die Wirklichkeit der äußeren Welt. In einem Beispiel konkreter ausgedrückt: Die Motivation, welche z. B. ein Kind veranlaßt, sich während der Bearbeitung des Ödipus-Komplexes mit seinem als bedrohend erlebten Vater zu identifizieren, ist die Angst. Die Identifizierung (mit dem Aggressor) hat zunächst die Funktion der Angstabwehr. Sie hat aber zwei Folgen: 1. führt sie zur Differenzierung von Ich-Strukturen bzw. zur Ausgestaltung des Über-ichs. Insbesondere letzteres vertritt nun die normativen Forderungen des Außenobjektes Vater. Damit werden die Verhaltensregulierungen internalisiert. 2. Da der Vater seinerseits die Norm der Sozietät vertritt und soweit er selbst an diese adaptiert ist, führt die Internalisierung der von ihm übernommenen Normen (Verhaltensdeterminanten) zur Adaption an die Realität. Es handelt sich also um einen mehrgliedrigen Ablauf, den man kurz so umreißen kann: Triebanspruch gegen die Mutter – Angst vor dem Vater – Identifizierung mit dem Vater als Abwehrvorgang – Strukturbildung mit Verhaltensinternalisierung – Adaption an die sozialen Normen.

Ergänzend möchte ich hinzufügen, daß in der Fortentwicklung der Theorie, insbesondere durch Heinz Hartmann, angenommen wird, daß „der Organismus als ein Produkt der Evolution ... schon ... potentiell angepaßt an die Wirklichkeit geboren wird. Die Ich-Apparate von primärer Autonomie (siehe Dritter Teil A 3.1) sind Instrumente und Garanten dafür, daß beim Menschen ‚für den Durchschnittsfall, für eine durchschnittlich zu erwartende Aufgabenbreite, zweckmäßig vorgesorgt ist‘" (Rap. 1973, 65). Das Ich wird zum menschlichen Anpassungsorgan. Erikson entwickelte die Auffassung, daß „der Mensch ... nicht nur *einer* ‚durchschnittlich zu erwartenden‘ Umgebung im voraus angepaßt ist, sondern einer ganzen Reihe ... solcher Umgebungen. Diese Umgebungen, denen der Mensch sich anpaßt, sind nicht „objektive", sondern vielmehr soziale Umgebungen, die seiner Entwicklung und Reifung halbwegs entgegenkommen" (Rap. 1973, 65).

Wesentlich an diesen zuletzt zitierten Auffassungen ist, daß der Gesichtspunkt vorgegebener anlagemäßiger Strukturen betont wird. Daß also letzten Endes ein dem Organismus innewohnendes Gestaltungsprinzip gesehen wird, welches die wesentliche Determinante späteren

Verhaltens ist. Das ist eine klare Absage an eine Tabula-rasa-Theorie, die alle seelische Strukturierung ausschließlich als Ergebnis der Auseinandersetzung mit der Umwelt, also als erworben ansieht. Von Heinz Hartmann wird außerdem angenommen, daß dem Ich von Anfang an auch seelische Energie zur Verfügung steht, die nicht sexuell ist („primäre Autonomie des Ich", siehe Dritter Teil A 3.1 und 3.2).

1.27 Zusammenfassung
Ich möchte die wesentlichen Linien der Psychoanalyse noch einmal mit anderen Worten skizzieren:
Sie kommt her von der Erforschung und Behandlung neurotischer Erscheinungen. Ihre Grundannahme ist die eines *durchgehenden seelischen Determinismus.* „Der Initiale Evidenzgrund für dieses Postulat war die Beobachtung, daß scheinbar sinnlose hysterische Symptome, bei denen man früher eine somatische Ätiologie annahm, verschwanden, wenn der Patient sie in der Hypnose mit verflossenen Erlebnissen, Gedanken, Gefühlen oder Phantasien in Zusammenhang brachte und ihnen so Sinn und seelischen ‚Grund' verlieh" (Rap. 1973, 79).
Die zweite grundsätzliche Annahme ist die eines *dynamischen Unbewußten* bzw. von unbewußten seelischen Vorgängen. Die in der Hypnose zutage tretenden Vorstellungen und Phantasien waren ja eben dem Wachbewußtsein nicht zugänglich. Die Annahme unbewußter seelischer Vorgänge erlaubte also die Rückwärtsverfolgung des Verhaltens bzw. seiner Determinanten in einer geschlossenen Kette bis zum unbewußten Konflikt hin. Diese Beobachtungen wieder bestätigten die vorgegebenen Annahmen.
Die dritte Annahme ist die von der Herkunft dieser unbewußten seelischen Kräfte und Konflikte aus Trieben d. h. aus dem Sexualtrieb. Freud stieß bei der analytischen Untersuchung etwa von hysterischen Symptomen regelmäßig auf infantil-sexuelle Phantasien, die vom Patienten konflikthaft erlebt wurden. Wie sich zeigte, entsteht der Konflikt durch den Aufprall der sexuellen Triebimpulse auf die entgegenstehenden Normsetzungen der kulturellen Realität, vertreten durch Ich und Überich. In diesem Konflikt wird der Ablauf des vom Trieb bestimmten seelischen Geschehens vor Erreichen seines ursprünglichen Zieles blockiert und es resultieren Verhaltensweisen, die dem ursprünglichen Triebziel nicht entsprechen: im neurotisch-krankhaften Falle entstehen Symptome, im

günstigeren Falle evtl. adaptiv wertvolle Struktur- oder Reaktionsbildungen, oder die Triebenergie kann sublimiert werden und fließt in sozial höher bewertete, nicht-sexuelle Leistungen ein. Jedesmal findet sich die dem ursprünglichen Trieb eigene Energie wieder in einer anderen Gestalt, was zur Auffassung einer Erhaltung der Energie auch im Psychischen führte (Konstanzprinzip der Energie).

Das System basiert also auf der Annahme eines seelischen Determinismus, eines dynamischen Unbewußten und unbewußter seelischer Kräfte, die auf (sexuelle) Triebenergie zurückgeführt werden. (Die Vorstellung von Ich-Trieben wurde später verworfen, die Aufstellung des Aggressions- bzw. Todestriebes interessiert hier noch nicht.) Eine weitere Grundannahme ist die der Möglichkeit der Verwandlung von Energie in der Art, daß Energie in andere Verhaltensweisen einfließen konnte als in die ursprünglichen sexuellen Zielsetzungen, gleichzeitig aber der Gesamtbetrag der Energie innerhalb des Systems sich konstant erhält. Die letzteren Vorstellungen lehnen sich eng an solche des physikalischen Weltbildes an. In ihrer Auseinandersetzung nun mit dem Ich-Überich-System werden die Triebe Hemmungen und Veränderungen ihres Ablaufes unterworfen. Dazu bedient sich das Ich der sogenannten *Abwehrmechanismen*. Die psychoanalytische Theorie beschreibt eine ganze Zahl solcher Mechanismen: Verdrängung, Projektion, Introjektion, Identifizierung, Isolierung, Reaktionsbildung, Verschiebung, Verkehrung ins Gegenteil usw. In der Beschreibung der Abwehrmechanismen hat eine große Zahl von unmittelbaren Beobachtungen am Untersuchungsobjekt eine genaue begriffliche Formulierung gefunden. Es ist eine hervorstechende Eigenschaft des analytischen Systems, daß es auf dem Boden weniger Grundannahmen eine Fülle formaler Aspekte und Beziehungen schildert, immer der ursprünglichen Freudschen Intention folgend, die *Mechanismen* des seelischen Geschehens aufzudecken.

An inhaltlichen Gesichtspunkten beschränkt sich die Theorie, wie wir gesehen haben, weitestgehend auf die sexuellen Phantasien als vorstellungsmäßige Repräsentanzen des Sexualtriebes. Dies ist mit eine Folge der Annahme, daß der Sexualtrieb letzten Endes immer die primär motivierende Kraft sei. Andererseits sind inhaltliche Gesichtspunkte gegeben in den wertenden Normvorstellungen des Ich-Überich-Systems, welches ja die andere Seite des symptomerzeugenden Konfliktes repräsentiert. Ich und Überich entnehmen ihre Normvorstellungen letzten Endes der äußeren Realität, d. h. sie machen sich diese durch Identifizierung insbesondere mit den ersten Objekten zu eigen. Da die ersten Objekte aber ihrerseits jene Wertvorstellungen auf die gleiche Weise erworben haben, stellen sie nur Repräsentanten einer überdauernden Wert-Welt dar. Das Zustandekommen von Norm- bzw. Wertvorstellungen wird damit nicht erklärt, sondern nur um je eine Generation nach rückwärts verschoben. Schließlich beschreibt die Theorie in einem inhaltlich strukturierten Bild, nämlich im Ödipus-Komplex* und den Formen und Folgen seiner Verarbeitung eine wesentliche Seite der Eltern-Kind-Beziehung, die gleichzeitig eine Weggabel darstellt für die Entwicklung in Richtung gesund oder krank.

Das System leistet also Außerordentliches in der Bereitstellung einer vorwiegend formalen Begriffswelt, die in sich relativ geschlossen und logisch verknüpft eine Fülle insbesonders psychopathologischer aber auch normal-psychologischer Phänomene zu erklären vermag. Sie gewinnt ihre formale Straffheit wesentlich durch die Beschränkung auf *eine* inhaltliche Bestimmung, die Sexualität, die abgesehen vom Aggressionstrieb zugleich die einzige letztlich motivierende Kraft darstellt.

Um den formalen Charakter der Theorie hervorzuheben, habe ich mich auf die bisher dargelegten Linien beschränkt. Zur Abrundung des Bildes möchte ich jetzt noch zwei Begriffe näher erläutern, die von besonderer Bedeutung zu sein scheinen:

1.3 Der Begriff der Sublimierung

Die gebräuchlichste Definierung gibt Freud in „Psychoanalyse und Libidotheorie": „Am bedeutsamsten erschien das Triebschicksal der Sublimierung, bei dem Objekt und Ziel gewechselt werden, so daß der ursprünglich sexuelle Trieb nun in einer nicht mehr sexuellen, sozial oder

---

* Mit dem Begriff des Ödipuskomplexes beschreibt Freud eine infantile Gefühlskonstellation, die sich im dritten bis fünften Lebensjahr einstellt, während der sogenannten Latenzphase wieder zurücktritt, um in der Pubertät noch einmal aufzuleben. In ihr richten sich sexuelle Wunschphantasien auf den gegengeschlechtlichen, Gefühle von Eifersucht, Rivalität und Haß auf den gleichgeschlechtlichen Elternteil. Der Lösung dieses zentralen, mit Angst- und Schuldgefühlen beladenen Konflikts mißt die Psychoanalyse eine entscheidende Bedeutung für die weitere, gesunde oder krankhaft-neurotische Entwicklung der Persönlichkeit bei.

ethisch höher gewerteten Leistung Befriedigung findet" (FGW XIII, 231). Und in „Das Ich und das Es" schreibt er: „Wir haben so geschaltet, als gebe es im Seelenleben . . . eine verschiebbare Energie, die, an sich indifferent, zu einer qualitativ differenzierten erotischen oder destruktiven Regung hinzutreten und deren Gesamtbesetzung erhöhen kann. Ohne die Annahme einer solchen verschiebbaren Energie kommen wir überhaupt nicht aus" (FGW XIII, 272/273). Man stößt hier also auf die Vorstellung einer indifferenten und verschiebbaren seelischen Energie bei Freud. Jedoch leitet er diese Energie dann schließlich doch von der sexuellen Energie ab. Etwas weiter unten schreibt er in derselben Arbeit: „Es erscheint plausibel, daß diese wohl im Ich und im Es tätige, verschiebbare und indifferente Energie dem narzißtischen Libidovorrat entstammt, also desexualisierter Eros ist . . . Wenn diese Verschiebungsenergie desexualisierte Libido ist, so darf sie auch *sublimiert* heißen . . ." (ebd., 273/274).

Der Sublimierungsbegriff dient ohne Zweifel der Einheitlichkeit der Theorie. Er erklärt, daß auch die Motivation nicht-sexuellen Verhaltens, also z. B. intellektueller oder künstlerischer Leistungen, letzten Endes aus der Sexual-Energie gespeist wird. Dabei wird wieder ein formaler Ablauf geschildert: Sexuelle Energie wird vom Objekt zurückgezogen, in den narzißtischen Energie-Vorrat des Ich aufgenommen, desexualisiert und steht jetzt als indifferente (neutrale) Energie dem Ich zur Verfügung. Zwei Dinge sind dabei zu beachten: Der intellektuelle oder geistige Akt ist damit nicht erklärt. Er erhält nach dieser Auffassung zwar seine Motivation respektive Energie aus dem Vorrat desexualisierter Libido, er bleibt dessenungeachtet jedoch an sich etwas qualitativ vollständig Neues und Anderes. Um einen intellektuell-geistigen Akt zu verstehen, muß man eine vorbestehende, potentiell strukturierte geistige Funktion des Ich annehmen. Das führt zum Begriff der Ich-Autonomie, auf den ich weiter unten zurückkomme, und könnte in weiterer Vorwegnahme Berührungspunkte ergeben mit der Vorstellung angeborener archetypischer Vorstellungsmuster (C. G. Jung).

Weiter nimmt Freud, wie oben ausgeführt, eine indifferente verschiebbare Energie an, die er aber in einem zweiten Schritt als desexualisierte Libido auffaßt, also doch wieder auf sexuelle Energie zurückführt. Er betont jedoch, daß man ohne eine solche verschiebbare Energie nicht auskomme. In einem weiteren Vorausgriff weist dies auf den Energie-

Begriff Jungs hin, welcher Energie als allgemeine psychische Form der Lebensenergie definiert, die erst sekundär in ihre verschiedenen Gestaltungen einfließt. Freud hat diese Libido-Auffassung immer streng abgelehnt, weil sie sein einheitliches Konzept, welches Motivationen und Konflikte letztlich immer auf den Sexualtrieb zurückführt, gestört hätte und weil die Entdeckung, daß die Neurosen seiner Patienten ausnahmslos durch infantil-sexuelle Konflikte verursacht waren, seine Neurosentheorie entscheidend beeinflußte. Man kann sagen, daß die Kontroverse Freud/Jung ganz wesentlich an diesem Punkte, nämlich der Auffassung der Libido als primär sexueller Energie bzw. als primär indifferenter Energie orientiert ist. Ich glaube, daß heute hier keine unüberbrückbaren Auffassungsverschiedenheiten mehr vorliegen. Interessant ist, was ein kompetenter Beobachter aus größerer Distanz hierzu schreibt – ich zitiere wieder David Rapaport: „Die Begriffe des Triebes, der Triebvermischung, spezifischer Triebe (Sexualität, Aggression, Lebens- und Todestrieb usw.) sind von geringerer Allgemeingültigkeit und können sich im Wandel der Theorie durchaus ändern oder ersetzt werden" (Rap. 1973, 132). Und weiter oben: „Trotz mancher neuerlichen Fortschritte ist noch immer unklar, wie viele und welche Arten von Trieben angenommen werden müssen. Die entscheidende Rolle, die den libidinösen Trieben zugeteilt wird, ist keine theoretische Notwendigkeit in diesem System" (Rap. 1973, 51). Es könnte scheinen, als ob die sachliche Kluft in den beiden Auffassungen, die zwischen den schöpferischen Kontrahenten so unüberbrückbar schien, weniger tief geworden sei.

1.4 Der Begriff der Ich-Autonomie

Der Begriff wurde von Heinz Hartmann eingeführt. Er beinhaltet, daß das Ich von vornherein über anlagemäßig verankerte Möglichkeiten des Funktionierens (z. B. Wahrnehmung, Gedächtnis usw.) verfügt, und daß diese Funktionen primär gespeist werden von nichtsexueller, „neutraler" Energie. Hartmann hat damit jenen Schritt vollzogen, den wir oben bei Freud gewissermaßen geahnt haben, nämlich anerkannt bzw. theoretisch postuliert, daß es primär indifferente, nichtsexuelle und nichtaggressive Energie geben könnte. Er schreibt: „Ich bin nicht in der Lage, die Frage zu beantworten, ob alle, dem Ich zur Verfügung stehende Energie ihren Ursprung in den Trieben hat. Freud glaubt, daß ‚beinahe alle Energie', die im psychischen Apparat wirksam ist, von den Trieben herrührt, was aber auch bedeutet, daß ein Teil einen anderen Ursprung haben könnte" (Hartmann, 1972, 134).

Der zweite Punkt, in dem die Hartmannsche Ich-Psychologie weiterführt bzw. das Freudsche Konzept erweitert, ist die stärkere theoretische Beachtung von Anlage-Faktoren in der menschlichen Entwicklung, während bisher der Schwerpunkt der Forschung bei den erworbenen Verhaltensweisen und Strukturbildungen (durch Identifizierung etc.) lag. Freud blieb sich, wie gesagt (siehe 1. Teil A 1.22), von Anfang an der Bedeutung anlagemäßiger Faktoren bewußt. Zur speziellen Frage der Entwicklung des Ich schreibt er in „Die endliche und die unendliche Analyse": „Die nächste Frage wird lauten, ob alle Ich-Veränderung . . . während der Abwehrkämpfe der Frühzeit erworben wird . . . Es besteht kein Grund, die Existenz . . . ursprünglicher, mitgeborener Ich-Verschiedenheiten zu bestreiten. Schon die eine Tatsache ist entscheidend, daß jede Person ihre Auswahl unter den möglichen Abwehrmechanismen trifft, immer nur einige und dann stets dieselben verwendet. Das deutet darauf hin, daß das einzelne Ich von vornherein mit individuellen Dispositionen und Tendenzen ausgestattet ist . . ." (FGW XVI, 85/86).

Hier knüpft Hartmann an. Er glaubt, daß das Ich über primär autonome Apparate bzw. Funktionen verfügt (Denken, Wahrnehmen, Erinnern, Urteil, Kontrolle der Motorik usw.), die sich nicht entwickeln in der Auseinandersetzung mit dem Es oder der Realität, sondern die sich entwickeln gemäß einem in der Anlage mitgegebenen Muster: „Die Elemente des Ichs, die ihren Ursprung in einem hereditären Kern haben und . . . die als eine unabhängige Variante [Variable] in diese Entwicklung eintreten, können wir als autonome Faktoren in der Ich-Entwicklung bezeichnen (primäre Autonomie)" (Hartmann 1972, 170).

Die Ich-Entwicklung geschieht also auf Grund eines Reifungsprozesses anlagemäßig vorgegebener Strukturen *und* in der Auseinandersetzung mit dem Es (den Triebansprüchen) und der Realität (z. B. über Identifizierungen).

In diesem Exkurs kam es mir darauf an, zu zeigen, daß die Psychoanalyse begann, angeborene Gestaltungsprinzipien der Entwicklung ins Auge zu fassen, weil sich hier von ferne eine Berührung mit der Jungschen Arbeit zeigt. Diese ist bemüht – allerdings von einem ganz verschiedenen Ausgangspunkt her –, in den Archetypen vererbte psychische Gestaltungen sichtbar zu machen: „Wir wissen aber, daß der Geist nicht tabula rasa sein kann, denn die Kritik unserer Denkprinzipien zeigt uns, daß gewisse Kategorien unseres Denkens a priori, d. h. vor aller Erfahrung gegeben sind und zugleich mit dem ersten Denkakt auftreten, ja sogar dessen präformierte Bedingungen sind. Was aber KANT für das logische Denken nachgewiesen hat, gilt für die Psyche in noch viel weiterem Umfang. Die Psyche ist sowenig wie der Geist (das Gebiet des Denkens) tabula rasa zu Beginn. Gewiß fehlen die konkreten Inhalte, aber die Inhaltsmöglichkeiten sind durch die vererbte und präformierte funktionelle Disposition a priori gegeben . . ." (JGW VI, 327).

In der Konsequenz der psychoanalytischen Bemühungen um die Ich-Autonomie liegt das Bekenntnis, daß gestalthaftes Werden und sinnvolle Funktion nicht allein aus Triebmotivationen heraus erklärt werden können. Dies hat Freud zwar nie behauptet, aber sein Werk ist häufig so interpretiert worden, wozu die Weise seiner Darstellung und das vorwiegende Interesse, hinter allem Verhalten nach Triebmotivierungen zu fahnden, verleiten mochten.

2. Die an seelischen Inhalten orientierte Theoriebildung von C. G. Jung

2.1 Die Hinwendung zum inhaltlich Gegebenen

Ich kann mich in diesem Überblick über die Jungschen Auffassungen kürzer fassen, da es hier nur darum geht, die am Seelisch-Inhaltlichen orientierte Arbeit Jungs zu veranschaulichen. Die Vorstellungen Jungs werden dann in den folgenden Abschnitten, die jeweils besonderen Bereichen gewidmet sind, ausführlicher behandelt. Die später noch zu besprechenden formalen Aspekte der Jungschen Theorie lassen sich in ihren Grundzügen vergleichsweise knapp darstellen.

Jung konnte zunächst auf den Erkenntnissen Freuds aufbauen. Auch für ihn gilt der seelische Determinismus in der Bedeutung, daß seelische Phänomene nie Zufälligkeiten sind. Er findet den Begriff des dynamischen Unbewußten vor, der bereits über alle Spekulationen erhaben durch die Freudschen Beobachtungen und Formulierungen gesichert ist.

Seine eigenen „diagnostischen Assoziationsstudien" liefern einen wertvollen Beitrag zur Kenntnis unbewußter seelischer Abläufe.

Aber doch ist sein persönlicher Ausgangspunkt anders. Wie im Abschnitt A 1 dargelegt wurde, interessiert ihn nicht so sehr (wie Freud richtig kritisiert) das *Wie* des Ablaufes seelischer Mechanismen, sondern das *Was* der seelischen Inhalte. Ihn faszinieren die in Träumen, Phantasien und Halluzinationen aus dem Unbewußten auftauchenden Bilder. Er untersucht sie auf den in ihnen zutage tretenden Sinn (und zwar ohne sich durch das Präjudiz einer sexuellen Abkunft beeinflussen zu lassen), auf ihre allgemeine Gestalt bzw. daraufhin, welches allgemein Gültige in ihnen transparent werde. Dazu sichtete er ein ungeheures Material aus mythologischen, religiösen (besonders gnostischen) und alchemistischen Vorstellungen. Er gelangte so zu der Auffassung, daß es allgemeine, angeborene Möglichkeiten (Dominanten) des Vorstellens gäbe, die Archetypen. Wie ich noch ausführen werde, sind diese Archetypen nicht identisch mit den archetypischen Bildern, sondern es sind vorgegebene Ordnungsfaktoren, die bestimmte Inhalte nach einem allgemeinen Grundplan, aber in jeweils individueller Eigenart und Vielfalt anordnen.* Sie haben Berührungspunkte mit den Denkkategorien Kants – die aber lediglich Grundstrukturen des logischen Denkens bezeichnen – und mehr noch mit den Ideen Platons. Sie zeichnen sich jedoch diesen gegenüber dadurch aus, daß das archetypische Bild einen hohen Gefühlswert besitzt und in enger Berührung mit dem Triebhaften steht, insofern „der Archetypus ein Formprinzip der Triebkraft ist" (JGW VIII, 243; siehe dazu auch Zweiter Teil B 2.11).

2.2 Die Konsequenzen der inhaltlich orientierten Auffassung Jungs

Das vorwiegende Interesse Jungs für die Produktionen der Patienten, d. h. für die krankhaften Inhalte, mehr als für die Mechanismen des pathologischen Geschehens hat eine Reihe von Konsequenzen:

Erstens: Seine vergleichende Arbeit führt ihn rasch hin zu den Produktionen des gesunden seelischen Lebens und er lernt, die Inhalte des Seelenlebens seiner Patienten als Ausdruck seelischer Entwicklungstenden-

---

* Damit werden, wenn man so will, gesetzmäßig strukturierte seelische Inhalte als Ordnungsfaktoren zu einem wesentlichen Teil des formalen Gerüstes der Psychologie Jungs.

zen aufzufassen, letzten Endes als wegweisende Zeichen des Individuationsprozesses, der weit hinausgeht über eine bloße Heilung neurotischer Symptome: „Ich möchte demgegenüber den Menschen lieber aus seiner Gesundheit verstehen und auch den Kranken eben aus jener Psychologie, die FREUD auf jeder Seite seines Werkes darstellt, befreien" (JGW IV, 387).

Zweitens kommt er zur Auffassung der allen Menschen angeborenen archetypischen Vorstellungen (s. o.).

Drittens: Diese sind für ihn der größte und wesentlichste Teil des Unbewußten. Sie stellen die geistigen Grundformen des menschlichen Seins dar und gleichzeitig das Abbild der Welt, den inneren Mikrokosmos. Er muß deswegen den Begriff des Unbewußten erweitern, indem er dem persönlich Unbewußten, welches vornehmlich die verdrängten Inhalte der persönlichen Erfahrung enthält, das kollektive Unbewußte angliedert, welches eben in den Archetypen den kollektiven Erfahrungsschatz der Menschheit insgesamt enthält.

Viertens: Das Unbewußte erhält dadurch, daß die archetypischen Inhalte kollektiv und vorgegeben sind, Selbstständigkeit. Jung gelangt zur „Objektivität des Psychischen" (s. unten Erster Teil B 2).

Fünftens: Sofern diese Archetypen in archetypischen Vorstellungen anschaulich und erlebbar gemacht werden können, dienen sie der inneren Orientierung und setzen einen Prozeß in Gang, der von innen her gesteuert und von einem dialogischen Außenverhältnis relativ unabhängig ist. Das führt zu einer ganz anderen Auffassung des analytischen Prozesses als sie Freud hat, bei dem dieser letztlich ein Adaptionsprozeß ist, der sich an der Realität bzw. an dem aktuellen Vertreter der Außen-Realität, nämlich dem Analytiker, orientiert.

2.3 Die formalen Gesichtspunkte in der Jungschen Theorie

Obgleich das Interesse von Jung vorwiegend der Erforschung des in der Seele inhaltlich Gegebenen galt, mußte er sich doch auch eine eigene Auffassung über die formalen Aspekte der Genese und über die Mechanismen der Neurose bilden. Er begnügte sich dabei mit relativ allgemeinen Formulierungen.

In „Psychologie und Erziehung" schreibt Jung: „Ich selber habe auf eine einheitliche Neurosentheorie längst verzichtet, bis auf wenige, höchst allgemeine Gesichtspunkte, wie Dissoziation, Konflikt, Komplex, Regression, abaissement du niveau mental, die sozusagen zum eisernen Bestand einer Neurose gehören" (zit. nach Hochheimer, 1966, 41). Er bringt hier also klar zum Ausdruck, daß es ihm eben nicht auf eine formale Systembildung ankommt. Er interessiert sich ja auch gar nicht so sehr für eine Neurosenpsychologie im engeren Sinne als vielmehr für eine allgemeine Psychologie der Persönlichkeitsentwicklung. Es gelingt jedoch trotzdem, einige Grundlinien herauszuschälen, die darauf hinweisen, wie er sich die formalen Dynamismen der Neurosenentstehung bzw. der Persönlichkeitsentwicklung vorstellt:

Erstens: Grundlegend ist die Auffassung der seelischen Energie als allgemeines energetisches Prinzip im Verein mit dem Gegensatzprinzip. Das heißt, seelische Energie geht hervor aus einem Potentialgefälle zwischen gegensätzlichen Positionen: „Aus dem Gegensatzgemälde, als welches ich die Welt sehe, ergibt sich mir die Idee der psychischen Energie, die ebenso aus Gegensätzen hervorgehen muß wie die Energie des physischen Geschehens, die immer ein Gefälle, d. h. die Existenz von Gegensätzen wie warm – kalt, hoch – tief usw. voraussetzt" (GJW IV, 389). Noch einmal möchte ich betonen, daß es sich bei dieser Energie-Auffassung um eine undifferenzierte allgemeine seelische Energie handelt, die sich allen möglichen besonderen seelischen Funktionen zur Verfügung stellen kann. Sie gerät gewissermaßen in Fluß, wird aus potentieller zu kinetischer Energie, wenn ein vorgegebenes Potentialgefälle kanalisiert wird oder sich auftut. Solche vorgegebenen Spannungs-Gefälle sind einerseits gegeben durch die dem Individuum angeborenen Anlagen, also seinen inhärenten Entwicklungstendenzen, und andererseits durch Konstellationen der Außenwelt, welche Entwicklungsmöglichkeiten anbieten, aber auch Anforderungen und Aufgaben stellen.

Zweitens: Solche Aufgaben, z. B. ein zu erledigender Reifungsschritt wie die innere Lösung von den Eltern, machen eine Ablösung der Libido von den alten Objekten (eben den Eltern) und ein Hinströmen auf neue Objekte möglich und nötig. Weicht der Betreffende aus irgendwelchen Gründen („konstitutive Schwäche oder Mängel, falsche Erziehung, schlechte Erfahrungen, ungeeignete subjektive Einstellung usw."; Jung zit. nach Hochheimer 1966, 42) vor der gestellten Aufgabe zurück, so kommt es zu einem Stau der Libido: „Je länger die Stauung dauert, desto höher steigt der Wert der gegensätzlichen Positionen, die sich dementsprechend an Assoziationen anreichern und immer neue Bezirke des psychischen Materials sich angliedern. Die Spannung führt zum Konflikt; der Konflikt führt zu gegenseitigen Verdrängungsversuchen, und wenn die Verdrängung der Gegenpartei gelingt, dann ist die *Dissoziation* die ‚Spaltung der Persönlichkeit‘, das Uneinssein mit sich selber eingetreten und damit eine Möglichkeit der Neurose geschaffen" (JGW VIII, 36).

Drittens: Es kommt jetzt zu einer Regression der Libido, die je nachdem verschiedene Folgen haben kann: Sie kann die im persönlichen Unbewußten lagernden infantil-sexuellen Phantasien aktivieren, die nach Jung nur vorspiegeln, daß sie die Ursache des neurotischen Konfliktes seien, während – wiederum nach Jung – dieser seine Ursache in der unbewältigten aktuellen Situation hat: „Aus diesen Gründen suche ich die Ursache einer Neurose nicht mehr in der Vergangenheit, sondern in der Gegenwart. Ich frage danach, welches die notwendige Aufgabe sei, die der Patient nicht erfüllen will. Die lange Liste seiner infantilen Phantasien gibt mir keine ausreichende Erklärung für die Krankheitsursache, denn ich weiß, daß diese Phantasien nur von der regressiven Libido hochgespielt worden sind, die ihren natürlichen Ausweg in einer neuen Form von Anpassung an die Erfordernisse des Lebens nicht gefunden hat" (JGW IV, 283).

Viertens: Die Regression kann aber auch zu einer Anpassung an die psychische Innenwelt führen, wodurch bisher vernachlässigte Lebensmöglichkeiten aktiviert werden.

Hier beginnt nun der eigentliche Bereich der Jungschen Therapie. Das Unbewußte steht nämlich in einem kompensatorischen Verhältnis zum Bewußtsein. (Auch dies ist ein Ausdruck des Gegensatzproblemes bzw. der durchgängigen dualistisch-polaren Weltauffassung Jungs). Bewußtsein und Unbewußtes ergänzen sich so zu einer Ganzheit. Die regressive Aktivierung unbewußter Inhalte bedeutet daher, daß seelische Funktionen zum Zuge kommen, die bisher einen minderwertigen Status eingenommen haben. Ihre Aktivierung und Entwicklung bedeutet nicht nur eine Ergänzung und Vervollständigung der Persönlichkeit, sondern auch einen wesentlichen Beitrag zur Bewältigung der gestellten Lebensaufgabe: „Die durch Regression aktivierten unbewußten Inhalte sind wertvolle Keime: sie enthalten nämlich die Elemente zu jener anderen Funktion, welche durch die bewußte Einstellung ausgeschlossen war und die befähigt wäre, die versagende bewußte Einstellung wirksam zu ergänzen oder zu ersetzen" (JGW VIII, 39). Dies ist ein Hinweis auf die Typenlehre von C. G. Jung und die Auffassung der psychologischen Grundfunktionen, die sich wiederum in Gegensatzpaaren, nämlich Denken – Fühlen und Empfinden – Intuieren gegenüberstehen. Jung nimmt an, daß jeweils eine dieser Funktionen bevorzugt entwickelt und differenziert werde, die entgegengesetzte jedoch verkümmere (minderwertige Funktion). Da jedoch eine psychische Situation unter Umständen zu ihrer Bewältigung gerade die unentwickelte Funktion braucht, kann deren Aktivierung eine Hilfe im fortschreitenden Lebensprozeß sein. Die therapeutische Aufgabe besteht hier also darin, durch die Entwicklung der im Unbewußten verkümmerten Funktion sowohl eine Erweiterung der Persönlichkeit als auch die Möglichkeit zu schaffen, die gegebene Lebensaufgabe zu meistern. Die Libido kommt wieder in Fluß. Mit dem inneren Entwicklungsschritt geht Hand in Hand die Möglichkeit neuer Aktivität nach außen. Auch hier also eine Verzahnung von vorgegebenen inneren Entwicklungsmöglichkeiten und den Aufgaben der sozio-kulturellen Umwelt, die sowohl den Charakter des Entgegenkommens als auch der Aufforderung enthalten.

Fünftens: Wird die tiefere Schicht des kollektiven Unbewußten erreicht, so kommen die Archetypen zur Wirkung und können in symbolischen Bildern die Libido in neue Bahnen lenken, die letzten Endes auf die Ganzwerdung der Persönlichkeit hinzielen (Individuation). Jung schreibt: „Die psychologische Maschine, welche Energie verwandelt, ist das Symbol" (JGW VIII, 50); und weiter unten: „Nur wo es der Fall ist, daß das Symbol ein größeres Gefälle darbietet als die Natur, ist es möglich, die Libido in andere Formen überzuführen" (ebd., 52). Während in den vorhergehenden Ausführungen (unter Viertens) dargestellt wurde, daß die angestaute Libido durch die Gewinnung einer neuen und adaptiv besseren Einstellung gewissermaßen ihren vorgesehenen Weg einschlagen und zur aktiven Bewältigung einer gegebenen Außensituation verwendet werden konnte, wird sie nun in eine neue Form übergeführt. Im allgemeinen wird dies bedeuten, daß sie gewissermaßen aus einer natürlichen Verwendung in eine geistigere Form übergeführt wird. Der hier beschriebene Prozeß berührt sich von ferne mit dem Freudschen Sublimierungsbegriff, insofern hier das Symbol eine Form oder Übergangs-Form abgibt für eine andere, geistigere, im allgemeinen kulturell höher bewertete Verwendung der Libido.

Die Jungsche Auffassung der Libido-Transformation durch Symbole, welche bildhafte Gestaltungen archetypischer Grundformen und gleichzeitig Wegzeichen und Inhalt selbst der psychischen Entwicklung darstellen, bedeutet gewiß ein außerordentlich weitreichendes Erklärungsprinzip, in welchem geistig-seelische Grundgestaltungen sichtbar werden (siehe auch Dritter Teil B 5).

In bezug auf die Neurosentheorie, die Neurosenverursachung und den Konflikt läßt die Jungsche Auffassung unbefriedigt. Besonders die Verlagerung der Neurosenursache, die bei Freud ihre Wurzeln in einem infantilen Konflikt hatte, in die Gegenwart, ist ohne Zweifel ein schwacher Punkt. Die Freudsche Theorie vermag zu erklären, warum der Patient nicht in der Lage ist, seine gegenwärtige Aufgabe zu lösen. Er ist nicht neurotisch, weil er dies nicht kann, sondern er kann vielmehr die Aufgabe nicht lösen, weil er neurotisch ist. (Die für ihn unlösbare Aufgabe bringt allenfalls seine Neurose zur Manifestation.) Jung hat diese Schwierigkeit gesehen, aber er weicht hier aus auf konstitutionelle Elemente: „Man wird vielleicht fragen, warum der neurotische Mensch eine besondere Neigung hat, die für ihn notwendigen Aufgaben nicht zu erfüllen. Erlauben Sie mir dazu den Hinweis, daß kein Lebewesen sich leicht und geschmeidig neuen Bedingungen anpaßt. Das Trägheitsgesetz gilt überall ... Es wird nie möglich sein, für die Absonderlichkeit der neurotischen Veranlagung eine psychologische Ätiologie zu finden, denn diese Veranlagung kommt früher als jede Psychologie [!]. Man könnte sie als ‚angeborene Empfindlichkeit‘ bezeichnen, und sie ist die Ursache für die ersten Widerstände gegen Anpassung" (JGW IV, 283/284). Hier gibt Jung ohne Zweifel ein ganzes Stück Neurosenpsychologie preis. Es ist ja eben das große Verdienst von Freud, die ätiologischen Bedingungen für die neurotische Disposition auf psychologischem Felde dargestellt und nicht in toto einer anlagemäßigen Besonderheit, sprich Minderwertigkeit, zugeschrieben zu haben. Hier führen die Formulierungen Jungs, die sich aus einer starken Betonung der anlagemäßigen Innen-Faktoren ergeben, zu einer Divergenz und Konfrontation der Auffassungen, die im Hinblick auf die Grundkonzeption Jungs unnötig ist. Tatsächlich hat Jung ja auch der Freudschen Analyse ihr Recht eingeräumt in bezug auf die Aufarbeitung der infantilen Objektbeziehungen. Damit aber bestätigte er implicite die Bedeutung dieser Beziehungen als dispositionelle Faktoren für die Neurose.

B Die Analyse als „dialogischer Prozeß" bei Freud, als „autonomer Prozeß" bei Jung

1. Die Freudsche Analyse

„Es möchte scheinen", schreibt Rapaport, „daß die grundlegende Methode der Psychoanalyse die Methode der zwischenmenschlichen Beziehung ist" (Rap. 1973, 129). Dies gilt gewiß auch für die Jungsche Analyse. Suchen wir zur Unterscheidung nach differenzierteren Gesichtspunkten, dann können wir die Freudsche Analyse kennzeichnen als eine Analyse der Übertragung und des Widerstandes. Dementsprechend sind die Begriffe, denen Freud die weiteste Signifikanz innerhalb des Systems beimißt, das dynamische Unbewußte, die Übertragung und der Widerstand (Rap. 1973, 128). Es scheint, daß überhaupt eine wesentliche Besonderheit der Freudschen Analyse resultiert aus der Eigenart der Auffassung des Übertragungs-Begriffes, der zentralen Rolle der Übertragung innerhalb der Analyse und ihrer besonderen Handhabung. Ich möchte deswegen schon hier kurz auf die spezielle Bedeutung des Übertragungsbegriffes bei Freud eingehen.

Als Übertragung bezeichnet die Psychoanalyse* die Beobachtung, daß der Patient im Verlaufe der Behandlung den Therapeuten im Lichte früherer, an anderen Personen erworbener Erfahrungen und Erlebensqualitäten wahrnimmt. Das heißt, er verknüpft infantile Vorstellungs- und Gefühlsmuster mit der Person des Therapeuten und der Situation der Analyse (siehe Vierter Teil, A 2.1). Die Erfahrungen und Gefühle, mehr oder weniger isoliert oder aber strukturiert i. S. komplexerer Beziehungsgrundformen, die Inbilder oder Teilaspekte von Inbildern, die der Patient auf den Arzt überträgt, sind also Niederschläge seines persönlichen Vor-Erlebens, sind erworben im Umgang mit den Eltern und den anderen wichtigen Gestalten der kindlichen Umwelt. Nun stellen die ersten Beziehungspersonen aber auch die ersten Triebobjekte dar und gleichzeitig jene normativen Instanzen, die die unmittelbare Triebbe-

* Unter Psychoanalyse wird die von Freud begründete und an ihm orientierte tiefenpsychologische Schule verstanden.

friedigung im Sinne einer direkten Erfüllung des Lustprinzips, welches eine unmittelbare Abfuhr von Triebspannung anstrebt, verunmöglichen. Sie sind normativ auf Grund ihrer eigenen Orientierung an ihrer soziokulturellen Umwelt, deren Wert- und Normvorstellungen sie internalisiert haben. Sie zwingen das Kind nun unter der Androhung des Liebesverlustes, gleichermaßen die sozialen Werte zu internalisieren (Identifizierung und Strukturbildung). Auf der Basis der Identität von Triebobjekt und normativer Instanz (beide vereinigt in den Eltern oder einem Elternteil) kommt es auf jeden Fall zum Konflikt. Dieser Konflikt kann unter günstigen Bedingungen „normal" gelöst werden (was, wie wir sehen werden, einen adaptiven Gewinn mit sich bringt), oder aber es kommt zu einer neurotischen Scheinlösung. Ich möchte zum besseren Verständnis ein Beispiel konstruieren: Während der Reinlichkeitserziehung tabuiert das Liebesobjekt Mutter die unkontrollierte Defaecation und das lustvolle Kotschmieren. Das Kind übernimmt schließlich die Tabuierung, internalisiert sie, da es sonst die Liebe der Mutter bedroht fühlt. Diese Internalisierung führt zu Reaktionsbildungen* (Ekel) und zu Charakterstrukturbildungen, z. B. Sauberkeit und Ordnungsliebe. Damit wäre der Konflikt zwischen spontanem Triebbedürfnis und entgegenstehender Außenkontrolle zufriedenstellend gelöst mit einem gleichzeitigen Gewinn an Adaption an die gegebene soziale Umwelt. Aber der Konflikt kann auch unbefriedigend bearbeitet werden und in verwandelter Form fortbestehen: z. B. können unter einem allzu harten Druck die Reaktionsbildungen überschießen, bzw. sozial unerwünschte Charakterstrukturen entstehen wie Zwanghaftigkeit, Pedanterie, Geiz. Oder es kann im eigentlich krankhaften Fall der Boden vorbereitet werden z. B. für eine Zwangsneurose. In diesem letzten Falle äußert sich der im Unbewußten persistierende Konflikt in einer neurotischen Symptomatik. Gerade die Fortdauer des unbewußten Konfliktes bildet jetzt aber die Motivation dafür, daß der Patient das unbewußte, kon-

---

* Unter Reaktionsbildung wird eine relativ fest verankerte Erlebens- oder Verhaltensweise verstanden, die einem verdrängten Wunsch entgegensteht und sich unter dem Druck der Erziehung als Reaktion gegen ihn gebildet hat. Im oben angeführten Beispiel ist der Ekel eine Reaktionsbildung auf die infantile, triebhaft gespeiste Lust an der Beschäftigung mit dem eigenen Kot. Reaktionsbildungen können in die Charakterstruktur eingehen und unterscheiden sich dann von anderen Strukturen, die z. B. über Identifizierung zustande kommen, nur durch ihren Entstehungsmodus.

flikthafte Erlebensmaterial immer wieder auf neue Bezugspersonen überträgt, jeweils in der Hoffnung, doch noch eine bessere Lösung zu erreichen.

Hier beginnt das Feld der Psychoanalyse. In ihr bietet der Arzt sich als Ersatzobjekt für die früheren Objekte, an denen der Konflikt sich entzündete, an. Es setzt jetzt ein dialogischer Prozeß auf zwei Ebenen ein: Erstens auf der Übertragungsebene. Da der Arzt sich zurückhaltend und gleichsam unsichtbar verhält („Der Arzt soll undurchsichtig für den Analysierten sein und wie eine Spiegelplatte nichts anderes zeigen, als was ihm gezeigt wird" FGW VIII, 384), wird er zur Projektionsfläche für den Patienten, d. h. der Patient kann die In-Bilder seiner ersten Objekte ohne durch ein unmittelbares „Sich-Zeigen" des Arztes korrigiert zu werden, übertragen. Insofern wird der Arzt für ihn zum ersten Objekt, zum Vater oder zur Mutter, oder beidem. Auf dieser Ebene spielt sich also die dialogische Auseinandersetzung tatsächlich ab zwischen dem Patienten und einer Entsprechung der ersten Objekte. Jetzt konstellieren sich die Vorstellungen und Gefühle (Liebe, Haß, Angst), die im primären Konflikt mit den ersten Objekt von Bedeutung waren und werden sichtbar.

Zweitens: Auf der vorwiegend rationalen Ebene (Ebene des Arbeitsbündnisses*) bleibt der Arzt jedoch einsichtige und helfende Gestalt. Sein Ich verbündet sich mit dem gesunden Teil des Ich des Patienten, hilft ihm, den ursprünglichen Konflikt zu sehen, und unterwirft diesen einer deutenden Bearbeitung. Der Patient erlebt den Analytiker auf der Übertragungsebene als ursprüngliches Objekt, er erlebt gleichzeitig die Zwangsläufigkeit seiner Übertragungen, und schließlich, mit der Auflösung der Übertragung, kann er den Arzt als Arzt in seiner ihm eigentlichen Wirklichkeit erblicken. Dies gelingt jedoch erst, wenn das konflikthafte Material ausreichend bearbeitet ist, d. h. ins Bewußtsein gehoben und in der Übertragung unter günstigeren Bedingungen noch einmal durchlebt worden ist. Sofern nämlich Konfliktmaterial unbewußt und ungelöst bleibt, wird es weiterhin zwanghaft projiziert, d. h. auf die Personen der aktuellen Umwelt übertragen.

---

* „Das Arbeitsbündnis ist die relativ unneurotische, rationale Beziehung zwischen dem Patienten und dem Analytiker, die es dem Patienten ermöglicht, in der analytischen Situation zielstrebig zu arbeiten" (Greenson, 1973, 59). Siehe auch Vierter Teil A 1.

Die Quintessenz der Freudschen Übertragungsanalyse ist – um es noch einmal zu formulieren –, daß ein dialogischer Prozeß, eine Interaktion stattfindet zwischen dem Patienten und dem Arzt als einer Ersatzperson der frühen Objekte. Dies wird gerade darum möglich, weil der Arzt „sich wie ein Spiegel" verhält. Die theoretische und erfahrungsmäßige Basis dieses Vorgehens ist die Überzeugung, daß der neurotische Konflikt seine Wurzeln im infantilen Erleben hat, mit anderen Worten, daß die Neurose wesentlich erworben und nicht Ausdruck einer anlagemäßigen Schwäche (etwa Empfindlichkeit) sei.

2. Die Jungsche Analyse

Die Jungsche Arbeit und Theoriebildung orientiert sich, wie wir gesehen haben, an den *Inhalten* des seelischen Geschehens. In einer umfassenden vergleichenden und analysierenden Bearbeitung der Produktionen des Unbewußten in Träumen und Phantasien, sowie der grundlegenden Motive in der Mythologie und im religiösen und künstlerischen Erleben kam Jung zur Auffassung der Archetypen und des kollektiven Unbewußten. Er schreibt: „In Anbetracht solcher Tatsachen müssen wir wohl annehmen, daß das Unbewußte nicht nur Persönliches, sondern auch Unpersönliches, Kollektives in Form *vererbter Kategorien* oder Archetypen enthalte. Ich habe daher die Hypothese aufgestellt, daß das Unbewußte in seinen tieferen Schichten gewissermaßen, relativ belebte, kollektive Inhalte besäße. Ich spreche darum von einem *kollektiven Unbewußten*" (JGW VII, 151). Da diese belebten archetypischen Inhalte jedoch kollektiver Besitz sind, gewissermaßen eine allgemeine Grundlage des menschlichen Seelenlebens darstellen, lösen sie sich in gewissem Sinne vom einzelnen individuellen Sein ab und werden zu einem „Objektiv-Psychischen". So sagt Jung: „Was wir erreichen konnten, war aber die *Ablösung der mythologischen, kollektiv-psychischen Inhalte von den Objekten des Bewußtseins und ihre Konsolidierung als psychische Realitäten außerhalb der Individualpsyche.*" (JGW VII, 106).*
Die Objektivität des Psychischen, das heißt des kollektiven Unbewuß-

ten mit seinen archetypischen Inhalten, ist die eine Bestimmung der Eigenart der Jungschen Analyse. Die andere Bestimmung ist der Grundsatz der psychischen Totalität (s. auch J. Jacobi 1959, 3). Die Jungsche Weltsicht ist dualistisch: gut und böse, hoch und tief, warm und kalt sind unvereinbar und gehören doch zusammen. Die Gegensatzpaare bilden Potentialgefälle, und die dadurch gegebene Spannung ist die Lebensenergie überhaupt: „Gegensätze sind extreme Eigenschaften eines Zustandes, vermöge welcher letzterer als wirklich wahrgenommen werden kann, denn sie bilden ein Potential. Die Psyche besteht aus Vorgängen, deren Energie dem Ausgleich verschiedenster Gegensätze entstammen kann" (JGW VIII, 237). Gerade dadurch, daß Bewußtes und Unbewußtes ein Gegensatzpaar bilden, stehen sie in einem kompensatorischen Verhältnis, welches der *Selbstregulierung der Psyche* dient. Die bewußte Einstellung ist immer einseitig. Sie spiegelt und erfaßt nur einen Teil der Wirklichkeit. Dagegen ist „das kollektive Unbewußte als ein Niederschlag der Erfahrung und zugleich als ein Apriori derselben ein Bild der Welt, das seit Aeonen sich gebildet hat" (JGW VII, 103).

Die Ganzheit der Seele ist der innere Mikrokosmos des Menschen, der dem Makrokosmos der äußeren Realität entspricht. Anders ausgedrückt: wir vermögen die Realität nur nach den Formen der inneren Bilder zu begreifen. Eine einseitig rational-bewußtseinsorientierte Einstellung begreift nur einen Teilaspekt der Welt und läßt – wo sie blind festgehalten wird – das Leben verkümmern, den Lebensprozeß versanden.

Diese allgemeinen Überlegungen waren nötig zum Verständnis des Folgenden. Wir können jetzt nämlich verstehen, daß die Totalität der

* 1945 schreibt er in einem Brief an J. B. Rhine: „Vom psychologischen Standpunkt aus gesehen erscheint die außersinnliche Wahrnehmung als eine Manifestation des *kollektiven Unbewußten*. Diese spezielle Psyche verhält sich so, als wäre sie *eine* und nicht, als wäre sie in viele individuelle Seelen aufgespalten. Sie ist *nicht-persönlich*. (Ich bezeichne sie als 'objektive Psyche'.) Sie ist überall und zu allen Zeiten dieselbe" (JGW Briefe I, 487). Jung maß seiner Entdeckung überindividueller, allgemeiner seelischer Strukturen in Gestalt der Archetypen des kollektiven Unbewußten, welchen er den Rang einer objektiven psychischen Realität gab, eine nicht zu überschätzende Bedeutung zu. „Die Idee der psychischen Realität", schreibt er, „könnte man wohl als die allerwesentlichste Errungenschaft moderner Psychologie bezeichnen, wenn sie als solche anerkannt wäre" (JGW VIII, 403).

Psyche, Bewußtes und Unbewußtes, keine statische Größe darstellt, sondern ein lebendiges und labiles System. Dieses System lebt aus der Gegensatzspannung und ist gleichzeitig ständig um Ausgleich bemüht. Jung nennt daher die Psyche ein „System mit Selbstregulierung" (siehe z. B. JGW VII, 67). Diese Selbstregulierung bedeutet jedoch nie einen endgültigen Ausgleich der Gegensätze, sondern einen ständigen Fluß von Energie, der die Gegensätze im Gleichgewicht hält. Dieses Gleichgewicht wird durch die Forderungen der Realität einerseits und durch den Druck der inneren Entwicklungsfaktoren andererseits ständig gestört und muß in einem ebenso beständigen energetischen Prozeß wiederhergestellt werden. Die Funktion, welche die Gegensätze zwischen der bewußten und der unbewußten Einstellung ausgleicht und dabei zu einer zunehmenden Erweiterung des Bewußtseins führt, nennt Jung die *„transcendente Funktion".* Er schreibt: „Die Auseinandersetzung mit dem Unbewußten ist ein Prozeß . . . [der] den Namen *transcendente Funktion* erhalten hat . . . Sie ist ein natürlicher Vorgang, eine Manifestation der aus der Gegensatzspannung hervorgehenden Energie, und besteht in einer Abfolge von Phantasievorgängen, die spontan in Träumen und Visionen auftreten" (JGW VII, 87). Und an anderer Stelle: „Aus der bewußten Bearbeitung dieser Daten [nämlich der Inhalte von Träumen und Phantasien] ergibt sich die transcendente Funktion als eine durch Archetypen vermittelte, die Gegensätze vereinigende Auffassungsbildung" (JGW VII, 119). Damit ist das beschrieben was ich meine, wenn ich die Jungsche Analyse bzw. den in der Jungschen Analyse in Gang gesetzten Entwicklungsprozeß als *autonomen Prozeß* bezeichne. Es ist dies nämlich ein Prozeß, der durch Faktoren bestimmt ist, die der Seele inhaerent sind, und er ergibt sich aus der wechselseitigen Einwirkung des Bewußtseins auf das Unbewußte und umgekehrt. Äußere Faktoren wirken lediglich als Anstoß, der jeweils die innen bereitliegenden Kräfte und Entwicklungstendenzen evoziert. Jung sagt dazu, „daß es in der Seele einen von äußeren Bedingungen sozusagen unabhängigen, zielsuchenden Prozeß gebe" (JGW XII, 19). Die Rolle der Übertragung im Freudschen Sinne tritt dagegen zurück. Sie behält jedoch, wie wir oben schon gesehen haben, ihre Bedeutung für die Analyse junger Menschen und evtl. für die Anfangsphase einer Analyse überhaupt. Auch in der Jungschen Analyse erhält der Arzt Projektionen, wird also zum Übertragungsobjekt, aber in der Phase der eigentlichen Jungschen Analyse leiten sich diese

Projektionen nicht mehr ab von den Imagines, welche sich an den ersten Objekten herausgebildet haben, sondern es handelt sich bei ihnen um Projektionen archetypischer Bilder. Im allgemeinen tritt aber doch die Rolle des Arztes als Übertragungsobjekt zurück hinter der eines Mentors und Seelenführers, der auf Grund seines größeren Wissens dem Patienten Orientierungshilfe geben kann in der Auseinandersetzung mit seinen von innen andrängenden Bildern.

Die Freudsche Analyse stellt also eine Aufarbeitung einer infantilen Objektbeziehung in der Übertragungsbeziehung dar. Es ist dies ein *dialogischer Prozeß*, insofern immer zwei Subjekte in unmittelbarer Auseinandersetzung sich befinden, und es ist ein *sozialer Prozeß*, insofern letzten Endes die ersten Objekte ebenso wie das „Ersatzobjekt Arzt" Repräsentanten der sozialen Umwelt sind und der Prozeß selbst auf eine Adaption an diese Umwelt hinzielt. Wenn man es in der Jungschen Terminologie ausdrücken will, dann entspricht diese auf die Objektbeziehung ausgerichtete Sicht des psychischen Geschehens einer extravertierten Einstellung. Die Jungsche Auffassung entspricht dann einer introvertiertern Einstellung, insofern in ihr der Schwerpunkt auf der Berücksichtigung von (primären) Innenfaktoren, von angeborenen inneren (keimhaften) Strukturen mit autonomer Entfaltungstendenz ruht und nicht so sehr auf der Betrachtung von Strukturen und Dynamismen, die an Außenobjekten sich ausgebildet haben oder an ihnen sich abspielen.

Bis hierher habe ich versucht, unter den leitenden Gesichtspunkten des formalen und des inhaltlich orientierten Aspektes einerseits und der Auffassung der Analyse als eines dialogischen Geschehens oder als eines autonomen Prozesses andererseits, eine vergleichende Darstellung von Grundlinien der beiden Theorien zu geben. Beide Systeme konnte ich nur sehr bruchstückhaft darstellen. Deswegen möchte ich im folgenden einige Teilbereiche herausgreifen und ausführlicher behandeln. Dabei werde ich im Zweiten Teil bei der Besprechung des Unbewußten auf die Jungschen Vorstellungen in größerer Breite eingehen, weil ich glaube, daß diese bei dem Versuch einer systematisierenden Darstellung gerade wegen ihres am Inhaltlichen orientierten Charakters zwangsläufig zu kurz gekommen sind.

Zweiter Teil

Das Unbewußte und seine Inhalte

„*Das Unbewußte ist das eigentlich reale Psychische*, uns nach seiner inneren Natur so unbekannt wie das Reale der Außenwelt, und uns durch die Daten des Bewußtseins ebenso unvollständig gegeben wie die Außenwelt durch die Angaben unserer Sinnesorgane."

S. Freud*

„*Unser Bewußtsein* . . . quillt auf aus unbekannter Tiefe. Es erwacht allmählich im Kinde, und es erwacht jeden Morgen aus der Tiefe des Schlafes aus einem unbewußten Zustande. *Es ist wie ein Kind, das täglich aus dem mütterlichen Urgrunde des Unbewußten geboren wird.*"

C. G. Jung**

---

* FGW II/III, 617/618 (Hervorhebung vom Verfasser)
** JGW XI, 616 (Hervorhebungen vom Verfasser)

A Das Unbewußte bei Freud

Ich gehe von einer sehr einfachen Darstellung aus, die Robert Waelder gibt: „Die psychoanalytische Theorie der Neurosen hat drei neue Begriffe in die Psychologie eingeführt: 1. die Existenz eines unbewußten seelischen Lebens, das ... unbewußt ist ... auf Grund der ‚Wirkung von Absichten und Tendenzen, wie sie im normalen Leben zu beobachten sind' (Freud GW XIV, 47); d. h. weil man ihnen zu entfliehen wünscht; und daß dieses Unbewußte Abkömmlinge ins Bewußtsein senden und das Verhalten beeinflußen kann. 2. die Bedeutung sexueller Triebe für Erscheinungen, die nicht sichtbar sexuell sind; 3. die fortdauernde Bedeutsamkeit scheinbar geringfügiger [sexueller] Kindheitserlebnisse" (Waelder 1963, 58/59).
Damit ist die wesentliche, in die Gesamttheorie integrierte Bedeutung des Unbewußten geschildert. Die unbewußten Inhalte werden unbewußt, weil man ihnen zu entfliehen trachtet: d. h. sie werden verdrängt. Freud schreibt: „Wir haben aus der Psychoanalyse erfahren, das Wesen des Prozesses der Verdrängung bestehe nicht darin, eine den Trieb repräsentierende Vorstellung aufzuheben, zu vernichten, sondern sie vom Bewußtsein abzuhalten. Wir sagen dann, sie befinde sich im Zustande des ‚Unbewußten', und haben gute Beweise dafür vorzubringen, daß sie auch unbewußt Wirkungen äußern kann, auch solche, die endlich das Bewußtsein erreichen" (FGW X, 264).
Inhaltlich handelt es sich beim Verdrängten um Triebrepräsentanzen, d. h. um infantile sexuelle Vorstellungen, und diese können unbewußte Wirkungen erzeugen, die sich schließlich wieder bis ins Bewußtsein fortsetzen, d. h. in Symptombildungen erscheinen, die jedoch ihre Abkunft von sexuellen Inhalten nicht unmittelbar verraten. Schließlich zum dritten Punkt: die unbewußten Inhalte wirken fort, können gerade insofern sie unbewußt sind nicht verarbeitet und erledigt werden. Ich zitiere wieder Freud: „Es ist sogar eine hervorragende Besonderheit unbewußter Vorgänge, daß sie unzerstörbar bleiben. Im Unbewußten ist nichts zu Ende zu bringen, ist nichts vergangen oder vergessen ... Gerade hier hat die Psychotherapie einzugreifen. Ihre Aufgabe ist es,

für die unbewußten Vorgänge eine Erledigung und ein Vergessen zu schaffen" (FGW II/III, 583/584). Diese Aufgabe besteht darin, die unbewußten Inhalte ins Bewußtsein zu heben und hier einer deutenden Bearbeitung zu unterziehen, die schließlich auch ihre erlebensmäßige Verarbeitung ermöglicht.

Die psychoanalytische Theorie legt also den Schwerpunkt ihrer Betrachtung des Unbewußten auf die verdrängten Inhalte, also auf Vorstellungen und Wunschregungen, die ehedem bewußt waren und die aus dem Unbewußten heraus eine fortdauernde pathogene Kraft entfalten. Die Bewußtmachung unbewußter Inhalte geschieht zu dem Zwecke, pathogenes Material unschädlich zu machen. Weiter beschreibt die psychoanalytische Theorie eine Reihe formaler Mechanismen bezüglich der Verdrängung (Urverdrängung, Nachdrängen, Gegenbesetzung) und bezüglich der Eigenart unbewußter Abläufe, die einerseits dem Primärprozeß, andererseits dem Lustprinzip (s. Dritter Teil A 1.2) unterworfen sind, d. h. daß die Triebregungen im Unbewußten ihre ursprüngliche Tendenz nach unmittelbarer Befriedigung beibehalten. Diese Beschreibungen sind für das Verständnis insbesondere der Träume und der neurotischen Symptombildung von hervorragender Wichtigkeit. Ich möchte hier jedoch nicht weiter auf sie eingehen.

Die bisher behandelten Inhalte des Unbewußten entstammen dem persönlichen Erleben und waren, ehe sie der Verdrängung anheimfielen, bewußt. Auch Freud schreibt jedoch dem Unbewußten noch andere Inhalte zu: subliminale Inhalte, also z. B. Wahrnehmungen, die wegen ihrer geringen Intensität nie die volle Helle des Bewußtseins erreichten oder durch Entzug ihrer Besetzungsenergie unbewußt wurden. Schließlich aber auch „die archaischen Reste", auf die ich weiter unten näher eingehe.

Ich möchte jetzt versuchen, zu zeigen, daß Freud von anderen Ansätzen her Auffassungen des Unbewußten vorbereitet hat, die unmittelbar zu den Jungschen Auffassungen hinzuleiten scheinen. Diese Gesichtspunkte sind in der Psychoanalyse aber nicht weiter verfolgt und integriert worden. Auch dies hat seinen Grund gewiß wieder in der Bevorzugung formaler Aspekte und darin, daß in der Entwicklung der psychoanalytischen Theorie der topische Gesichtspunkt* in seiner Bedeu-

* Der topische Gesichtspunkt meint die erste von Freud gegebene Gliederung seelischer Leistungen in bewußte, vorbewußte und unbewußte. Bewußte

tung zurücktrat hinter dem strukturellen Gesichtspunkt, d. h. der Gliederung des psychischen Apparates in Es, Ich und Überich, und hinter dem Studium der interstrukturellen Konflikte.

In Freuds Denken bekommt das Bewußtsein in einer späteren Phase der Entwicklung die Rolle eines Sinnes- oder Wahrnehmungsorganes, welches auf das seelische Innen gerichtet ist, so wie die körperlichen Sinnesorgane die Wahrnehmung der äußeren Realität vermitteln.

Damit bekommt aber auch das Unbewußte eine andere, umfassendere und grundlegende Bedeutung: Es wird zum Seelischen überhaupt, welches sich vermittels des Wahrnehmungsorganes Bewußtsein zum Teil erschließt. Eine Auffassung, die ganz in die Nähe Jungs führt. Ich zitiere dazu Freud: „Es bleibt uns in der Psychoanalyse gar nichts anderes übrig, als die seelischen Vorgänge für an sich unbewußt zu erklären und ihre Wahrnehmung durch das Bewußtsein mit der Wahrnehmung der Außenwelt durch die Sinnesorgane zu vergleichen" (FGW X, 270). Diese Auffassung wird durch eine spätere, genetische Erklärung ausgebaut: „Ursprünglich war ja alles Es, das Ich ist durch den fortgesetzten Einfluß der Außenwelt aus dem Es entwickelt worden. Während dieser langsamen Entwicklung sind gewisse Inhalte des Es [die als solche unbewußt waren] in den vorbewußten Zustand gewandelt und so ins Ich aufgenommen worden. Andere sind unverändert im Es als dessen *schwer zugänglicher Kern* geblieben. Aber während dieser Entwicklung hat das junge und unkräftige Ich gewisse bereits aufgenommene Inhalte wieder in den unbewußten Zustand zurückversetzt [verdrängt] ... Diesen letzteren Anteil des Es heißen wir mit Rücksicht auf seine Entstehung das Verdrängte. Es macht wenig aus, daß wir zwischen

seelische Inhalte machen den jeweils realisierten Umkreis des Bewußtseinsfeldes aus. Mit dem Abzug des Interesses können die bewußten Inhalte ins Vorbewußte versinken und statt ihrer bisher vorbewußte Inhalte aktualisiert und ins Bewußtsein gehoben werden. Demgegenüber besteht zwischen dem Vorbewußten und dem Unbewußten eine weitgehend undurchlässige Grenze, welche durch die Abwehrschranke der Zensur gegeben ist. Während also zwischen dem Bewußtsein und dem Vorbewußten ein freier, der Lenkung durch Interesse und Willen unterworfener Austausch besteht, sind die Inhalte des Unbewußten grundsätzlich unzugänglich und können nur indirekt erschlossen oder durch den Abbau der Abwehrschranke in der analytischen Arbeit ins Bewußtsein gehoben werden. Ebenfalls erscheinen sie in mehr oder weniger verschlüsselter Form im Traum.

beiden Kategorien im Es nicht immer scharf unterscheiden können. Sie decken sich ungefähr mit der Sonderung in *ursprünglich Mitgebrachtes und während der Ichentwicklung Erworbenes"* (FGW XVII, 85, Hervorhebungen vom Verf.). Die Nomenklatur benützt hier die Begriffe der Strukturtheorie. Wir können aber für das Es in diesem Zusammenhange ohne weiteres das Unbewußte einsetzen.

Dieser Abschnitt aus Freud ist so wichtig, weil darin dem Unbewußten primäre, ursprüngliche, vor aller Erfahrung des Ich gelegene Inhalte zuerkannt werden. Inhalte, die nur zum Teil im Laufe der Entwicklung in die Bewußtseinssphäre des Ich gehoben werden können. Hier liegt auch die theoretische Brücke zur Einführung der „archaischen Reste", von welchen Freud schon im 7. Kapitel der „Traumdeutung" schreibt: „Wir ahnen, wie treffend die Worte Friedrich Nietzsches sind, daß sich im Traume ‚ein uraltes Stück Menschentum fortübt, zu dem man auf direktem Wege kaum mehr gelangen kann', und werden zur Erwartung veranlaßt, durch die Analyse der Träume zur Kenntnis der archaischen Erbschaft des Menschen zu kommen, das *seelisch Angeborene* in ihm zu erkennen" (FGW II/III, 554, Hervorhebung vom Verf.). Wie eng die beiden Vorstellungen vom Unbewußten bei Freud nebeneinanderstehen, nämlich jene Vorstellung, die in ihm vornehmlich den Ort verdrängter Triebregungen, und jene, die in ihm den Urboden des Psychischen erblickt, den Ort, wo das bildhafte Erbe der Menschheit gespeichert ist, möchte ich zeigen durch die Gegenüberstellung von zwei Zitaten aus derselben Arbeit („Das Unbewußte"): „Der Kern des Unbewußten besteht aus Triebpräsentanzen, die ihre Besetzung abführen wollen, also aus [verdrängten] Wunschregungen usw." (FGW X, 285) und einige Seiten später: „Den Inhalt des Unbewußten kann man einer psychischen Urbevölkerung vergleichen. Wenn es beim Menschen ererbte psychische Bildungen, etwas dem Instinkt der Tiere Analoges gibt, so macht dies den Kern des Unbewußten aus" (ebd., 294). Schließlich schreibt Freud in „Die endliche und die unendliche Analyse": „Die analytische Erfahrung hat uns die Überzeugung aufgedrängt, daß selbst bestimmte psychische Inhalte, wie die *Symbolik*, keine andere Quelle haben als die erbliche Übertragung, und in verschiedenen völkerpsychologischen Untersuchungen wird uns nahegelegt, noch andere, ebenso spezialisierte Niederschläge frühmenschlicher Entwicklung in der *archaischen Erbschaft* vorauszusetzen" (FGW XVI, 86, Hervorhebungen vom Verf.).

Wesentlich ist, daß Freud annahm, daß im Unbewußten uraltes menschliches Vorstellungsgut zum Teil in symbolischen Bildern durch Vererbung tradiert werde. Die Nähe zur Jungschen Lehre vom kollektiven Unbewußten und den Archetypen ist unverkennbar. Aber die „archaischen Reste" gleichen im Freudschen System archäologischen Fundstücken: sie gehören der Vergangenheit an, sie lehren uns, Vergangenes aus der menschlichen Urgeschichte aufzudecken, sie helfen uns – etwa in der Trauminterpretation – Lücken der rekonstruierten unbewußten Vorstellungsabläufe zu schließen, eben weil das Unbewußte in solchen archaischen Bildern denkt. Aber sie sind für Freud kein lebendig wirkendes Gestaltungsprinzip, wie es die Archetypen bei Jung sind.

B Das Unbewußte bei Jung

1. Einführung

Jung baute zunächst auf den Freudschen Vorstellungen vom Unbewußten auf. In seinen Assoziationsstudien zeigte er, daß und wie im Unbewußten wirksame, konflikthafte Inhalte nachgewiesen werden können. Während Freud jedoch vorwiegend die im Unbewußten wirkenden psychischen Mechanismen interessieren, als deren schließlichen Beweggrund er immer wieder infantile Sexualregungen erkennt, gelangt Jung durch seine Untersuchungen zu einer Auffassung, die sich an seelischen Inhalten und deren Anordnung orientiert. Dementsprechend ergeben sich für Jung Komplex und Archetypus als psychische Strukturen, die in erster Linie von ihrem Inhalt her bestimmt sind und von ihm her erkannt werden können und erst in zweiter Linie sich durch ihre Funktion auszeichnen.

Jung definiert den Komplex als eine Gruppierung psychischer Inhalte um ein gefühlsbetontes Kernelement. „Ich habe bei der Untersuchung der Assoziationsphänomene gezeigt", schreibt er, „daß es gewisse Gruppierungen von psychischen Elementen um gefühlsbetonte Inhalte gibt, die man als *Komplexe* bezeichnet. Der gefühlsbetonte Inhalt, der Komplex, besteht aus einem Kernelement und einer großen Zahl sekundär konstellierter Assoziationen... *Die konstellierende Kraft des Kernelementes entspricht dessen Wertintensität beziehungsweise dessen Energie*" (JGW VIII, 11/12). Der energetische Wert des Kernelementes läßt sich einschätzen nach der relativen Zahl der von ihm bewirkten Konstellationen und nach der relativen Häufigkeit oder Intensität der sogenannten Störungs- bzw. Komplexmerkmale. Die Komplexe haben eine gewisse Autonomie, d. h. sie sind der Bewußtseinskontrolle nur bedingt unterworfen und stehen untereinander ebenfalls nur in losem Zusammenhang. Jung räumt ihnen sogar mit Einschränkung den Rang von „Teilpersönlichkeiten" ein. „Im Grunde genommen gibt es *keinen prinzipiellen Unterschied* zwischen einer *Teilpersönlichkeit und einem Komplex*. Sie haben alle wesentlichen Charaktere gemein, bis auf die delikate Frage der *Teilbewußtheit.*" Und weiter unten: „Man darf . . . die Hypothese als gesichert betrachten, daß Komplexe *abgesprengte Teilpsychen* sind" (JGW VIII, 112 und 113)*.

Bis hier brauchte sich noch kein scharfer Gegensatz zu Freud zu ergeben, sofern man nur annehmen wollte, daß der Inhalt der Komplexe ein irgendwie sexueller war oder daß der Affektbetrag des Kernelementes, dessen Gefühlsbetonung, sexuell bedingt sei. Das relativ unverbundene Nebeneinander der psychischen Inhalte war auch Freud nicht fremd. In „Das Unbewußte" schreibt er: „Zweitens weist die Analyse darauf hin, daß die einzelnen latenten Seelenvorgänge, die wir erschließen, sich eines hohen Grades von gegenseitiger Unabhängigkeit erfreuen, so als ob sie miteinander nicht in Verbindung stünden und nichts voneinander wüßten" (FGW X, 269). Sein weiterer Gedankengang führte ihn aber dann nicht zur Annahme von Teilpsychen, sondern von „psychischen Akten" bzw. einer aus dem unbewußten Es stammenden und letzten Endes sexuell motivierten Triebdynamik. Immer wieder: Freud hat Dynamismen, Mechanismen, seelische Abläufe im Auge. Jung dagegen seelische Inhalte und deren Anordnung.

Die eigenständige Weiterentwicklung des Jungschen Konzeptes hatte zur Voraussetzung die Aufgabe des Primats der Sexualität als seelische Energiequelle und die Weigerung, Sexualität als einzige inhaltliche Bestimmung unbewußter seelischer Vorgänge – sofern sie dynamisch von Bedeutung sind – anzuerkennen. Gerade diese Frage, nämlich Anerkennung der Sexualtheorie als tragenden Pfeiler oder nicht, wurde zum Schibboleth zwischen den beiden Schulen. So schreibt

---

* Ähnliches gilt für die Archetypen (vergleiche JGW VII, 72: „Sie [die Archetypen] haben sogar etwas wie ein eigenes, selbständiges Leben, etwa wie das von *Partialseelen*"). Die Komplexe des persönlichen Unbewußten stammen jedoch häufig aus psychischen Traumen, durch eben die „ein Stück Psyche abgespalten wurde" (JGW VIII, 113). Allerdings setzt Jung in derselben Arbeit (Allgemeines zur Komplextheorie) etwas weiter unten den Akzent anders, wenn er schreibt: „Ich bin deshalb eher zur Annahme geneigt, daß autonome Komplexe zu den normalen Lebenserscheinungen gehören und die Struktur der unbewußten Psyche ausmachen" (ebd., 120). Das braucht nicht unbedingt ein Widerspruch zur oben angenommenen traumatischen Genese vieler Komplexe zu sein. Auf jeden Fall rückt aber die letzte Formulierung die Auffassung der Komplexe wieder näher an die des Archetyps heran, der eine allgemeine, an sich nicht pathologische Struktur des kollektiven Unbewußten ist.

Jung: „Seit der Zeit, als es mit der Wiener Schule zum Bruche kam in der Frage des *analytischen Erklärungsprinzips, nämlich ob Sexualität oder Energie schlechthin,* haben sich unsere Auffassungen wesentlich entwickelt" (JGW VII, 292, Hervorhebung vom Verf.). Freud wehrte sich mit großem Nachdruck gegen die Ablösung der psychischen Energie von ihrer, von ihm postulierten, Quelle der sexuellen Triebkraft und der Aufstellung eines allgemeinen, qualitativ nicht näher bestimmten Energiebegriffes.

Er schreibt: „Man verzichtet aber auf allen Gewinn aus der bisherigen psychoanalytischen Beobachtung, wenn man nach dem Vorgang von C. G. Jung den Begriff der Libido selbst verflüchtigt, indem man sie mit der psychischen Triebkraft überhaupt zusammenfallen läßt" (FGW V, 120). Und an einer späteren Stelle: „Die Jungsche Modifikation dagegen hat den Zusammenhang der Phänomene mit dem Triebleben gelockert; sie ist übrigens . . . so unklar, undurchsichtig und verworren, daß es nicht leicht ist, Stellung zu ihr zu nehmen" (FGW X, 105).

Doch erst die Preisgabe der Freudschen Triebtheorie machte es Jung möglich, den Komplexen Eigenständigkeit, sogar ein Eigenleben zu geben, indem er sie mit jeweils eigenem und besonderen Inhalt und mit einem Betrag an eigener Energie ausstattete.

Die Komplexe stellen also für Jung psychische Gruppierungen um einen affektbetonten Kern dar, deren Inhalte eben nicht ausschließlich sexuell determiniert sind, sondern allen Möglichkeiten menschlichen *Werterlebens* entsprechen (man kann einen Minderwertigkeits- oder einen Größenkomplex haben). Die Komplexe sind auch nicht an sich krankhaft, es gibt „gesunde Komplexe". Es hängt dies ab von der Besonderheit der konstellierten Inhalte und ihrer Integration in die Gesamtpsyche. In gewissem Sinne kann man sich die Komplexe als Organisationszentren der Psyche vorstellen, die im Normalfalle in einer gewissen Abhängigkeit vom und Zuordnung zum Ich stehen, welches seinerseits, gemäß seiner konstellierenden und zentrierenden Kraft ebenfalls als Komplex angesehen wird: „Der Ich-Komplex bildet das für unsere Psyche charakteristische Zentrum. Er ist aber nur einer unter verschiedenen Komplexen. Die anderen Komplexe treten mehr oder weniger oft in Assoziation mit dem Ich-Komplex und werden auf diese Weise bewußt" (JGW VIII, 347).

Diese Auffassung von autonomen Komplexen ist ganz charakteristisch für Jung. Sie entspricht seiner Art, vom Inhaltlichen auszugehen, dem Inhalt eigenen Wert und eigene Dynamik zuzuerkennen. Er reduziert nicht auf eine inhaltlich einheitlich bestimmte Kraft (Sexualität), d.h. er schreitet nicht die Kette kausaler Verknüpfungen nach rückwärts ab, wie das kausal-reduktive Freudsche Denken, sondern er neigt dazu, in dem, was der Anschauung und Erfahrung unmittelbar gegeben ist, ein jeweils in ihm selbst liegendes Organisationsprinzip anzunehmen. Dahinter steht die Annahme eines geistigen Prinzips, welches alles Seelische primär gestalthaft anordnet, während bei Freud eine triebhafte Kraft das erste Bewegende ist. Wir werden diese Auffassung Jungs im weiteren bei der Darstellung der Archetypen noch deutlicher sehen.

Man kann die Komplexe gewissermaßen als die Determinanten des persönlichen Unbewußten ansehen, welches Jung im übrigen ähnlich auffaßt wie Freud: Ihm gehört das Verdrängte an, das subliminal Wahrgenommene, das Vergessene. Dem kollektiven Unbewußten gehört das an, was Freud als archaische Erbschaft bezeichnet hat. „Die Inhalte des persönlichen Unbewußten sind in der Hauptsache die sogenannten gefühlsbetonten Komplexe, welche die persönliche Intimität des Lebens ausmachen. Die Inhalte des kollektiven Unbewußten dagegen sind die sogenannten *Archetypen*" (zit. nach J. Jacobi 1957, 35).

2. Der Archetypus und das kollektive Unbewußte

Wir kommen jetzt zur Besprechung von zwei Begriffen, die zentral im Gebäude der Jungschen Lehre stehen: dem Archetypus und dem kollektiven Unbewußten. Wie ich schon oben ausführte, ist der Archetypus eine Begriffsbildung, die Jung aus einer großen vergleichenden Arbeit, aus den Erfahrungen mit den Phantasien und Träumen seiner Patienten, dem Studium der Mythologie etc., abstrahiert hat. Ich möchte ihn einführend dazu selbst zu Worte kommen lassen: „In diesem weiteren Stadium der Behandlung* also, wo diese Phantasien, die nicht mehr auf persönlichen Reminiszenzen beruhen, reproduziert werden, handelt es sich um die Manifestationen der tieferen Schicht des Unbe-

---

* Jung bezieht sich im Folgenden auf ein Stadium der Behandlung, in welchem die Grenzen der persönlichen Unbewußten überschritten werden.

wußten, wo die allgemein menschlichen, urtümlichen Bilder schlummern. Ich habe diese Bilder oder Motive als *Archetypen* (etwa auch als ,Dominanten') bezeichnet. Diese Entdeckung bedeutet einen weiteren Fortschritt der Auffassung: nämlich die Erkenntnis von *zwei Schichten im Unbewußten.* Wir haben nämlich ein *persönliches* Unbewußtes und ein *un-* oder *überpersönliches* Unbewußtes zu unterscheiden. Wir bezeichnen letzteres auch als das ˙*kollektive* Unbewußte, eben weil es vom Persönlichen losgelöst und ganz allgemein ist und weil seine Inhalte überall gefunden werden können, was bei den persönlichen Inhalten natürlich nicht der Fall ist" (JGW VII, 71). Und wie bereits an anderer Stelle zitiert (Erster Teil B, 2): „Das kollektive Unbewußte ist als ein Niederschlag der Erfahrung und zugleich als ein Apriori derselben ein Bild der Welt, das seit Äonen sich gebildet hat. In diesem Bilde haben sich gewisse Züge, sogenannte *Archetypen* oder *Dominanten* im Laufe der Zeit herausgearbeitet" (ebd., 103).

Der wesentliche Inhalt des kollektiven Unbewußten sind also die Archetypen. Aber warum ist das kollektive Unbewußte ein Bild der Welt und vor allem, warum ist es ein Apriori der Erfahrung dieser Welt, d.h. also ein der Erfahrung Vorgegebenes, welche diese erst ermöglicht?

2.1 Der Archetypus als Grundform der Anschauung

Zunächst stellt der Archetypus eine aller Anschauung und allem Denken vorausgegebene Grundform der menschlichen Seele dar, die eine Anordnung des Vorstellungsmaterials nach gleichbleibenden Prinzipien und Grundstrukturen bedingt. Es sind „vererbte Möglichkeiten menschlichen Vorstellens" (JGW VII, 70). Sie werden erklärt als „Niederschläge stets sich wiederholender Erfahrungen der Menschheit" (ebd., 75). Es wird aber nicht, um dies ausdrücklich zu sagen, ein bildhafter Inhalt vererbt. Vererbt wird eine Fähigkeit oder Struktur, die Wirklichkeit in bestimmten Vorstellungsformen aufzunehmen und anzuordnen. In „Symbole der Wandlung" schreibt Jung: „Es handelt sich selbstverständlich nicht um vererbte Vorstellungen, sondern um eine angeborene Disposition zu parallelen Vorstellungsbildungen, beziehungsweise um universale, identische Strukturen der Psyche, welche ich später als das kollektive Unbewußte bezeichnet habe. Diese Strukturen nannte ich Archetypen" (JGW V, 200/201).

Es ist also wichtig zu unterscheiden zwischen dem Archetypus an sich, der eine dem Menschen inhärente Struktur darstellt, und dem archetypischen Bild, also jenem bewußten oder unbewußten Vorstellungsinhalt, jenen „Urbildern der Seele", die in Phantasien, Träumen und Mythen sichtbar werden und die Gleichartigkeit ihrer Grundform und ihres Sinnes eben ihrer Anordnung durch den zugrundeliegenden Archetypus verdanken: „Die archetypischen Vorstellungen", sagt Jung, „die uns das Unbewußte vermittelt, darf man nicht mit dem *Archetypus an sich* verwechseln. Sie sind vielfach variierte Gebilde, welche auf eine an sich *unanschauliche* Grundform zurückweisen" (JGW VIII, 244). Und weiter unten: „Man muß sich stets bewußt bleiben, daß das, was wir mit ‚Archetypus' meinen, an sich unanschaulich ist, aber Wirkungen hat, welche Veranschaulichungen, nämlich die archetypischen Vorstellungen, ermöglichen" (ebd., 245). Und schließlich: „Archetypen erscheinen erst in der Beobachtung und Erfahrung, nämlich dadurch, daß sie Vorstellungen *anordnen,* was jeweils unbewußt geschieht und darum immer erst nachtraglich erkannt wird. Sie assimilieren Vorstellungsmaterial, dessen Herkunft aus der Erscheinungswelt nicht bestritten werden kann, und werden dadurch sichtbar und *psychisch*" (ebd., 263).

Für Jung hat der Archetypus als in der Psyche strukturell vorgegebene Anschauungsform enge Beziehungen zum Kantschen Begriff der transzendentalen Idealität von Raum und Zeit und den „reinen Verstandesbegriffen" (Kategorien), sowie besonders zu den Ideen Platons. Seine Beobachtungen führten ihn dazu, anzunehmen, daß *allen* psychischen Produktionen in der Psyche strukturell vorgegebene Muster zugrunde lägen: „Die Logik des Intellekts, die ‚raison du coer', die Emotionen, die Instinkte, die grundlegenden Bilder und Formen der Imagination haben eigentlich alle mehr Ähnlichkeit mit KANTS Aufstellung von a priori-Kategorien oder PLATONS ‚eidê', als mit den Skurrilitäten, Umständlichkeiten, Launen und Eigenheiten unseres persönlichen Geistes" (JGW III, 274).

Nach Kant sind Raum und Zeit Grundformen unserer Anschauung, die unserer menschlichen Natur eigentümliche Weise, Wirklichkeit zu erfassen*. Sie sind also das Koordinatensystem, in welches wir unsere Vorstellungen einbauen, oder besser: mit dessen Hilfe sich unsere Vorstellungen (als Ergebnis der Verarbeitung der Sinneswahrnehmungen) erst konstituieren können. Ebenfalls stellen die Kategorien für Kant dem menschlichen Verstand eigene, also in der Psyche vorgegebene, Weisen dar, mit der die von den Sinnen gegebenen Wahrnehmungen verarbeitet, wie Kant sagt „auf Begriffe gebracht" werden**.

Eben die Tatsache, daß es sich bei diesen Kantschen Begriffen um vorgegebene, in der Psyche verankerte, Grundformen für die Verarbeitung der äußeren Realität handelt, begründet ihre Verwandtschaft mit den Archetypen Jungs. Während aber die Anschauungsformen von Raum und Zeit und die Kategorien ganz abstrakte Grundprinzipien des Vorstellens und Denkens sind, ist der Archetypus für Jung ein aus sich selbst ständig wirkendes, fundamentales Agens: „Die urtümlichen Bilder sind die ältesten und allgemeinsten Vorstellungsformen der Menschheit. Sie sind ebensowohl Gefühl als Gedanke; ja, sie haben sogar etwas wie ein eigenes selbständiges Leben, etwa wie das von *Partial-*

---

* „Der Raum ist nichts anders, als nur die Form aller Erscheinungen äußerer Sinne, d. i. die subjektive Bedingung der Sinnlichkeit, unter der allein uns äußere Anschauung möglich ist." Beziehungsweise: „Die Zeit ist also lediglich eine subjektive Bedingung unserer (menschlichen) Anschauung ... und an sich, außer dem Subjekte, nichts" (Kant 1781/87, II 75 bzw. 82).

** Genauer gesagt erfolgt dies nach Kant in drei Stufen: Zunächst werden durch die Sinnesorgane die Daten über die außen befindlichen Objekte geliefert. Diese werden in einem zweiten Schritt zu einem Anschauungsbild oder einer Vorstellung synthetisiert. Erst in einem dritten Schritt wird diese „reine Synthesis der Vorstellungen auf Begriffe" gebracht, womit ihr eine verstandesmäßige Einheit verliehen wird: „Das erste, was uns zum Behuf der Erkenntnis aller Gegenstände a priori gegeben sein muß, ist das Mannigfaltige der reinen Anschauung; die Synthesis dieses Mannigfaltigen durch die Einbildungskraft ist das zweite, gibt aber noch keine Erkenntnis. Die Begriffe, welche dieser reinen Synthesis Einheit geben, und lediglich in der Vorstellung dieser notwendigen synthetischen Einheit bestehen, tun das dritte zum Erkenntnisse eines vorkommenden Gegenstandes, und beruhen auf dem Verstande" (Kant, 1781/87, II 117).
(Vergleiche auch Platon, Phaidros 249b: „Denn der Mensch muß gemäß dem, was man Idee nennt, Einsicht gewinnen, indem er von den zahlreichen Wahrnehmungen zu dem kommt, das durch Überlegung zu einer Einheit zusammengefaßt wird".)

seelen" (JGW VII, 72). Diese Anreicherung mit gefühlshafter Dynamik und die Verselbständigung der Archetypen bis zum Range von „Teilpersönlichkeiten", unterscheidet sie grundsätzlich von den formal-abstrakten Anschauungs- und Denkformen Kants. Trotzdem bleibt eine Beziehung bestehen, insofern man vorwiegend den Aspekt des Archetypus als einer Grundform der Anschauung im Auge hat. Dann sind die Archetypen tatsächlich „angeborene Vorstellungsmöglichkeiten, Bedingungen des phantastischen Vorstellens a priori, etwa vergleichbar den Kantschen Kategorien" (JGW X, 23).

2.11 Die Archetypen und die platonischen Ideen
Noch enger verwandt, ja fast identisch, erscheinen Jung die Archetypen und die platonischen Ideen.

„Frühere Zeiten fanden... es nicht allzu schwierig, den Gedanken PLATONS, daß aller Phänomenalität die Idee präexistent und übergeordnet sei, zu verstehen. ‚Archetypus' ist nun nichts anderes als ein schon in der Antike vorkommender Ausdruck, welcher mit der ‚Idee' im platonischen Sinne synonym ist" (JGW IX/I, 91).

Jung geht offenbar davon aus, daß die platonischen Ideen „Urbilder" sind, als welche er seine Archetypen ebenfalls auffaßt, und tatsächlich scheint das „gestalthafte" Wesen der Ideen ihnen Ähnlichkeit mit den Archetypen zu verleihen. Deswegen kommt Jung dazu, die platonischen Ideen geradezu als Archetypen der Anschauung aufzufassen: „Bei PLATO sind die Archetypen der Anschauung noch außerordentlich hoch bewertet als metaphysische Ideen . . ." (JGW VIII, 156). Damit interpretiert er die Idee analog dem Archetypus gewissermaßen als Eigentum der Seele und nimmt an, daß sie auf die äußere Welt projiziert und in der Projektion dort wiedergefunden würde: „Unbekümmert um zeitbedingtes, weltanschauliches Dafür und Dawider muß eine wissenschaftliche Psychologie jene transzendentalen Anschauungen, die dem menschlichen Geist zu allen Zeiten entsprangen, als Projektionen auffassen, das heißt als psychische Inhalte, die in einen metaphysischen Raum hinausgesetzt und hypostasiert wurden" (JGW IX/I, 74). Das ist nun eine psychologische Erklärung, die die platonischen Ideen von ihrem „überhimmlischen Ort" herabholt in die Seele des Menschen. Für Platon sind aber die Ideen selbst das eigentlich Seiende. Sie sind das, was das Wesen oder „Wassein" von etwas ausmacht (vgl.

Bormann, 1972, 54). Sie sind selbständig Seiende, von den Einzeldingen der Wahrnehmungswelt getrennt und bilden „an überhimmlischem Ort" (vgl. Phaidros 247 c) eine Welt für sich, die eigentliche Welt des Seienden im Unterschied zu der sinnlich wahrnehmbaren Welt des Werdenden und Vergehenden, die sich zu ihr verhält wie Abbild zu Urbild (vgl. Timaios 29 c und 49 a–b). Jede Idee ist eine in sich bestehende Einheit, denn nur was in sich selbst einheitlich ist, ist nicht der Veränderung des Werdens und Vergehens unterworfen, wie es die sinnlich wahrnehmbaren Dinge sind, denen nach Platon kein eigentliches Sein zukommt.

Über den Ideen noch steht die Idee des Guten, sie erst verleiht den Ideen ihr Sein. Im „Sonnengleichnis" schreibt Platon: „Das ist es also, was dem Erkannten Wahrheit verleiht und was dem Erkennenden das Vermögen des Erkennens gibt: verkünde es nur, das sei die Idee des Guten. Denke sie Dir als die Ursache des Wissens und der Wahrheit . . . So wie es . . . richtig war, Licht und Gesicht [Sehvermögen] als etwas Sonnenhaftes anzuerkennen, aber unrichtig, sie für die Sonne selbst zu halten, so ist es auch hier richtig, diese beiden, Wissen und Wahrheit, als etwas Guthaftes anzuerkennen, aber unrichtig, eines von ihnen für das Gute zu halten. Nein, man muß das Wesen des Guten noch höher einschätzen . . . So gib auch zu, daß das Erkannte vom Guten nicht nur das Erkanntwerden bekommt, sondern daß es ihm auch sein Dasein und sein Wesen verdankt. Und doch ist das Gute nicht Wesen, sondern es steht noch jenseits des Wesens und übertrifft es an Würde und Macht (Platon, Staat, 509 a–c).

Das Gute verleiht also den Ideen selbst ihr Sein und diese sind nur, insofern sie am Guten teilhaben. Das „Böse" ist bei Platon ein Mangel, der der Welt des Vergänglichen durch seine Verbindung mit dem Gestaltlosen anhaftet (vergleiche v. Aster, 1963, 71). Dieses Gestaltlose wird im Timaios durch den göttlichen Demiurgen gemäß den Ideen gestaltet (Timaios 29 d–30 d). Es erinnert an die Vorstellung der qualitätslosen Materie bei Aristoteles. Platon spricht auch von „Prägemasse" oder er vergleicht das, worin die Ideen sich abbilden mit der Mutter, die gestaltende Idee mit dem Vater, das Dritte, das Werdende, mit dem Kind (Timaios 49 a bis 51 a). An späterer Stelle setzt er es allerdings mit dem Raume gleich (Timaios 52 b). Platon entwirft so eine „Zweiweltenlehre" (siehe Topitsch 1972, 21 ff), in der die „intelligible Welt" der Ideen, die nur mit dem „reinen Denken" erkannt werden kann (Phaidon 65 b–68 a), einer Welt der sinnlich wahrnehmbaren Dinge gegenübersteht. Nach Topitsch liegt dieser Trennung das unausgesprochene Motiv der Weltüberwindung zugrunde, welches nach ihm auch noch in die Kantsche Transcendentalphilosophie hineinwirkt.

Gerade diese Trennung in zwei Welten kennt Jung aber nicht. Für ihn konstituiert sich die *eine* Welt aus Gegensätzen, ja die innere Gegensatzspannung ist für ihn die Voraussetzung allen Seins und allen Lebens. Dementsprechend enthält auch der Archetypus prinzipiell verschiedene und gegensätzliche Aspekte. Der Archetypus zum Beispiel der großen Mutter vereinigt unter vielen anderen in sich die Aspekte des Gebärens, Hervorbringens, Ernährens und Behütens, wie die des Verschlingens und der Zerstörung. Dementsprechend sind die Archetypen auch keine einheitlichen Wesen wie die Ideen es sind, die dadurch in die Nachbarschaft der abstrakten Begriffe rücken, sondern sie sind gewissermaßen Muster, die eine Vielzahl von Formen und Eigenschaften in sich vereinigen und deren Mannigfaltigkeit in der unendlichen Zahl von Variationen der archetypischen Bilder zum Ausdruck kommt, die jeweils nur Ausschnitte aus dem zugrundeliegenden komplexen archetypischen Muster darstellen.

In einem Brief deutet Jung auf diese Schwierigkeit hin: „Die Platonische Philosophie gab uns eine willkommene gemeinsame Grundlage, auf der wir uns relativ leicht über die ideelle Seite des Problems verständigen konnten. Von da aus konnten wir uns mit Erfolg auch der Diskussion des naturwissenschaftlichen Aspektes zuwenden. Die Schwierigkeit dieses Aspektes besteht hauptsächlich darin, daß die ewigen Ideen aus ihrem ‚überhimmlischen Orte‘ heruntergeholt werden in eine biologische Umgebung, was den philosophisch Vorgebildeten in eine gewisse Verwirrung setzt ... Das müßte eigentlich nicht sein, denn die himmlischen Vorbilder Platos reichen durch alle Sphären des Kosmos bis ins Allerkonkreteste" (Jung, Briefe III, 304). Nun ist es, wie gesagt, allerdings in der platonischen Auffassung nicht so, daß die Ideen selbst in den konkreten Dingen wären, diese „haben Teil" an den Ideen oder sind nach Maßgabe der Ideen (vom Demiurgen) gestaltet. Trotzdem besteht zwischen der Jungschen Auffassung vom Archetypus als Grundform der Anschauung und den platonischen Ideen eine Brücke: Es muß eine Entsprechung geben zwischen dem, der erkennt und dem Erkannten: „Der Grund dafür, daß wahre Erkenntnis möglich und wirklich ist, kann ...

nur darin [liegen], daß unsere Erkenntnis gewisse Momente von unverrückbar Seiendem als einen eigenen Besitz in sich hat, aus dem sie Erkenntnisse und wahres Wissen bildet, das heißt, daß sie auf geistigen Elementen beruht, die wir von vornherein haben, die wir ins Leben mitbringen, die unbewußt in uns schlummern, bis sie geweckt werden und in unserer Begriffsbildung und Urteilsfunktion uns bewußt werden" (Hoffmann, 1950, 99). Platon nimmt an, daß von Anfang an ein Wissen um die Ideen in uns ist, daß wir diese „wiedererinnern" (Phaidon, 75 d–e). Daraus schließt er auf eine Präexistenz der Seele, auf ein Dasein vor der Geburt, in dem sich die Ideen der Seele in unmittelbarer Schau einsenken (Phaidros 247 c). Das ist die Teilhabe der Seele an den Ideen, und insofern sind die Ideen doch der Seele „eingebildet" und berühren sich mit den Archetypen als Grundformen der Anschauung. Die Ideen selbst jedoch bleiben für sich bestehendes, unveränderliches Sein und jeweils in sich unteilbare Einheit. In diesem Zusammenhang könnte man den Archetypus vielleicht als in die Materie, den mütterlichen Untergrund, eingesenkte und mit ihm eins gewordene Idee auffassen.

2.2 Der Archetypus als Grundform von Verhalten

In seiner Arbeit „Instinkt und Unbewußtes" (1919) unterschied Jung noch zwischen den Instinkten als Grundformen des Verhaltens und den Archetypen als Grundformen der Anschauung. Er schrieb: *„Instinkte sind typische Formen des Handelns und überall wo es sich um gleichmäßige und regelmäßig sich wiederholende Formen des Reagierens handelt, handelt es sich um Instinkt, gleichgültig, ob sich eine bewußte Motivierung dazugesellt, oder nicht"* (JGW VIII, 156). Zu den Instinkten *kommen hinzu:* „Die a priori vorhandenen, d. h. mitgeborenen Formen der Anschauung ... nämlich die *Archetypen* von Wahrnehmung und Erfassung, welche eine unvermeidliche und a priori determinierende Bedingung aller psychischer Prozesse sind" (ebd., 153/54).
Später erweitert sich jedoch der Umfang des Archetypus-Begriffes, bzw. seines Wesens und seiner Wirkungen und er gelangt schließlich in eine ganz enge Beziehung zum Instinkt-Begriff. Der Grund dieser Entwick-

lung ist die Erfahrung, daß es sich bei den archetypischen Konstellationen eben nicht allein um Vorstellungen, seelische Bilder handelt, sondern daß diesen Bildern eine lebendige Kraft zukommt, daß sie nicht nur unsere Anschauung formieren, sondern auch unser Verhalten bestimmen. Schließlich, daß sie – ich nehme dies vorweg – darüber hinaus sich erweisen als die geistigen Prinzipien, die bildhafte Struktur der menschlichen Entwicklung und Lebensentfaltung. Ich versuche wieder, dies an Hand von Textstellen zu belegen und zu verdeutlichen: Jung schreibt: „Die Archetypen sind, wie es scheint, nicht nur Einprägungen immer wiederholter typischer Erfahrungen [die schließlich zu bildhaften Vorstellungen mit der gleichen Grundstruktur in allen Menschen führen], sondern zugleich auch verhalten sie sich empirisch wie *Kräfte* oder *Tendenzen* zur Wiederholung derselben Erfahrungen. Immer nämlich, wenn ein Archetyp im Traum, in der Phantasie oder im Leben erscheint, bringt er einen besonderen ‚Einfluß‘ oder eine Kraft mit sich, vermöge welcher er *numinos*, respektive faszinierend oder zum Handeln antreibend wirkt" (JGW VII, 75), und weiter: „Vermöge ihrer spezifischen Energie (sie verhalten sich nämlich wie kraftgeladene, autonome Zentren) üben sie [die Archetypen] eine faszinierende, ergreifende Wirkung auf das Bewußtsein aus und können infolgedessen das Subjekt weitgehend alterieren" (ebd., 76). Und schließlich kommt er zu folgender Formulierung: „Archetypen sind typische *Verhaltensformen*, die, wenn sie bewußt werden, als Vorstellung erscheinen, wie alles, was Bewußtseinsinhalt wird" (JGW VIII, 259).

Die Auffassung des Begriffes scheint also eine Umkehrung erfahren zu haben: Erst wurde er dargestellt als eine Grundform der Anschauung, diese wurde mit einer spezifischen Energie ausgestattet, mit deren Hilfe sie Einfluß auf das Verhalten gewann. In den letzten Formulierungen jedoch scheint der Archetypusbegriff abgeleitet von typischen Verhaltensformen, die gewissermaßen bildhaft gerinnen. Jedoch ist der Widerspruch nur scheinbar. Die Auffassung hängt vom Standpunkt des Beobachters ab: vergleicht der Beobachter typische Verhaltensweisen, dann gewinnt er den Eindruck eines zugrunde liegenden typischen Verhaltensmusters (pattern of behaviour). Beobachtet er jedoch die bildhafte psychische Gestaltung dieses Verhaltensmusters selbst, etwa in Phantasien oder Mythologemen, dann gelangt er zur Auffassung einer Anschauungsform und kann sich erst nachträglich davon überzeugen, daß diese Anschauungsform gleichzeitig Verhaltensmuster und damit Grundlage von Verhaltensformen ist.*

2.3 Archetypus und Instinkt

Eine Instinkthandlung im eigentlichen Sinne, so wie wir sie am besten an Tieren (Vogelzug, Verhalten der Schlupfwespe usw.) beobachten können, ist ein Verhalten, das von einem Trieb gespeist und dadurch zwangsläufig vollzogen erscheint und das sich innerhalb einer gestalthaften Gesamtsituation als sinnvoll erweist. Sie zeigt also zwei Bestimmungen: 1. eine treibende Kraft, den Trieb und 2. eine teleologische Bestimmung, d. h. ein sinnvolles Ziel. Der Trieb ist eingebettet in eine Gesamtkonstellation durch deren Komponenten er – wie es uns scheint – ausgelöst, in seinem Verlauf gelenkt und schließlich zu einem Ziel hingeführt wird. Wenn man sein Augenmerk weniger auf die dynamische Kraft (den Trieb) und mehr auf die sinnvolle Gesamtsituation und ihre Gestalt richtet, kann man den Trieb auffassen als dynamisches Prinzip, welches innerhalb der Gesamtsituation den Ablauf eines gestalthaften Geschehens bezeichnet. Er erscheint dann als etwas der Situation immanentes und weniger als ursächliche, treibende Kraft.

Um dies an einem Beispiel zu verdeutlichen: es gibt Schlupfwespen, die ihr Opfer, eine bestimmte Raupenart, durch den Stich in ein motorisches Ganglion lähmen, die Raupe dann in ein vorbereitetes Erdloch schleppen und hier in ihrem Opfer ihre Eier ablegen. Aus diesen entstehen dann die jungen Schlupfwespen, die sich von der gelähmten Raupe ernähren.

Man kann jetzt an dieser Instinkthandlung der Wespe als wesentlich den Trieb sehen, der sie zu ihrem Handeln veranlaßt. Man hat damit zwar eine bewegende Ursache, aber keine Erklärung. Man kann aber auch die Gesamtgestalt des geschilderten Ablaufs sehen und erkennen, daß hier viele Glieder ineinandergreifen und der gesamte Ablauf eine sinnvolle Gestalt ergibt. Der Trieb wird dann lediglich zu einem verbindenden Glied der Einzelkomponenten und er wird lediglich rückläufig erschlossen aus der leicht zu kontrollierenden Zwangsläufigkeit des Handlungsablaufes. Vor allem erkennt man, daß Trieb und sinnvolle

---

* Siehe auch Neumann (1971 f, 316): „Wenn Instinkte zentral repräsentiert werden, d. h. als Bilder auftauchen, werden sie von Jung Archetypen genannt."

Gestalt im Ablauf der Instinkthandlung untrennbar zueinander gehören. Jung schreibt: „Trieb und archaischer Modus [die vom Ursprung her gegebene Gestalt] koinzidieren im biologischen Begriff des pattern of behaviour [Instinkt]. Es gibt nämlich keinen amorphen Trieb, indem jeder Trieb die Gestalt seiner Situation hat. Er erfüllt stets ein Bild, das feststehende Eigenschaften besitzt" (JGW VIII, 230), und: „Das Bild stellt den *Sinn* des Triebes dar" (ebd., 231). Da nun, wie wir gesehen haben, die Archetypen als Grundformen von Verhaltensweisen aufgefaßt werden können, kann man sie in dieser Hinsicht dem biologischen Instinktbegriff oder den „patterns of behaviour" vergleichen. Dazu Jung: „Insofern nun die Archetypen regulierend, modifizierend und motivierend in die Gestaltung der Bewußtseinsinhalte eingreifen, verhalten sie sich so wie Instinkte." Es liegt daher nahe, „die Frage aufzuwerfen, ob die typischen Situationsbilder, welche diese kollektiven Formprinzipien anscheinend darstellen, nicht am Ende mit den Triebgestalten, nämlich den patterns of behaviour überhaupt identisch seien" (JGW VIII, 235). In einer ganzheitlichen Auffassung gehört zum Trieb eine Form, zu seinem Wirksamwerden eine situative Gesamtgestalt, die dem Triebablauf erst Sinn verleiht. Diese sinnvolle Gesamtgestalt ist eine typische Grundform des Lebens. In biologischer Sicht erscheint sie als Gesamt einer Instinkthandlung oder als pattern of behaviour. Unter einem das rein Biologische transcendierenden Aspekt erscheint sie als ein Grundmuster des Lebens, eben als Archetypus. Dieser reicht damit über den psychologischen Bereich hinaus und wird zu einem Abbild des lebendigen (kosmischen) Geschehens und seiner Ordnung im menschlichen Geiste. Zugleich umfaßt der Archetypus zwei Pole: Den Trieb, der in die gestaltete Situation einfließt und das geistige Ordnungsprinzip, welches der Gestalt zugrundeliegt. Beide gehören zusammen, wenngleich der Archetypus im eigentlichen Sinne geistiges Ordnungsprinzip ist. Dies bedarf aber noch der Erläuterung:

2.4 Der Archetypus als geistiges Prinzip

Jung schreibt : „Trotz oder vielleicht gerade wegen der Verwandtschaft mit dem Instinkte stellt der Archetypus das eigentliche Element des Geistes dar; aber eines Geistes, welcher nicht mit dem Verstande des Menschen identisch ist, sondern eher dessen spiritus rector darstellt"

(JGW VIII, 236). Als unanschauliche Grundform oder Strukturdominante von Vorstellen und Verhalten gehört der Archetypus an sich nicht eigentlich mehr zum Psychischen, sondern zum Psychoiden, insofern er nicht psychisch und doch unmittelbar mit Psychischem verknüpft ist. Letzten Endes ist er aber ein geistiges Prinzip sofern man unter geistig jenen Bereich versteht, der

a) lebendige Ordnung in bezug auf die objektive Welt bewirkt (im Gegensatz zur Zielrichtung des rein Physikalischen, der Entropie) und

b) in bezug auf das erkennende Subjekt diese Ordnung bildhaft einsichtig macht.

Zur Ordnung des Lebendigen gehört jedoch auch eine lebendige Kraft, die uns subjektiv allgemein als Triebhaftes, Drängendes, aus sich heraus Bewegendes erscheint. Jung unterscheidet deswegen zwischen Triebbild (Archetyp) und Triebdynamis (physiologische Grundlage des Triebes). Er veranschaulicht diese Vorstellungen an dem Bilde des Spektrums: sichtbar sind die Spektralfarben Rot bis Violett. Infrarot und Ultraviolett liegen im unsichtbaren Bereich. Den sichtbaren Bereich vergleicht Jung mit der Psyche, den unsichtbaren benennt er hilfsweise zunächst als psychoid. Die Triebdynamis liegt als physiologische Grundlage des Triebes im Infraroten, das Triebbild als geistige Form der Triebgestalt im Ultravioletten. Nun schreibt Jung: „Denken wir . . . an die wohlbekannte Farbensymbolik, so paßt, wie schon erwähnt, Rot gar nicht übel zum Triebe. Zum Geiste aber würde unserer Erwartung nach Blau besser passen als Violett. Letzteres ist die sogenannte ‚mystische‘ Farbe, die nun allerdings den unzweifelhaft mystischen respektive paradoxen Aspekt des Archetypus befriedigend wiedergibt. Violett besteht aus Blau und Rot, obschon es im Spektrum eine Farbe an und für sich ist. Es ist nun leider keine bloß erbauliche Überlegung, wenn wir hervorheben müssen, daß der Archetypus mit Violett *genauer* charakterisiert wird: er ist eben *nicht nur Bild an sich, sondern zugleich auch Dynamis*, welch letztere in der Numinosität, der faszinierenden Kraft des archetypischen Bildes sich kundgibt" (JGW VIII, 242). Und an derselben Stelle weiter unten: „Weil der Archetypus ein Formprinzip der Triebkraft ist, so enthält er in seinem Blau ein Rot, d. h. er erscheint violett . . . Obwohl es sich zugegebenermaßen nur um eine Analogie handeln kann, so fühle ich mich doch versucht, das Bild dieser violetten Farbe meinem Leser als einen illustrierenden Hinweis auf die innere Verwandtschaft des Archetypus mit seinem eigenen Gegensatz zu empfehlen" (ebd., 243).

Für Jung ist das Psychische letzten Endes das einzig Reale, der psychische Inhalt wird als das objektiv Gegebene und Reale gesehen. Weder können wir durch unsere sinnliche Wahrnehmung das eigentliche Wesen der äußeren Dinge an sich erkennen, noch können wir das eigentliche Wesen unseres „Innen" erkennen, das, was dem Seelischen zugrunde liegt. Jung schreibt dazu: „Wenn ich meinen Begriff von Realität auf die Psyche verschiebe, wo er einzig wirklich am Platze ist, so hört damit auch der Konflikt zwischen Natur und Geist als Erklärungsgründen auf. Sie werden zu bloßen *Herkunftsbezeichnungen für die psychischen Inhalte,* die sich in mein Bewußtsein drängen" (JGW VIII, 402). Und weiter unten an derselben Stelle: „Die Idee der psychischen Realität könnte man wohl als die allerwesentlichste Errungenschaft moderner Psychologie bezeichnen, wenn sie als solche anerkannt wäre" (ebd., 403).*
Wenn man so als die eigentliche dem Menschen gegebene Realität das Psychische ansieht, dann reicht der Trieb in die physiologisch-stoffliche, an sich unerkennbare Grundlage des Lebens hinab, während der Archetypus in die Zone einer geistigen Ordnung, die ebenfalls an sich nicht erkennbar ist, hinaufreicht. Aber gerade hier – gewissermaßen in der Unendlichkeit des nicht Erkennbaren, treffen sich die Gegensätze wieder, erweisen sich letztlich als untrennbar und nur getrennt durch die eigentümliche Begrenztheit unseres Erkenntnisvermögens. Im Letzten können wir die Natur des Triebes, der im Stofflichen beheimatet erscheint, genausowenig erkennen, wie die Natur des Archetypus als eines geistigen Formprinzips: „Stoff sowohl wie Geist erscheinen in der seelischen Sphäre als kennzeichnende Eigenschaften von Bewußtseinsinhalten. Beide sind ihrer letzten Natur nach transzendental, d. h. unanschaulich, indem die Psyche und ihre Inhalte die einzige Wirklichkeit darstellen, die uns unmittelbar gegeben ist" (ebd., 247).
So sehr jedoch Geist und Trieb zusammen gehören, so wenig darf man

---

* Eine Äußerung Freuds in der „Traumdeutung" zeigt eine überraschende Übereinstimmung mit der eben geschilderten Auffassung Jungs. Die Stelle lautet: „Das Unbewußte ist das eigentlich reale Psychische, uns nach seiner inneren Natur so unbekannt wie das Reale der Außenwelt, und uns durch die Daten des Bewußtseins ebenso unvollständig gegeben wie die Außenwelt durch die Angaben unserer Sinnesorgane" (FGW II/III, 617/618).

sie in eins sehen. Sie sind dennoch ein Gegensatzpaar, welches vorbild-
haft darstellt, wie der Fluß des Lebens oder die psychische Energie ein
Ausdruck ist von Gegensatzspannung: „Archetypus und Instinkt [hier
für Trieb gesetzt] bilden die denkbar größten Gegensätze ... Aber
wie zwischen allen Gegensätzen eine so enge Beziehung besteht, daß
eine Position ohne entsprechende Negation weder gefunden noch gedacht werden kann, so gilt auch hier der Satz: Les extrêmes se touchent.
Als Entsprechungen gehören sie zusammen, und zwar nicht etwa derart, daß das eine aus dem anderen abgeleitet werden könnte, sondern sie
bestehen vielmehr nebeneinander als jene Vorstellungen, die wir uns
von dem Gegensatz machen, welcher dem psychischen Energetismus
zugrunde liegt ... Die Psyche besteht aus Vorgängen, deren Energie
dem Ausgleich verschiedenster Gegensätze entstammen kann. Der Gegensatz Geist-Trieb stellt nur eine der allgemeinsten Formulierungen
dar ... Vom Standpunkt dieser Betrachtungsweise aus erscheinen die
psychischen Vorgänge als energetische Ausgleiche zwischen Geist und
Trieb" (ebd., 236/237).
Damit berühren wir das Gegensatzproblem und die Vorstellungen über
psychische Energie. Ich gehe hier nicht näher darauf ein. Dem Jung-
schen-Libido-Begriff – dem eigentlichen Zankapfel, an dem die Auseinandersetzung zwischen Freud und Jung sich entzündete – möchte ich
später einen besonderen Abschnitt widmen. Die ausführlichere Besprechung der Archetypenlehre erschien mir notwendig, weil die Archetypen das eigentliche Kernelement der Jungschen Psychologie zu sein
scheinen, aus welchem sich seine anderen Gedankengänge ableiten lassen. Auch scheint dem Begriff des Archetypus eine besonders große
Allgemeingültigkeit zuzukommen und zwar deswegen, weil er sich ab-
leitet aus dem unmittelbar der Beobachtung Gegebenen. Er stellt ein
Destillat dar aus der Bearbeitung eines riesigen Erfahrungsmaterials von
Träumen, Mythologemen und historischen Daten der menschlichen Geistesgeschichte. Ich möchte hier darauf hinweisen, wie sehr Jung immer
betont hat, daß seine Psychologie zu allererst und wesentlich Ausdruck
unmittelbarer Erfahrung und Anschauung sei.[*]

[*] Siehe zur Konzeption der Archetypenlehre auch Liliane Frey-Rohn (1969,
367 ff und 378 ff). Rohn beschreibt eingehend die *Entwicklung* des Jungschen
Denkens und insbesondere auch die Entfaltung des Archetypus-Begriffes und
seine zunehmende Bedeutung und zentrale Stellung in Jungs Psychologie und
Weltbild.

C Rückblick und Einschaltung

Ich erinnere wieder an die Kriterien, die ich als Grundlinien der Darstellung ausgewählt habe: einerseits die Betonung formaler Prinzipien bei Freud und die Betrachtung des inhaltlich Gegebenen bei Jung, andererseits die Natur des analytischen Prozesses als einer dialogischen Interaktion zwischen Arzt und Patient bei Freud und eines autonomen Prozesses bei Jung. Ein weiterer Unterschied der Betrachtungsweise fügt sich an: Freud bevorzugt eine kausal-reduktive Auffassung, Jung betont den finalen Gesichtspunkt und eine teleologische Bestimmtheit des psychischen Prozesses – also eine inhärente Zielgerichtetheit und Sinnhaftigkeit des Psychischen. Schließlich geht Freuds Forschung von Anfang an aus von der Beobachtung erworbener Verhaltensweisen, welche sich an einem Außenobjekt orientieren. Dagegeben versucht Jung, angeborene Dispositionen, wesens-inhärente Strukturdeterminanten des Verhaltens (und der Entwicklung), eben den Archetypus, sichtbar zu machen. Freud hat nie geleugnet, daß Anlagefaktoren eine wichtige Rolle spielen (siehe Erster Teil A 1.22) und Jung hat die Notwendigkeit der Orientierung an Außen-Faktoren, insbesondere der Adaption des jungen Menschen an seine Umwelt ebenfalls betont. Insofern liegt vom Gegenstande her (der sowohl eine kausale als auch eine finale Betrachtungsweise nötig macht und dessen Beschreibung sowohl die Berücksichtigung formaler als inhaltlicher Gesichtspunkte erfordert), eher eine Ergänzung der beiden Anschauungen vor, auch wenn die verschiedenen Ausgestaltungen der beiden Theorien uns als gegensätzlich erscheinen mögen. Jedoch führen die verschiedenen Voraussetzungen, von denen die beiden Forscher ausgehen, zu der Hinwendung ihrer Aufmerksamkeit auf verschiedene, dem Forschungsobjekt eigenen Aspekten, was letzten Endes zu einer vollkommeneren Erfassung des gesamten Objektes beitragen sollte. Jung hat die Bedingtheit der Theoriebildungen durch persönliche Voraussetzungen auch in bezug auf seine Kontroverse mit Freud gesehen und schrieb dazu: „Der Gegensatz zwischen FREUD und mir beruht im wesentlichen auf Verschiedenheit der prinzipiellen Voraussetzungen. Voraussetzungen sind unvermeidlich, und weil sie unvermeidlich sind, sollte man sich nie den Anschein geben, als hätte man keine" (JGW IV, 393).

Noch ein Wort zur Auffassung des analytischen Prozesses. Freud geht aus von der Annahme und der Bedeutung erworbener Verhaltensweisen. Das bedingt, daß für ihn die Beobachtung der ersten Objektbeziehungen in den Mittelpunkt der Überlegungen rückt. Denn in der Auseinandersetzung mit den ersten Objekten bilden sich die Verhaltensweisen des Kindes aus und – wie wir gesehen haben – durch Identifizierung die Strukturbildungen, die ja die Garanten der Internalisierung von Verhalten darstellen. In dieser am Objekt orientierten Entwicklung bedarf es lediglich einer treibenden Kraft, die Freud im Sexualtrieb vorfindet. Das Ordnungsprinzip kann er als gegeben annehmen: er findet es nämlich in den ersten Objekten, welche ja bereits organisierte Ganzheiten darstellen, an welcher das heranwachsende Subjekt sich orientiert. Deshalb genügt für Freud die Annahme einer treibenden Kraft, der Trieb. Deshalb sind für ihn wesentlich die formalen Kriterien der Beziehung zum Objekt als eines vorgegebenen realen „Organisations-Bildes" und deshalb stellt die Analyse für ihn dar eine *Wiederholung des Entwicklungsprozesses am äußeren Objekt*. Letzteres wird jetzt in Ersetzung der ersten Objekte durch den Arzt dargestellt. In dieser Neuauflage des alten Entwicklungsprozesses werden die nötigen Korrekturen ermöglicht. Dies alles sei „cum grano salis" gesagt. Es betrifft die Ausgangspunkte der Theorie und den grundsätzlichen Schwerpunkt ihrer Betrachtungsweise. (In der neueren Ich-Psychologie erhalten inhärente Anlagefaktoren eine größere Bedeutung, z. B. im Begriff der primären Ich-Autonomie.)

Jung geht aus von der Anschauung des in der Seele selbst Gegebenen. Er beschreibt einen Entwicklungsprozeß, dessen Bedingungen er im Subjekt selbst sieht. Die Orientierung des Prozesses erfolgt in seiner Sicht nicht in erster Linie an einem Außen-Objekt. Deswegen bedarf es in der Jungschen Sicht Faktoren, die dem Subjekt selbst innewohnen, bzw. es bedarf eines letzten Endes geistigen Prinzipes, welches den Entwicklungsprozeß determiniert und gestaltet. (Als geistiges Prinzip fasse ich ganz allgemein ein Prinzip der Ordnung und Gestaltung des Lebendigen auf, welches dem physikalischen Gesetz des Stoffes, nämlich dem Entropie-Gesetz entgegensteht.)*

Dieses geistige Ordnungsprinzip wird bei Jung sichtbar im Archetypus.

Daher bleibt der analytische Prozeß im wesentlichen auch auf das Subjekt beschränkt und folgt den Determinanten, die in ihm selbst gegeben sind und die durch die Intervention des Arztes nur sichtbar gemacht und aktiviert werden. Er ist daher ein autonomer Prozeß. Auch dies gilt nur „cum grano salis", denn die Beziehungen des Patienten zum Arzt in der Übertragung sind auch für Jung von Bedeutung, wenngleich sich in seiner Anschauung Art und Inhalt der Übertragung erheblich von der Freudschen Auffassung unterscheiden. Dies bleibt ebenfalls einem besonderen Kapitel vorbehalten.

---

* Dieses bedeutet Ausgleich von Energiegefälle, Herstellung eines Zustandes maximaler Ordnungslosigkeit und letzten Endes des Wärme-Todes, jenes den fortschreitenden Aufbau höherer Organisationen, also höherer Ordnungsebenen und damit aber auch höherer Potentiale energetischer Spannung.

Dritter Teil

Die Trieb- und Libidotheorie bei S. Freud und C. G. Jung

„Die Trieblehre ist sozusagen unsere Mythologie. Die Triebe sind mythische Wesen, großartig in ihrer Unbestimmtheit."

S. Freud*

* FGW XV, 101

A   Freuds Trieb- und Libidotheorie

1. Erste Fassung der Triebtheorie

Die Trieblehre ist für die Freudsche Psychoanalyse von grundlegender Bedeutung. Freud faßt den Trieb als die anfängliche Kraft auf, welche das seelische Geschehen in Bewegung setzt und auch dessen Richtung und Ziel bestimmt. Der dynamische Gesichtspunkt der Theorie besagt, daß „alles Verhalten letzten Endes triebbestimmt" sei (Rapaport 1973, 51), und Freud schreibt in „Psychoanalyse und Libidotheorie": „Die Psychoanalyse, die bald erkannte, daß sie alles seelische Geschehen über dem Kräftespiel der elementaren Triebe aufbauen müsse, sah sich in der übelsten Lage, da es in der Psychologie eine Trieblehre nicht gab und ihr niemand sagen konnte, was ein Trieb eigentlich ist" (FGW XIII, 229/230). Ehe wir zur Freudschen Definition des Triebes kommen noch eine weitere Vorbemerkung:

Die Freudsche Triebkonzeption war von Anfang an dualistisch. In der ersten Fassung der Theorie stehen sich Hunger und Liebe gegenüber: „Als ‚Hunger' oder als ‚Liebe' können wir nach den Worten des Dichters alle in unserer Seele wirkenden organischen Triebe klassifizieren" (FGW VIII, 98). Der Hunger steht dabei als Repräsentant der Selbsterhaltungs- oder Ich-Triebe, die Liebe oder Sexualität als Repräsentant der Arterhaltung. Diese Auffassung folgt also einem biologischen Konzept oder, wie Hartmann es formuliert: „Die biologische Gegensätzlichkeit, auf welche sich die Freudsche Trieblehre stützt, fällt mit der Sonderung von Soma und Keimplasma zusammen" (Hartmann 1972 a, 166). Dem entspricht, daß der Trieb von Anfang an aufgefaßt wird als ein Grenzbegriff zwischen Seelischem und Körperlichem und Freud immer hoffte, durch eine Erforschung der physiologisch-materiellen Grundlage der Triebvorgänge einen lückenlosen Anschluß seiner Psychologie an die Naturwissenschaften zu erreichen oder mehr noch: letzten Endes die psychologischen Prozesse aus einem physiologischen Vorgang heraus materiell erklären zu können.

1.1 Die Definition des Triebes

Eine ausführliche Definition des Triebes gibt Freud in „Drei Abhandlungen zur Sexualtheorie": „Unter einem ‚Trieb' können wir zunächst nichts anderes verstehen als die psychische Repräsentanz einer kontinuierlich fließenden, innersomatischen Reizquelle, zum Unterschiede vom ‚Reiz', der durch vereinzelte und von außen kommende Erregungen hergestellt wird. Trieb ist so einer der Begriffe der Abgrenzung des Seelischen vom Körperlichen. Die einfachste und nächstliegende Annahme über die Natur der Triebe wäre, daß sie an sich keine Qualität besitzen, sondern nur als Maße von Arbeitsanforderungen für das Seelenleben in Betracht kommen. Was die Triebe voneinander unterscheidet und mit spezifischen Eigenschaften ausstattet, ist deren Beziehung zu ihren somatischen *Quellen* und ihren *Zielen*. Die Quelle des Triebes ist ein erregender Vorgang in einem Organ und das nächste Ziel des Triebes liegt in der Aufhebung dieses Organreizes" (FGW V, 67). Eine weitere umfassende Darstellung des Triebbegriffes findet sich in „Triebe und Triebschicksale". Hier subsumiert Freud den Triebbegriff unter den allgemeineren des Reizes: „Der Trieb sei ein Reiz für das Psychische" (FGW X, 211). Er hat den Charakter des Drängenden, welcher dem unmittelbaren seelischen Trieb-Erlebnis entspricht, er wirkt als konstante Kraft und da er seine Herkunft aus Reizquellen im Inneren des Körpers hat, läßt er sich nicht wie ein äußerer Reiz durch Fluchtreaktionen ausschalten. Er muß also auf jeden Fall vom seelischen Apparat verarbeitet werden und kann deswegen auch definiert werden „als ein Maß der Arbeitsanforderung, die dem Seelischen infolge seines Zusammenhanges mit dem Körperlichen auferlegt ist" (ebd., 214). Freud übernimmt hier also die bereits in den „drei Abhandlungen zur Sexualtheorie" gewonnene Definition.

Unter der *Quelle eines Triebes* versteht man jenen (somatisch-physiologischen) Vorgang in einem Organ, der auf eine uns nicht bekannte Art Reizquanten in das Seelische hinein entsendet, die dort wahrgenommen werden durch das Erleben des Drängenden. Diese innersomatischen Reizquellen können zum Fließen gebracht werden durch die Reizung der sogenannten erogenen Zonen, aber auch, wie Freud ausführt (s. FGW V, 101 ff), durch Eindrücke, die durch die Sinnesorgane vermittelt werden, sowie durch starke affektive Erregungen. *Das Ziel* des Triebes ist die

Befriedigung, die durch Aufhebung des Reizzustandes an der Quelle erreicht wird, und *das Objekt* (s. auch A 1, 5) des Triebes dasjenige, durch welches der Trieb sein Ziel erreichen kann, im allgemeinen also, sofern man den Sexualtrieb im Auge hat, eine Person, in Ausnahmefällen (z. B. Fetischismus) auch eine Sache.

Wenn der (Sexual-)Trieb das Maß an seelischer Arbeit repräsentiert, welches der Seele „infolge ihres Zusammenhanges mit dem Körperlichen auferlegt ist" dann wird damit gleichzeitig angenommen, daß seelische Arbeit oder Funktion mindestens überwiegend in der Bewältigung von Triebansprüchen bestehe.

1.2 Das Lustprinzip

Hier schließt sich die Theorie des *Lust-Unlust-Prinzips* an, welches besagt, daß der seelische Apparat bestrebt ist, die Erregungsgröße im System möglichst gleich bzw. möglichst niedrig zu halten. Eine Erhöhung der Erregung wird mit Unlust, eine Erniedrigung (bzw. ein Spannungsausgleich) mit Lust gleichgesetzt. Freud schreibt: „In der psychoanalytischen Theorie nehmen wir unbedenklich an, daß der Ablauf der seelischen Vorgänge automatisch durch das Lustprinzip reguliert wird, das heißt, wir glauben, daß er jedesmal durch eine unlustvolle Spannung angeregt wird und dann eine solche Richtung einschlägt, daß sein Endergebnis mit einer Herabsetzung dieser Spannung, also mit einer Vermeidung von Unlust oder Erzeugung von Lust zusammenfällt". Und weiter unten: „Wir haben uns entschlossen, Lust und Unlust mit der Quantität der im Seelenleben vorhandenen – und nicht irgendwie gebundenen – Erregung in Beziehung zu bringen, solcher Art, daß Unlust eine Steigerung, Lust eine Verringerung dieser Quantität entspricht" (FGW XIII, 3/4). (Allerdings wird diese einfache Gleichsetzung von Lust bzw. Unlust mit der Verringerung bzw. Steigerung der Erregungsquantität später teilweise zurückgenommen und modifiziert. In der Arbeit „Das ökonomische Problem des Masochismus" schreibt Freud: „Lust und Unlust können also nicht auf Zunahme oder Abnahme einer Quantität, die wir Reizspannung heißen, bezogen werden, wenngleich sie offenbar mit diesem Moment viel zu tun haben. Es scheint, daß sie nicht an diesem quantitativen Faktor hängen, sondern an einem Charakter desselben, den wir nur als qualitativ bezeichnen können (FGW XIII, 372). Trotz dieser Modifizierung bleibt jedoch die Grundanschauung bestehen, daß dem seelischen Apparat als grundlegende Aufgabe der Ausgleich von Reizspannungen zukommt, welche letzten Endes aus Triebquellen fließen und nach Erledigung drängen).

1.3 Der Triebkonflikt

Dies führt uns zum Problem des *Triebkonfliktes*: in der ersten Fassung der *Triebtheorie* stehen sich Sexual- und Ich-Triebe gegenüber, welche letztere weitgehend mit dem Bestreben der Selbsterhaltung zusammenfallen. Freud hat den Begriff der Ich-Triebe von Beginn an als eine Arbeitshypothese aufgefaßt: „Welche Triebe darf man aufstellen und wie viele? . . . Ich habe vorgeschlagen von solchen Ur-Trieben zwei Gruppen zu unterscheiden, die der *Ich-* oder *Selbsterhaltungs-Triebe* und die der *Sexualtriebe*. Dieser Aufstellung kommt aber nicht die Bedeutung einer notwendigen Voraussetzung zu . . . sie ist eine bloße Hilfskonstruktion, die nicht länger festgehalten werden soll, als sie sich nützlich erweist . . .“ (FGW X, 216/217). Es ist wichtig zu sehen, daß bereits von den Selbsterhaltungstrieben eine direkte Brücke zur äußeren Realität führt. Zur Selbsterhaltung gehört notwendig die Liebe der Eltern bzw. später das Anerkanntwerden innerhalb der Sozietät. Insofern beinhaltete die Aufstellung der Ich-Triebe von vornherein schon eine Gegenüberstellung von innerem Triebanspruch und äußerer Realitätsforderung.

Das Seelische, welches unter der Herrschaft des *Lustprinzipes* bestrebt ist, die durch die Triebe gegebenen Spannungen unmittelbar zu erledigen, stößt auf Widerstände, sobald es den einfachsten Weg der Reizbewältigung einschlagen will, nämlich den der direkten Triebbefriedigung bzw. Triebabfuhr. Soziale Bildungen (Scham, Ekel, Moralität) unter deren Herrschaft die Ich-Triebe stehen, stellen sich in den Weg. Unter dem Druck dieser Faktoren müssen sich die Sexualtriebe Umbildungen, Aufschub, Verdrängungen gefallen lassen. Das heißt, sie geraten unter die Anforderungen des Realitätsprinzips.

1.4 Das Realitätsprinzip

Das Realitätsprinzip ist bei Freud das zweite der beiden regulatorischen Prinzipien über die der seelische Apparat verfügt. Es steht dem Lustprinzip insofern gegenüber als unter seinem Einfluß und unter Verzicht auf unmittelbare Triebbefriedigung ein Lernprozeß einsetzt, der mehr und mehr zur Wahrnehmung und Berücksichtigung der äußeren Realität führt, schmerzliche Enttäuschungen an und Zusammenstöße mit ihr vermeiden hilft und schließlich doch noch, wenn auch auf Umwegen und mit Verlusten an Intensität, die Abfuhr von Triebspannung, also Lustgewinn, ermöglicht. Deswegen ist das Realitätsprinzip eine Fortbildung des Lustprinzips: „In Wirklichkeit bedeutet die Ersetzung des Lustprinzips durch das Realitätsprinzip keine Absetzung des Lustprinzips, sondern nur eine Sicherung desselben" (FGW VIII, 235). Das Lustprinzip bleibt in enger Verbindung zu den Sexualtrieben, der Phantasie (welche unter Außerachtlassung der Realität Wunscherfüllung halluziniert), dem Verdrängten und dem Unbewußten. Das Realitätsprinzip tritt zum Lustprinzip hinzu ohne dieses ganz zu ersetzen. Es steht in enger Beziehung zum Bewußtsein und den Ichfunktionen wie Wahrnehmen, Merken, Denken und Handeln. Indem es die Adaption an die Realität erzwingt, liefert es zugleich den Bezugsrahmen für die Entwicklung dieser (adaptiven) Leistungen des Ich.

Ich fasse zusammen: Es stehen sich gegenüber die Gruppe der Sexualtriebe und die der Ich-(Selbsterhaltungs-)Triebe. Letztere bleiben hypothetisch, weisen aber einen deutlichen Zusammenhang mit der äußeren Realität auf. Die Sexual-Triebe sind ihrer Wirkung nach der Beobachtung zugänglich. Sie entspringen einer innersomatischen Reizquelle, die kontinuierlich fließt und dem Seelischen ständig Erregungsquanten zuführt. Eine Zunahme der Erregungsquanten führt (prinzipiell) zu Gefühlen der Unlust und zwingt das Seelische, welches unter der Herrschaft des Lustprinzipes steht, zur Verarbeitung der Erregung. Der einfachsten Art dieser Verarbeitung, nämlich der Triebabfuhr in der Befriedigung im Triebziel und am Triebobjekt stellen sich jedoch häufig Widerstände entgegen, die durch die Ich-Interessen, welche sich aus Realitätsanforderungen ableiten, dargestellt werden. Es kommt zum (Trieb-)Konflikt. Unter der Herrschaft des Realitätsprinzips wird jetzt eine Lösung versucht, die beiden Seiten, den Sexual- und den Ich-Trieben gerecht wird. Die Art des getroffenen Kompromisses entscheidet über den Ausgang in Gesundheit oder Krankheit (Triebaufschub, Verdrängung, Sublimierung).

1.5 Das Beobachtungsmaterial der Theorie

Wir kommen jetzt zu dem *Beobachtungsmaterial*, aus welchem Freud seine Theorie ableitete: Der psychische Konflikt war es ja, den er als Ursache der psychoneurotischen Erkrankungen entdeckte, und er lernte ihn als einen ganz bestimmten und gleichartig gestalteten, nämlich als den *infantil-sexuellen Konflikt* kennen. Dies war historisch die erste und wohl auch in der Folge wichtigste Entdeckung. In „Drei Abhandlungen zur Sexualtheorie", die ich den folgenden Ausführungen zugrunde lege, schreibt Freud: „ . . . daß diese Psychoneurosen, soweit meine Erfahrungen reichen, auf sexuellen Triebkräften beruhen . . . ich will ausdrücklich behaupten, daß dieser Anteil der einzig konstante und die wichtigste Energiequelle [also nicht die einzige!] der Neurose ist . . . Die Symptome sind, wie ich es an anderer Stelle ausgedrückt habe, die Sexualbetätigung der Kranken." Und in einer später zugefügten Fußnote: „Die nervösen Symptome beruhen einerseits auf dem Anspruch der libidinösen Triebe, andererseits auf dem Einspruch des Ichs, der Reaktion gegen dieselben" (FGW V, 62/63).
Womit noch einmal ausdrücklich der Konfliktaspekt betont wird. Jedoch – und dies ist wesentlich – mußte Freud um diese Auffassung zu stützen, den Begriff der Sexualität beträchtlich erweitern. Die Beobachtungen, auf die er sich dabei beruft, gewann er erstens an den neurotischen Kranken, zweitens an den Perversionen, drittens an der direkten Beobachtung der kindlichen Sexualität, mit der er ebenfalls Neuland betrat, da die infantile Sexualität bis dahin nicht beachtet bzw. geleugnet worden war.
Es zeigt sich hier die Meisterschaft Freuds, durch klare begriffliche Unterscheidungen Helligkeit in die dunkle Vielfalt der beobachteten Erscheinungen zu bringen. Er geht aus von der terminologischen Einführung des Sexualobjektes und des Sexualzieles: „Führen wir zwei Termini ein: heißen wir die Person, von welcher die geschlechtliche Anziehung ausgeht, das Sexualobjekt, die Handlung, nach welcher der Trieb

drängt, das Sexualziel . . ." (FGW V, 34). Im Vergleich der sexuellen Betätigung der Perversen mit dem als normal geltenden (genitalen) Sexualakt kommt er zur Feststellung von

a) Abweichungen in bezug auf das Sexualobjekt: Diese führt er am Beispiel der Inversion (Homosexualität) aus, bei der das normale heterosexuelle Objekt gegen ein gleichgeschlechtliches ausgetauscht wird. Die wesentliche Folgerung aus dieser Beobachtung ist, daß die Verknüpfung zwischen Trieb und Objekt nicht so fest ist, wie die allgemeine Vorstellung annimmt. („Wir werden so angewiesen, die Verknüpfung zwischen Trieb und Objekt in unseren Gedanken zu lockern." ebd., 47).

b) Abweichungen in bezug auf das Sexualziel, (welches hier nicht einfach die Aufhebung des Organreizes ist, sondern dargestellt wird durch den Modus der Handlung, zu welcher der Trieb drängt). Hier ergeben sich im Vergleich zum normalen Sexualziel, welches in der Vereinigung der Genitalien besteht,

erstens: Anatomische Überschreitungen: insofern die Lippen und die Mundschleimhaut oder die Analöffnung sexuell verwendet werden, die „gleichsam den Anspruch erheben, selbst als Genitalien betrachtet und behandelt zu werden" (ebd., 52).

zweitens: Fixierungen von normalerweise vorläufigen Sexualzielen: d. h. normalerweise vorbereitende Handlungen wie Beschauen und Betasten werden zum endgültigen Sexualziel, welches auch zur Lösung der Sexualspannung führt und damit an Stelle des Geschlechtsaktes tritt. Oder auch werden Teilstrebungen, die sonst dem vollständigen sexuellen Ablauf untergeordnet sind und seiner Sicherstellung dienen, zum Hauptstreben: im Sadismus und Masochismus wird eine normalerweise der Sexualität beigemischte aggressive Strebung verselbständigt bzw. überwertig und dient allein in ihrer aktiven oder passiven Form dem sexuellen Lustgewinn.

Wenn man also, wie Freud es tut, den Sexualtrieb als das Primäre nimmt, ergeben sich als wesentliche Konsequenzen, daß der Trieb weder was sein Objekt noch was sein Ziel anbelangt, von vornherein festgelegt ist. Dies ist für die Entwicklung der Theorie von größter Bedeutung, da die Motivierung allen Verhaltens durch den (Sexual-)Trieb dessen Verwandlungsfähigkeit verlangt und die Möglichkeit erfordert, daß er in Ersatzbefriedigungen und Sublimierungen einfließt, bzw. daß die Triebenergie vom ursprünglichen Objekt auf ein evtl. sehr andersartiges Objekt verschoben werden kann.

Freud sieht weiter, daß das eigentliche Krankhafte der Perversionen nicht im Wechsel des Triebobjektes oder in neuen Sexualzielen als solchen liegt, sondern in der Ausschließlichkeit und Fixierung an das neue Ziel oder Objekt. Er erkennt, daß das, was man in der Perversion als ausschließlichen Modus der Sexualbetätigung vorfindet, in Andeutungen auch dem „normalen" Geschlechtsakt in der einen oder anderen Form beigemischt ist.

Schließlich vergleicht Freud die perversen Sexualstrebungen mit den unbewußten Phantasiebildungen der Neurotiker. Er konnte so nachweisen, daß der sexuelle Konflikt des Neurotischen sich nicht allein aus den Strebungen der „normalen" genitalen Sexualität ergibt, sondern gespeist wird von Trieben „welche man als *perverse* . . . bezeichnen würde, wenn sie sich ohne Ablenkung vom Bewußtsein direkt in Phantasievorsätzen oder Taten äußern könnten. Die Symptome bilden sich also zum Teil auf Kosten abnormer Sexualität; *die Neurose ist sozusagen das Negativ der Perversion*" (FGW V, 65). Beide also, der Perverse und der Neurotiker haben „abnorme" sexuelle Impulse, der Perverse lebt sie jedoch, der Neurotiker verdrängt sie. Er bezahlt diese Verdrängung aber mit der Symptombildung bzw. er ersetzt die Sexualbetätigung durch das Symptom.

Wenn man die verschiedenen perversen Sexualbetätigungen als primäre Manifestationen der Sexualität betrachtet, ergibt sich die Folgerung, daß der *eine* Sexualtrieb in verschiedene *Partialtriebe* zerfällt, welche sich klassifizieren lassen nach ihren Quellen bzw. nach ihren Zielen. Freud schreibt: „Was die Triebe voneinander unterscheidet und mit spezifischen Eigenschaften ausstattet, ist deren Beziehung zu ihren somatischen *Quellen* und ihren *Zielen* (ebd., 67). Die Körperregionen, von denen der sexuelle Reiz ausgeht, nennt Freud die *erogenen Zonen*. Zu solchen erogenen Zonen kann die ganze Körperoberfläche, können die verschiedenen Organe und Sinnesorgane werden, z. B. das Auge bei der Schau- und Exhibitionslust. Die von Natur aus besonders vorgebildeten erogenen Zonen sind aber Mund und Afterschleimhaut und natürlich das Genitale selbst, sowie die Brust. Wenn jedoch sexuelle Impulse nicht allein von den Genitalien ausgehen, sondern ursprünglich und grundsätzlich die verschiedensten Körperregionen Beiträge zur Sexualität liefern, dann muß

a) das Vorherrschen der normalen genitalen Sexualbetätigung das Ergebnis eines Entwicklungsvorganges sein, während dessen sich die außergenitalen Strebungen den endgültigen genitalen unterordnen und

b) müßten beim Kinde, bei dem dieser Entwicklungsvorgang noch nicht vollzogen ist, evtl. Vorstufen der Erwachsenen-Sexualität nachzuweisen sein, in denen die Partialtriebe und ihre Abhängigkeit von den erogenen Zonen der Beobachtung zugänglich wären.

Freud glaubt nun tatsächlich, beim Kind eine *„polymorph-perverse"* Anlage nachweisen zu können. Sein unbestreitbares Verdienst ist es, die Äußerungen der kindlichen Sexualität unbeirrt durch die Vorurteile seiner Zeit gesehen und beschrieben zu haben. Im Säuglings- und Kindesalter beobachtet man ziemlich allgemein masturbatorische Betätigungen der Kinder, die als Vorläufer der pubertären Onanie gelten können. Beim Einzelnen verfallen diese frühkindlichen sexuellen Erlebnisse der sogenannten infantilen Amnesie, die Freud auf einen ersten Verdrängungsschub zurückführt und mit der hysterischen Amnesie vergleicht. Die infantile Masturbation ist jedoch eine eindeutig genitale Betätigung. Freud führt deswegen als Äußerungen der infantilen Sexualität, die Ausdruck von selbständigen, nicht genitalen Partialtrieben sei, vor allem noch zwei Erscheinungen an: 1. Das Ludeln oder Lutschen und 2. die sexuelle Betätigung der Afterzone.

Den sexuellen Charakter des Lutschens glaubt Freud in seiner unbezweifelbaren Lustbetonung und in der gelegentlichen Verknüpfung mit masturbatorischen Betätigungen zu erkennen. Er wirft jedoch selbst die Frage auf, „an welchem allgemeinen Charakter wir die sexuellen Äußerungen des Kindes [als solche] erkennen wollen" (ebd., 81), ohne diese Frage jedoch, wie ich glaube, befriedigend lösen zu können.

Bei der Betätigung der Afterzone nimmt Freud an, daß Kinder die erogene Reizbarkeit der Afterzone ausnützen, indem sie „die Stuhlmassen zurückhalten bis dieselben durch ihre Anhäufung heftige Muskelkontraktionen anregen und beim Durchgang durch den After einen starken Reiz auf die Schleimhaut ausüben können. Dabei muß wohl neben der schmerzhaften die Wollustempfindung zustande kommen" (ebd., 87). Freud hebt hervor, daß alle diese infantilen sexuellen Betätigungen ihre Befriedigung am eigenen Körper des Kindes finden, sie sind autoerotisch. Sie lehnen sich außerdem an lebenswichtige Körperfunktionen an (Saugen, Darmentleerung) und stützen sich auf eine gewissermaßen von Anfang an bevorzugte erogene Zone (Mund- bzw. Darmschleimhaut).

In der *normalen Entwicklung* werden die verschiedenen Partialtriebe, die gewissermaßen unabhängig voneinander auf Lustgewinn ausgehen, schließlich dem Primat der Genitalzone unterworfen bzw. sie vereinigen sich in einem mehr oder weniger einheitlichen Sexualtrieb mit genitalem Charakter. Bei der Frage, wie diese Entwicklung zustande kommt, denkt Freud wesentlich an einen phylogenetisch bestimmten und hereditär festgelegten Ablauf: „Während dieser Periode totaler oder bloß partieller Latenz werden die seelischen Mächte aufgebaut, die später dem Sexualtrieb als Hemmnisse in den Weg treten und gleichwie Dämme seine Richtung beengen werden (der Ekel, das Schamgefühl, die ästhetischen und moralischen Idealanforderungen). Man gewinnt beim Kulturkinde den Eindruck, daß der Aufbau dieser Dämme ein Werk der Erziehung ist, und sicherlich tut die Erziehung viel dazu. In Wirklichkeit ist diese Entwicklung eine organisch bedingte, hereditär fixierte und kann sich gelegentlich ganz ohne Mithilfe der Erziehung herstellen" (ebd., 78); und an anderer Stelle: „Es scheint phylogenetisch festgelegt, in welcher Reihenfolge die einzelnen Triebregungen aktiviert werden, und wie lange sie sich äußern können, bis sie dem Einfluß einer neu auftretenden Triebregung oder einer typischen Verdrängung unterliegen" (ebd., 143).

Die Bedingungen zur *krankhaften Entwicklung* sieht Freud vor allem in einer angeborenen Verschiedenheit der sexuellen Konstitution (s. ebd. 137). Entscheidend ist jedoch die weitere Verarbeitung des konstitutionell Vorgegebenen: „Wenn sich alle die Anlagen in ihrem, als abnorm angenommenen, relativen Verhältnis erhalten und mit der Reifung verstärken, so kann nur ein perverses Sexualleben das Endergebnis sein . . . Ein anderer Ausgang ergibt sich, wenn im Laufe der Entwicklung einzelne der überstark angelegten Komponenten den Prozeß der *Verdrängung* erfahren . . . Das Ergebnis kann ein annähernd normales Sexualleben sein – meist ein eingeschränktes –, aber ergänzt durch psychoneurotische Krankheit" (ebd., 139).

Als günstigste Möglichkeit wird „der dritte Ausgang bei abnormer konstitutioneller Anlage durch den Prozeß der ‚*Sublimierung*‘ ermög-

licht . . . je nachdem solche Sublimierung eine vollständige oder eine un-
vollständige ist, wird die Charakteranalyse hochbegabter . . . Personen
jedes Mengenverhältnis zwischen Leistungsfähigkeit, Perversion und
Neurose ergeben" (ebd., 140).

Hinsichtlich der Neurosenentstehung stellt Freud eine ätiologische
Reihe auf, in der sich konstitutionelle und akzidentelle Faktoren ergänzen. Dabei wird den Erlebnissen der frühen Kindheit unter den akzidentellen Faktoren eine Vorzugsstellung eingeräumt.

Konstitution + akzidentelle frühe Kindheitserlebnisse

Disposition + recente traumat. Einwirkung

Regression und neurotische Erkrankung.

Ich bin so ausführlich auf die in den „drei Abhandlungen zur Sexualtheorie" niedergelegten Auffassungen eingegangen, weil sie den Grundriß der Freudschen Sexualtheorie als wichtigsten Bestandteil der Triebtheorie wiedergeben, an dem Freud unbeirrt festgehalten hat.

1.6 Bemerkungen zur ersten Fassung der Freudschen Triebtheorie

Durch die Erweiterung des Begriffes der Sexualität auf Verhaltensweisen, die bis dahin nicht als sexuell gegolten hatten, bzw. als abnorm angesehen worden waren und die Aufstellung von Partialtrieben, die ihren
Ursprung in gesonderten, vom Genitale unabhängigen erogenen Zonen
haben, gelingt es, die infantile Sexualität, die Perversionen und die Neurosen unter gemeinsamen Gesichtspunkten zu beschreiben und die
letzteren beiden zu verstehen. Obgleich Freud konstitutionellen Momenten – das heißt den ursprünglich gegebenen Kräfteverhältnissen der
Partialtriebe – eine wesentliche Rolle zuerkennt, so wird doch den er-
lebnismäßig-akzidentellen Faktoren ihr Recht zuteil. Damit eröffnet
sich eine Möglichkeit der Therapie und Prophylaxe*.

---

* Es ist nicht leicht, die Wirksamkeit der konstitutionellen und der der akzidentellen Faktoren in ihrem Verhältnis zueinander abzuschätzen. In der Theorie
neigt man immer zu Überschätzung der ersteren; die therapeutische Praxis
hebt die Bedeutsamkeit der letzteren hervor . . ." (FGW V, 141).

Andererseits kann man der Theorie anlasten, daß sie sich ausschließlich auf den sexuellen Faktor stützt, sowohl was die Neurosenentstehung als auch was die Persönlichkeitsentwicklung überhaupt betrifft. Tatsächlich wirken die Beispiele, die Freud zur Stützung seiner Theorie von den Partialtrieben heranzieht, nicht ganz überzeugend. Man hat schon hier am „Anfang" der Theorie den Eindruck, daß die herangezogenen beispielhaften Verhaltensweisen auch andere Erklärungen zulassen, mindestens aber durch die ausschließliche Interpretation als sexuell bestimmte Verhaltensweisen nicht vollständig erklärt sind.

1. Das Lutschen ist ohne Zweifel lustbetont. Man muß sich aber fragen, ob diese Lust tatsächlich sexuellen Charakter hat. Es liegt näher, anzunehmen, daß es sich um eine narzißtische Lust im Sinne einer halluzinierten Wiederherstellung der verlorenen Dualbeziehungen mit der Mutter handelt. Das von Freud selbst aufgeführte Beispiel (FGW V, 81, Fußnote 2) weist sehr viel mehr in diese Richtung.

2. Die Betätigung der Analzone: Das von Freud angeführte Zurückhalten des Kotes, welches zu einer vermehrten (sexuellen) Reizung der Darmschleimhaut führen soll, wird bezüglich seiner Lustkomponente sicher wesentlich mitbestimmt durch das in jene Entwicklungsstufe fallende Autonomie-Streben des Kindes, dem narzißtischen Gewinn, welches es aus der Beherrschung dieser Körperfunktionen, aber damit auch aus der Beherrschung des Objekts und seiner Beziehungspersonen ziehen kann. Auch hier bei der Abschätzung der Bedeutung der Partialtriebe stellt sich die Frage nach der zentralen Rolle der Sexualität innerhalb der analytischen Theorie. Rapaport hat die Bedeutung der Triebtheorie relativiert. Er schreibt: „Die entscheidende Rolle, die den libidinösen Trieben zugeteilt wird, ist keine theoretische Notwendigkeit in diesem System. Sie scheint sich aus zwei von Freuds grundlegendsten Einsichten herzuleiten: vom Begriff der Determinierung des Verhaltens durch Triebe und von der Beobachtung der kindlichen Sexualität" (Rapaport 1973, 51).

Die Erklärung der oben erwähnten kindlichen Verhaltensweisen allein mit der Motivation durch die sexuellen Partialtriebe erscheint also unbefriedigend. Ich habe bereits angedeutet, daß sich auch andere Interpretationsmöglichkeiten anbieten.

Es erscheint mir angezeigt, an dieser Stelle kurz auf die Entwicklung der Narzißmustheorie einzugehen. Die neueren Arbeiten über den Narzißmus von Hartmann, Balint, Kohut, Kernberg, Grunberger u. v. a. bringen eine wesentliche Erweiterung der psychoanalytischen Auffassungen. Die Narzißmustheorie birgt jedoch in sich noch viele Unklarheiten und die einzelnen Autoren vertreten zum Teil divergierende Ansichten. Es ist deshalb in diesem Rahmen nicht möglich, ausführlicher auf diese Konzepte und auf ihr Verhältnis zu den Freudschen Formulierungen einzugehen.

Unter Narzißmus versteht man nach Hartmann (1972 b, 132) die libidinöse Besetzung des *Selbst*. Die Narzißmustheorie bezieht sich auf die Entwicklung und die Störungen des Selbst- und des Selbstwertgefühles. (Zum Begriff „Selbst" s. auch Vierter Teil A 5.)

Die Grundlegung des narzißtischen Persönlichkeitssektors wird in einem sehr frühen Stadium der Mutter-Kind-Beziehung („Dual-Union", Balint 1970; „symbiotische Beziehung", Mahler, 1972), oder noch früher in einem pränatalen „erhebenden Zustand" (Grunberger 1976) gesehen. In dieser auf jeden Fall sehr frühen Entwicklungsphase gründen die Gefühle von Geborgenheit (das „Urvertrauen" Balints), Sicherheit, Ruhe und Wohlbehagen, aber auch das Gefühl des eigenen Wertes. Von hier aus läßt sich dann eine Entwicklungslinie narzißtischer Libido und ihrer Schicksale verfolgen und von der Linie der (triebhaften) Objektlibido unterscheiden. Es ist dabei im Rahmen dieser Überlegungen von untergeordneter Bedeutung, ob die Entfaltung narzißtischer Libido in einem engen Wechselspiel mit jener der Objektlibido (Kernberg 1975), oder ob sie mehr oder weniger unabhängig von dieser gesehen wird (Kohut 1973).

Da die Möglichkeit der Unterscheidung von narzißtischer- und Objektlibido bereits ganz an den Anfang der beobachtbaren psychischen Entwicklung gelegt wird, verliert auch die Frage, ob man als Quelle der narzißtischen Libido letzten Endes doch sexuelle Triebenergie annehmen will oder nicht, an unmittelbarer Bedeutung.*

* Wenn man eine, was die Beobachtung anbetrifft, von Anfang an bestehende eigene Entwicklungslinie narzißtischer Libido annimmt und mit ihrer Hilfe neue Erklärungsmöglichkeiten innerhalb des narzißtischen Bereiches der Persönlichkeit gewinnt, so erhält diese narzißtische Libido in Hinblick auf die Erklärung der sie betreffenden Phänomene gewissermaßen Selbständigkeit, und die Frage, ob diese narzißtische Energie die gleiche Quelle hat, wie die aus dem Sexualtrieb gespeiste Objektlibido kann unbeschadet zurückgestellt werden.

Entscheidend ist, daß mit der Narzißmustheorie psychologisch ein neuer Persönlichkeitsbereich mit seinen Störungen erschlossen wird und daß innerhalb dieses Bereiches als motivierende Kraft von Verhalten eine qualitativ unterschiedene narzißtische Libido tritt, welche für die Persönlichkeitsentwicklung und für die Entstehung von neurotischen Störungen von gleichrangiger Bedeutung ist wie die Motivation durch triebhafte Objektlibido, auf die bis dahin alles Verhalten zurückgeführt wurde.

Die frühe (symbiotische) Mutter-Kind-Beziehung hat also eine wesentliche Bedeutung in der Grundlegung der positiv narzißtischen Gefühle der Geborgenheit und Sicherheit. Diese Gefühle sind uns allen bekannt und wir wissen sie gut zu unterscheiden von sexuell getönten Gefühlen. Ferner scheint die Bedeutung dieser Phase in der Grundlegung des Selbstwertgefühles des Kindes zu liegen, welches als eine Spiegelung der mütterlichen Liebe aufgefaßt werden kann. Die Liebe der Mutter ist wesentlich getönt und geformt durch Wertgefühle (das Kind ist das „Ein und Alles" der Mutter). Sofern in der „Dual-Union" Mutter-Kind die „Liebe" des Kindes tatsächlich nur Bedürfnisspannung ist (sei diese gespeist aus welchen Quellen auch immer: Hunger, Sexualität, Bedürfnis nach Schutz, Wärme etc.), so fließt doch von Seiten der Mutter dem Kinde etwas ganz anderes, höher Organisiertes, eben die durch Wertgefühle und Wertvorstellungen geformte mütterliche Liebe zu. Dies setzt wieder im Kinde einen Formungsprozeß in Gang: das Bewußtsein von sich selbst als eines „Wert-Seienden". Unter einem spezielleren Aspekt beschreibt Kohut das so: „In diesem engeren Wortsinn ist die Spiegelübertragung die therapeutische Wiederherstellung jener normalen Entwicklungsphase des Größen-Selbst, in der der Glanz im Auge der Mutter, der die exhibitionistische Darbietung des Kindes wiederspiegelt, und andere Formen mütterlicher Teilnahme an der narzißtisch-exhibitionistischen Lust des Kindes und der mütterlichen Reaktionen auf sie das Selbstwertgefühl des Kindes stärken . . . (Kohut 1973, 141).

Andererseits muß gesehen werden, daß der Sexualität tatsächlich eine ungeheure Macht zukommt und dazu hin die Fähigkeit, gewissermaßen alle Lücken des Erlebens zu füllen. Es scheint, daß jeweils dort, wo in der früheren oder späteren Entwicklung durch traumatisierende Frustrationen Wunden, Erlebnislücken, Wertmängel etc. aufgetreten sind, nachträglich sexuelle Triebhaftigkeit einströmt. Anders ausgedrückt bedeutet dies, daß Menschen, die auf dem narzißtischen Sektor gestört sind, zur Sexualisierung ihrer Konflikte neigen. Die Sexualisierung ist in diesen Fällen eine sekundäre Abwehrmaßnahme zur Abfuhr von Spannungen, die aus narzißtischen Konflikten stammen (s. Kohut 1973). Andererseits wissen wir auch – und beobachten es in großem Ausmaße –, daß Sexualität zur letzten Möglichkeit menschlicher Beziehungen werden kann, daß sie aber dort, wo sie das ist, nie und nimmer befriedigt.

Die Narzißmustheorie tritt ergänzend zu der Erklärung von Perversionen und Neurosen aus Störungen der Sexualentwicklung hinzu. In dieser Sicht würde die Sexualität und ihre Entwicklung immer noch einen wichtigen aber nicht mehr den alleinigen Platz in der Neurosen-Psychologie einnehmen. Es wäre dann bereits eingetreten, was Rapaport (1973, 133) als Möglichkeit einräumt, wenn er formuliert: „Die klassische Konzeption der Libido-Entwicklung selbst hingegen könnte durchaus eine radikale Veränderung durchmachen, indem sie zu einem der Aspekte des integralen Prozesses der Epigenese wird."

Ich komme jetzt jedoch wieder zu den Positionen Freuds zurück und wende mich der Entwicklung seiner Triebtheorie zu.

2. Die Entwicklung der Triebtheorie

In der *ersten Fassung der Freudschen Trieblehre* standen sich sexuelle und Ich-Triebe gegenüber. Im Gegensatz zu den durch die Beobachtung gut fundierten Auffassungen über die sexuellen Triebe, behielten die Ich-Triebe einen hypothetischen und dunklen Charakter. Sie hatten etwas mit der Selbsterhaltung zu tun und bildeten gemäß der biologischen und dualistischen Denkweise Freuds den notwendigen Gegensatz zu den sexuellen Trieben, welche auf Objektfindung und auf die Erhaltung der Art ausgerichtet schienen. Ich darf hier noch einmal Freud zitieren: „In der vollen Ratlosigkeit der Anfänge gab mir der Satz des Dichterphilosophen Schiller den ersten Anhalt, daß ‚Hunger und Liebe' das Getriebe der Welt zusammenhalten. Der Hunger konnte als Vertreter jener Triebe gelten, die das Einzelwesen erhalten wollen, die Liebe strebt nach Objekten; ihre Hauptfunktion, von der Natur in jeder Weise begünstigt, ist die Erhaltung der Art" (FGW XIV, 476).

Ich habe bereits darauf hingewiesen, daß schon in dieser Fassung der Theorie die Ich-Triebe letzten Endes als Vertreter der äußeren Realität, die mit ihren Ordnungsgefügen und Normen dem Einzelnen entgegentritt, fungieren, insofern sie mit den Schranken von Scham, Ekel und Moralität den Triebanspruch zurückweisen. Die Ich-Triebe orientieren sich also an Normen der Sozietät und gewährleisten die Sicherstellung des Individuums durch die Einpassung in dieses Norm- und Wertgefüge der Gesellschaft.

2.1 Die zweite Fassung der Triebtheorie

Sie vollzieht sich mit der Einführung des Narzißmusbegriffes (1914). Freud entwickelt hier „die Vorstellung einer ursprünglichen Libidobesetzung des Ichs, von der später an die Objekte abgegeben wird" und die "sich zu den Objektbesetzungen verhält wie der Körper eines Protoplasmatierchens zu den von ihm ausgeschickten Pseudopodien" (FGW X, 141). Das Ich wird zu einem „großen Reservoir, aus dem die für die Objekte bestimmte Libido ausströmt, und dem sie von den Objekten her wieder zufließt. Die Objekt-Libido war zuerst Ich-Libido und kann sich wieder in Ich-Libido umsetzen" (FGW XII, 6).

Die Selbsterhaltungstriebe des Ich werden also ebenfalls als libidinös erkannt und die Gegenüberstellung heißt jetzt nicht mehr Sexualtriebe versus Ich-Triebe, sondern Objekt-Libido versus (narzißtische) Ich-Libido. Es schien jetzt also nur noch eine einzige, von der Sexualität abgeleitete Triebenergie zu geben, die dem großen Reservoir des Ich entstammend sich den Objekten zuwendet (Objektlibido) oder von ihnen wieder zurückgezogen und als sekundärer Narzißmus dem Ich zugeteilt wird. (Diese Überlegungen entstammen einer Periode, in der die Vorstellung, daß sich das Ich allmählich aus dem Es ausdifferenziere, noch nicht vollzogen war. Hartmann (Hartmann 1972 b, 131) weist darauf hin, daß Freud in „Das Ich und das Es" klargemacht hat, daß er, als er von dem Reservoir der Libido gesprochen hatte, nicht an das Ich, sondern an das Es dachte. Hartmann hat dabei offenbar folgende Ausführungen Freuds im Auge: „An der Lehre vom Narzißmus wäre nun eine wichtige Ausgestaltung vorzunehmen. Zu Uranfang ist alle Libido im Es angehäuft, während das Ich noch in der Bildung begriffen oder schwächlich ist. Das Es sendet einen Teil dieser Libido auf erotische Objektbesetzung aus, worauf das erstarkte Ich sich dieser Objekt-Libido zu bemächtigen und sich dem Es als Liebesobjekt aufzudrängen sucht. Der Narzißmus des Ichs ist so ein sekundärer, den Objekten entzogener (FGW XIII, 275)."* Schon in der ersten Fassung der Triebtheorie vertraten die Ich-Triebe gewissermaßen nolens-volens die Forderung der Realität, doch wurde ihnen eine eigene – wenn auch unbestimmte – Quelle und Qualität zugeschrieben. Jetzt werden sie gespeist aus der einen Quelle der sexuellen Triebkraft, und damit wird der pathogene Konflikt noch deutlicher dargestellt durch die Kontrahenten Trieb (in Form der Objekt-Libido) und Realität (in Form der sozialen Normgebung). *Gleichzeitig damit entwickelte sich ein Stück Ich-Psychologie*: die von den Objekten in das Ich zurückgenommene Libido wird dem Ichideal zugeführt: „Diesem Idealich gilt nun die Selbstliebe, welche in der Kindheit das wirkliche Ich genoß. Der Narzißmus erscheint auf dieses neue ideale Ich verschoben, welches sich wie das infantile im Besitz aller wertvollen Vollkommenheiten befindet" (FGW X, 161). Das Ideal-Ich stellt eine Substruktur des Ichs dar, seine Inhalte sind bestimmt durch seine (infantilen) Wunschvorstellungen und durch äußere soziale Normgebungen. Insofern letzteres der Fall ist, dient es der Internalisierung der Verhaltensregulierung. Es ist aber wichtig, festzuhalten, daß seine „energetische Speisung" aus libidinöser *Triebenergie* entstammt!**

---

* Allerdings führt Freud in einem späteren Werk („Das Unbehagen in der Kultur", FGW XIV, 477) erneut das Ich als „ursprüngliche Heimstätte der Libido" an. Ich erwähne dies, um zu zeigen, wie das Freudsche Denken ständig im Flusse war, immer wieder Vorstöße ins Neuland unternahm, um dann auch wieder zu alten Vorstellungen zurückzukehren. Dadurch entstehen gelegentlich Unstimmigkeit in der Terminologie.

** E. Jones hob hervor, „daß sich die primitive Selbstliebe in Objektliebe oder in eine Form der Liebe verwandeln konnte, die noch mit dem Ich verbunden, nichtsdestoweniger aber sehr verschieden von einfacher Selbstliebe war. Sie wurde dann auf das gerichtet, was er [Freud] das Ichideal nannte: nicht das Selbst, wie es ist, sondern das Selbst wie die Person es gern haben möchte (Jones, Psyche XIX, 1965, 329).

Hier klingt also eine Auffassung an, die der Libido bestimmte Qualitäten bzw. qualitative Unterschiede zuerkennt und eine Wandlung der Libido-Qualität im Zuge der Entwicklung des Ich bzw. in Abhängigkeit von verschiedenen Verwendungsarten der Libido sieht.

Die Erkenntnis, daß auch die Ich-Triebe „libidinöse" seien, bzw. die Ich-Interessen aus dem Energiereservoir der sexuellen Libido gespeist würden, schien sich zunächst nicht zu vertragen mit einer dualistischen Trieblehre und die Libido-Auffassung Freuds in die Nähe der Jungschen Auffassung zu rücken. Dazu schrieb Freud: „Da auch die Ichtriebe libidinös waren, schien es eine Weile unvermeidlich, Libido mit Triebenergie überhaupt zusammenfallen zu lassen, wie C. G. Jung schon früher gewollt hatte. Doch blieb etwas zurück wie eine noch nicht zu begründende Gewißheit, daß die Triebe nicht alle von gleicher Art sein können. Den nächsten Schritt machte ich in ‚Jenseits des Lustprinzips' (1920), als mir der Wiederholungszwang und der konservative Charakter des Trieblebens zuerst auffiel" (FGW XIV, 477).

2.2 Die dritte Fassung der Triebtheorie

Sie ist niedergelegt in Freuds Schrift „Jenseits des Lustprinzips" (1920). Die Überlegungen dieser Schrift, die zugleich metaphysische und biologische Ableitung des Todestriebes, die Bedeutung des Wiederholungszwanges und sein Verhältnis zum Lustprinzip, sind nicht Allgemeingut der Psychoanalyse geworden. Insbesondere wird die Aufstellung eines primären Aggressionstriebes und der aus ihm sich ableitenden Selbstaggression nicht allgemein anerkannt. Doch stellen die in „Jenseits des Lustprinzips" niedergelegten Gedanken die endgültige Fassung der Freudschen Triebtheorie dar, die er selbst im Laufe der folgenden Jahre mit immer größerer Entschiedenheit vertreten hat. Wie die erste Fassung der Triebtheorie basiert sie wieder auf einer streng dualistischen Anschauung: „Unsere Auffassung", schreibt Freud (FGW XIII, 57), „war von Anfang an eine *dualistische* und sie ist es heute schärfer denn zuvor, seitdem wir die Gegensätze nicht mehr Ich- und Sexualtriebe, sondern Lebens- u. Todestriebe benennen." Als allgemeinstes Regulationsprinzip des Seelischen hatte bisher das Lustprinzip gegolten: am Anfang seiner oben zitierten Arbeit sagt Freud: „In der psychoanalytischen

Theorie nehmen wir unbedenklich an, daß der Ablauf der seelischen Vorgänge automatisch durch das Lustprinzip reguliert wird" (ebd., 3). Weiter unten schreibt er: „Wir haben uns entschlossen, Lust und Unlust mit der Quantität der im Seelenleben vorhandenen – und nicht irgendwie gebundenen – Erregung in Beziehung zu bringen, solcher Art, daß Unlust einer Steigerung, Lust einer Verringerung dieser Quantität entspricht (ebd., 4). (Siehe aber auch die spätere Korrektur dieser Auffassung in „Das ökonomische Problem des Masochismus" ebd., 372, zitiert in dieser Arbeit, Dritter Teil A 1.2). Die Tendenz des Lustprinzipes ist es also, einen Spannungsausgleich im Seelischen herbeizuführen, was – wie Freud annimmt – als Lust erlebt wird. Es leitet sich also vom Konstanzprinzip ab bzw. entspricht einer homöostatischen Regulierung.

Das Realitätsprinzip ist seinem Wesen nach eine Modifikation oder Fortbildung des Lustprinzipes: Es hält am ursprünglichen Ziel des Lustgewinnes (dessen einfachste und direkteste Form in der Trieb-Abfuhr besteht) fest, muß aber unter Vermittlung des Ichs und unter dem Druck der Realität Aufschübe und Umwege dulden und Einbußen am direkten und vollen Lustgewinn hinnehmen (s. auch Dritter Teil A 1.4).

Eine Reihe von Beobachtungen konnte Freud jedoch nicht mehr mit den Forderungen des Lustprinzipes in Einklang bringen: Es waren dies Beobachtungen an traumatischen Neurosen (wo die ursprüngliche traumatische Situation im Traumleben immer wieder auftauchte, ohne einer lösenden Bearbeitung sich zugänglich zu zeigen), am kindlichen Spiel, an den Übertragungsphänomenen innerhalb der Analyse und schließlich die Beobachtung des Schicksals einzelner Menschen, die wie unter einem dämonischen Zwang und ohne Einsicht in ihr Tun immer wieder gleichgeartete kränkende oder gefährliche Situationen und „Schicksalsschläge" herbeiführten oder in diese hineingezogen zu werden schienen. Vor allem zeigten aber die Übertragungsphänomene in der Analyse, daß der Neurotiker „alle diese unerwünschten Anlässe und schmerzlichen Affektlagen ... in der Übertragung wiederholt und mit großem Geschick neu belebt" (FGW XIII, 19). Dabei setzt sich „der Zwang, die Begebenheiten seiner infantilen Lebensperiode in der Übertragung zu wiederholen, in jeder Weise über das Lustprinzip hinaus" (ebd., 37). Diese Erfahrungen veranlaßten Freud zur Annahme eines Prinzips, welches dem Lustprinzip entgegenstand und sich mit elementarer Kraft diesem gegenüber durchsetzte. Er nannte dieses Prinzip „*Wiederholungszwang*" und dieser erschien ihm „ursprünglicher, elementarer, triebhafter als das von ihm zur Seite geschobene Lustprinzip" (ebd., 22).

Da Freud seine Psychologie auf der Basis des Triebhaften aufbaute und für ihn der Trieb die letztliche Quelle aller psychischen Dynamik darstellte, lag es nahe, daß ein so wesentliches Prinzip wie der Wiederholungszwang triebhaften Charakter haben müßte bzw. selbst Ausdruck eines fundamentalen Triebes sei. Man muß sich aber vergegenwärtigen, daß diese Folgerung sich nicht zwangsläufig aus dem beobachteten Material ergab, sondern das Ergebnis einer aller Interpretation vorgängigen Auffassung Freuds war. Deswegen erscheint auch der Schritt, in dem Freud versucht, dieses elementare Prinzip des Wiederholungszwanges mit dem Triebgeschehen in Verbindung zu bringen, etwas überraschend und unvermittelt. Ich zitiere die entsprechenden Ausführungen vollständig: „Auf welche Art hängt aber das Triebhafte mit dem Zwang zur Wiederholung zusammen? Hier muß sich uns die Idee aufdrängen, daß wir einen allgemeinen, bisher nicht klar erkannten – oder wenigstens nicht ausdrücklich betonten – Charakter der Triebe, vielleicht alles organischen Lebens überhaupt, auf die Spur gekommen sind. *Ein Trieb wäre also ein dem belebten Organischen innewohnender Drang zur Wiederherstellung eines früheren Zustandes*, welchen dies Belebte, unter dem Einflusse äußerer Störungskräfte aufgeben mußte, eine Art von organischer Elastizität, oder wenn man will, die Äußerung der Trägheit im organischen Leben" (ebd., 38). In der Absicht, den triebhaften Charakter des Wiederholungszwanges, welchen Freud aus dessen imperativem Durchsetzungsvermögen erschlossen hatte, zu begründen, macht er hier also den Wiederholungszwang zu einem grundsätzlichen Charakter des Triebes überhaupt. Der Trieb wird jetzt geradezu definiert durch eine Absicht (! teleologische Denkweise), nämlich die, einen früheren Zustand wieder herzustellen. Im Folgenden kommt Freud in einer Reihe spekulativer Gedankengänge, die sich z. T. an biologische Gegebenheiten anlehnen, und die nicht leicht nachzuvollziehen sind, zur Gegenüberstellung der Todes- und Lebenstriebe, welche das alte Gegensatzpaar Ich- und Sexualtriebe ablösen. Dabei scheinen sich die Lebenstriebe leicht aus den Sexualtrieben ableiten zu lassen und nur einer erweiterten Auffassung derselben zu entsprechen. Dagegen erscheint die Ablösung der Ich- durch die Todestriebe eher gewaltsam und verrät, daß sie nicht einer kontinuierlichen Weiterentwicklung der Theorie durch Verfei-

nerung und Vermehrung der Beobachtungen entspringt, sondern mehr
einer inneren Schau, welche die Phänomene des Lebens in einem ganzheitlichen Bilde erblickt, sich jedoch nicht lückenlos an die bereits bestehende Theorie angliedern läßt:
Mit der Entstehung des Lebens, welche sich Freud denkt unter dem
Einfluß einer gewaltigen Krafteinwirkung auf die unbelebte Materie,
entstehe auch der erste Trieb: eben der Todestrieb, dessen Ziel die Rückführung der belebten Organismen in die unbelebte, anorganische Materie ist: *„Das Ziel alles Lebens ist der Tod"*, und die Lebenserscheinungen geben das Bild eines Umweges zum Tode! (s. FGW XIII, 40/41).
Den Todestrieben stehen gegenüber die Sexual- und Lebenstriebe. Ihre
Natur ist genauso konservativ wie die der ersteren: „Sie sind in demselben Sinne konservativ wie die anderen, indem sie frühere Zustände der
lebenden Substanz wiederbringen . . . und dann noch in einem weiteren
Sinne, da sie das Leben selbst für längere Zeiten erhalten (ebd., 42/43).
Diese Gegenüberstellung ergänzt Freud von der biologischen Seite her,
indem er den Lebenstrieben die assimilatorischen, den Todestrieben die
dissimilatorischen Prozesse des organischen Lebens an die Seite stellt:
„nach der Theorie E. Herings von den Vorgangen in der lebenden Substanz laufen in ihr unausgesetzt zweierlei Prozesse entgegengesetzter
Richtung ab, die einen aufbauend-assimilatorisch, die anderen abbauend-
dissimilatorisch" (ebd., 53). Und an einer späteren Stelle meint er: „Die
Mängel unserer Beschreibung würden wahrscheinlich verschwinden,
wenn wir anstatt der psychologischen Termini schon die physiologischen
oder chemischen einsetzen könnten" (ebd., 65). Also auch hier wieder
die Hoffnung, die grundlegenden Schwierigkeiten der Psychologie durch
die Erforschung des materiell-physiologischen Substrates aufklären zu
können. Kehren wir jedoch zur Betrachtung der Todestriebe zurück:

2.21 Die Bedeutung des Todestriebes für die Theorie

Wie wir gesehen haben, war Freud zur Aufstellung der Todestriebe gekommen durch die Beobachtung des Wiederholungszwanges. Durch die
Annahme des Todestriebes war der triebhafte Charakter des Wiederholungszwanges erklärt. Die grundlegende Auffassung der Todestriebe be-
sagte, daß sie herrühren „von der Belebung der unbelebten Materie und
deren Unbelebtheit wieder herstellen wollen" (ebd., 46). Der Wiederholungszwang als psychologisch beobachtbarer Ausdruck des Todestriebes

setzt sich über das Lustprinzip hinweg, sofern man jenes in Beziehung bringt zum psychischen *Erleben*. In einem grundsätzlicheren Sinne jedoch schließt der Todestrieb das Lustprinzip ein und geht in derselben Richtung über dieses hinaus. Das Lustprinzip verfolgt den Ausgleich oder die Konstanterhaltung von innerseelischen Erregungsgrößen, der Todestrieb verfolgt jedoch die Abgleichung aller Spannung (im Sinne des Entropiegesetzes), er folgt dem Nirwana-Prinzip, welches eine Erniedrigung der Erregungsgröße anstrebt, beziehungsweise letzten Endes die Aufhebung aller Erregungsgrößen, das heißt den Ausgleich aller innerseelischen Potentialgefälle. In diesem Sinne konnte Freud auch sagen, daß das Lustprinzipp im Dienste des Todestriebes stehe (s. ebd., 69). Anders ausgedrückt: beobachtet man unter psychologischen Gesichtspunkten das Erleben, z. B. in den Übertragungserscheinungen, dann durchbricht der Wiederholungszwang, in welchem der Todestrieb wirkt, das Lustprinzip, in dem er immer wieder die ursprüngliche traumatische Situation erneuert, welche ja nicht lust- sondern leidvoll erlebt wird. Betrachtet man jedoch unter einem metapsychologischen oder besser einem metaphysischen Standpunkt den energetischen Ablauf, dann hat der Todestrieb die gleiche Richtung wie das Lustprinzip, welches Erregungsgrößen konstant erhalten will. Jedoch gehen die Todestriebe weiter, da sie danach streben, jegliches Energiegefälle abzugleichen, die Ruhe des Todes herbeizuführen. Freilich erinnern wir uns daran, daß diese hier metaphysisch gewonnene Anschauung durchaus auch psychologische Realität besitzt, denn verinnerlichtes und tiefes Erleben und religiöse Schau haben seit altersher als höchstes anzustrebendes Ziel die Ruhe in Gott oder das Aufgehen im Nirwana genannt.

Es schien mir wichtig, auf diese grundlegenden metapsychologischen Gedankengänge Freuds einzugehen, ich muß nun aber sofort eine Ergänzung anfügen, da Freud später das Lustprinzip gewissermaßen aus der Nachbarschaft der Todestriebe entfernt hat. In der Arbeit „Das ökonomische Problem des Masochismus" formuliert er: „Das *Nirwana*-Prinzip drückt die Tendenz des Todestriebes aus, das *Lust*prinzip vertritt den Anspruch der Libido und dessen Modifikation, das *Realitäts*prinzip, den Einfluß der Außenwelt" (FGW XIII, 373). Diese Formulierung schafft klare Abgrenzungen. Sie scheint mir jedoch der oben genannten Formulierung, nach welcher das Lustprinzip geradezu im Dienste der Todestriebe steht, nicht zu widersprechen, wenn man bedenkt, daß das Nirwana-Prinzip vom metaphysischen Standpunkt aus die konsequente Erweiterung des Lustprinzips ist.

2.22 Todestrieb und Aggression

Das waren alles sehr spekulative Überlegungen. Freud hat dies selbst hervorgehoben, leitet er ja diese Gedankengänge im 4. Kapitel von „Jenseits des Lustprinzipes" mit folgenden Worten ein: „Was nun folgt ist Spekulation, oft weitausholende Spekulation, die ein jeder nach seiner besonderen Einstellung würdigen oder vernachlässigen wird. Im weiteren ein Versuch zur konsequenten Ausbeutung einer Idee, aus Neugierde, wohin dies führen wird" (FGW XIII, 23). Diese Spekulation führte jedoch zu einem großartigen Gebäude einer dualistischen Triebtheorie und im praktischen zur Erklärung der Triebnatur des Wiederholungszwanges. Die Frage war nun, ob man gewissermaßen direktere Äußerungen des Todestriebes beobachten könne und hier erkannte Freud den Sadismus beziehungsweise die nach außen gerichtete Aggression als einen sichtbaren Abkömmling des Todestriebes. Dieser selbst wurde gleichgesetzt mit einem primären Aggressionstrieb, der eben als Todestrieb stumm im Organismus arbeitet und auf dessen Auflösung hinzielt. Er steht im Wechselspiel mit den Lebenstrieben, die ihn zum Teil im Organismus selbst neutralisieren, zum Teil ihn gewissermaßen nach außen abdrängen, wo er jetzt als Sadismus (sofern er noch mit einem Quantum Libido verknüpft ist) beziehungsweise als Aggression sichtbar wird. In „Das Unbehagen in der Kultur" schreibt Freud: „Ausgehend von Spekulationen über den Anfang des Lebens und von biologischen Parallelen zog ich den Schluß, es müsse außer dem Trieb, die lebende Substanz zu erhalten und zu immer größeren Einheiten zusammenzufassen, einen anderen, ihm gegensätzlichen geben, der diese Einheiten aufzulösen und in den uranfänglichen, anorganischen Zustand zurückzuführen strebe. Also außer dem Eros einen Todestrieb; aus dem Zusammen- und Gegeneinanderwirken dieser beiden ließen sich die Phänomene des Lebens erklären. Nun war es nicht leicht, die Tätigkeit dieses angenommenen Todestriebes aufzuzeigen. Die Äußerungen des Eros waren auffällig und geräuschvoll genug; man konnte annehmen, daß der Todestrieb stumm im Inneren des Lebewesens an dessen Auflösung arbeite, aber das war natürlich kein Nachweis. Weiter führte die Idee, daß sich ein Anteil des Triebes gegen die Außenwelt wende und

dann als Trieb zur Aggression und Destruktion zum Vorschein komme ... Umgekehrt würde die Einschränkung dieser Aggression nach
außen die ohnehin immer vor sich gehende Selbstzerstörung steigern
müssen. Gleichzeitig konnte man aus diesem Beispiel erraten, daß die
beiden Triebarten selten – vielleicht niemals – voneinander isoliert
auftreten, sondern sich in verschiedenen, sehr wechselnden Mengen-
verhältnissen miteinander legieren und dadurch unserem Urteil unkennt-
lich machen" (FGW XIV, 477/478).

Hier werden also die Schicksale der Aggressionstriebe beschrieben und
in einem metapsychologischen Modell erklärt. Freud sieht dabei drei
Möglichkeiten: Erstens: Ein gewisser Anteil destruktiver Energie wird
im Organismus durch Verschmelzung (Legierung) mit den Sexualtrieben gebunden bzw. neutralisiert. Zweitens: ein anderer Teil wird abge-
drängt und steht der Aggression nach außen zur Verfügung. Drittens:
Dieser Teil der aggressiven Regung kann wieder zurückgenommen werden und sich dann gegen das eigene Selbst wenden. Er steigert dann die
„ohnehin immer vor sich gehende Selbstzerstörung".

Schließlich beschreibt Freud die Bedeutung des Todestriebes für Sadismus und Masochismus: „Im längst als Partialtrieb der Sexualität bekannten Sadismus hätte man eine derartige besonders starke Legierung des
Liebesstrebens mit dem Destruktionstrieb vor sich, wie in seinem Widerpart, im Masochismus, eine Verbindung der nach innen gerichteten Destruktion mit der Sexualität, durch welche die sonst unwahrnehmbare
Strebung eben auffällig und fühlbar wird" (ebd., 478).

2.23 Die Bedeutung des Aggressionstriebes für die Strukturbildung (Überich-Bildung)

Bei der Besprechung der 2. Fassung der Triebtheorie sahen wir, wie die
vom Objekt zurückgenommene Libido als sekundär narzißtische Libido
dem Ich-Ideal zufließt. Ein ähnlicher Vorgang in Beziehung auf den
Aggressionstrieb zeigt sich bei der Konstituierung des Überichs. Das
Überich entsteht durch Identifizierung mit strengen, strafenden, norm-
setzenden Aspekten der Eltern (besonders des Vaters). Vor dieser
Identifizierung lag der Schwerpunkt auf einer libidinösen Objektbeziehung zum Vater. Der Identifizierungsvorgang stellt ein regressives Moment dar, dabei kommt es nach Freud zu einer Triebentmischung. Die in
der vorbestehenden libidinösen Objektbeziehung an die Libido ge-

bundene und neutralisierte Aggression wird frei und addiert sich zur Strenge des Überichs. In „Das Ich und das Es" schreibt Freud: „Es ist merkwürdig, daß der Mensch, je mehr er seine Aggression nach außen einschränkt, desto strenger, also aggressiver in seinem Ichideal wird . . . es ist wie eine Verschiebung, eine Wendung gegen das eigene Ich" (FGW XIII, 284), und weiter unten „Das Über-Ich ist ja durch Identifizierung mit dem Vatervorbild entstanden. Jede solche Identifizierung hat den Charakter einer Desexualisierung oder selbst Sublimierung. Es scheint nun, daß bei einer solchen Umsetzung auch eine Triebentmischung stattfindet. Die erotische Komponente hat nach der Sublimierung nicht mehr die Kraft, die ganze hinzugesetzte Destruktion zu binden, und diese wird als Aggressions- und Destruktionsneigung frei. Aus dieser Entmischung würde das Ideal überhaupt den harten, grausamen Zug des gebieterischen Sollens beziehen" (FGW XIII, 284/285)* In „Das Unbehagen in der Kultur" schreibt er: „Die Aggression wird introjiziert, verinnerlicht, eigentlich aber dorthin zurückgeschickt, woher sie gekommen ist, also gegen das eigene Ich gewendet. Dort wird sie von einem Anteil des Ichs übernommen, das sich als Über-Ich dem Übrigen entgegenstellt und nun als ‚Gewissen' gegen das Ich dieselbe strenge Aggressionsbereitschaft ausübt, die das Ich gerne an anderen fremden Individuen befriedigt hätte. Die Spannung zwischen dem gestrengen Über-Ich und dem ihm unterworfenen Ich heißen wir Schuldbewußtsein; sie äußert sich als Strafbedürfnis" (FGW XIV, 482/483).

Damit haben wir die Schicksale und die Bedeutung der Aggression ziemlich vollständig beschrieben. Ich möchte noch hervorheben, daß dieser Teil der Theorie steht und fällt mit der Annahme des Todestriebes, der sich psychologisch äußert als primärer Aggressionstrieb. Ohne die Annahme eines primären Aggressionstriebes verlieren alle anderen Folgerungen: die Triebverschmelzung, die Wendung der Aggression nach außen oder gegen die eigene Person, die Erklärung der Strenge des Überichs, des Schuldgefühles und die von Sadismus und Masochismus ihre Sicherheit. Deswegen betont Freud in „Das Unbehagen in der Kultur": „Für alles Weitere stelle ich mich also auf den Standpunkt, daß die

---

* In „Das Ich und das Es" unterscheidet Freud noch nicht zwischen Ich-Ideal und Überich.

Aggressionsneigung eine ursprüngliche, selbständige Triebanlage des Menschen ist" (FGW XIV, 481).

2.24 Die Weiterführung des Libidobegriffes zum Begriff des Eros

Wir haben in gerader Linie den Todestrieb und seine Abkömmlinge besprochen und solange seinen Widerpart – die sexuellen Triebe, die eigentlichen Lebenstriebe wie Freud sagt – (FGW XIII, 43), zurückgestellt.

Ich möchte hier noch einige Bemerkungen zum Libido-Begriff nachholen: Libido ist ein energetischer Begriff und bezeichnet jene seelische Energie oder jenes Quantum seelischer Energie, die ihren Ursprung in den Sexualtrieben hat: „Libido ist ein Ausdruck aus der Affektivitätslehre, wir heißen so die als quantitative Größe betrachtete – wenn auch derzeit nicht meßbar – Energie solcher Triebe, welche mit all dem zu tun haben, was man als Liebe zusammenfassen kann" (ebd., 98).

Sie ist also jene aus sexueller Quelle gespeiste Energie, deren Annahme notwendig wird, um die ganze Vielfalt der Verwandlungen der Erscheinungsformen der sexuellen Energie unter einem einheitlichen, quantitativ gedachten Begriff zusammenfassen zu können. Nach Laplanche/Pontalis (1972, 284) ist sie die „von Freud postulierte Energie als Substrat der Umwandlungen des Sexualtriebes im Hinblick auf das Objekt (Verschiebung der Besetzungen), im Hinblick auf das Ziel (z. B Sublimierung), im Hinblick auf die Quelle der sexuellen Erregung (Vielfalt der erogenen Zonen)".*

Diese sexuelle Libido wird zur allgemeinen Lebensenergie und zum Gegenspieler des Todestriebes. Während Freud also den Todestrieb spekulativ erschließt und von diesem hypothetischen und allgemeinen Begriff herabschreitet zur konkreten und psychologisch beobachtbaren Aggression und deren Verwandlungen, geht er beim Lebenstrieb den umge-

---

* S. auch Rapaport 1973, 81: „Der Kräftebegriff allein konnte die Beobachtung nicht erklären, daß bei Blockierung einer Triebhandlung ein Verhalten resultiert, das sich in Richtung und Form von dem unterscheidet, das von dem Trieb selbst zu erwarten war. Diese Beobachtung wurde zum Evidenzgrund für die Annahme der *seelischen Energien* und des sie betreffenden Erhaltungsprinzipes. Diese psychologischen Energien konnten, analog den physikalischen, durch ihre Verschiebungen u. Umformungen der „Arbeit" Rechnung tragen, die die seelischen Kräfte in unerwarteten Formen und an unerwarteten Punkten verrichten."

kehrten Weg. Von den Beobachtungen der Äußerungen und Schicksale des Sexualtriebes schreitet er fort zu dem allgemeineren energetischen und quantitativen Begriff der Libido und erweitert diesen schließlich zum Lebenstrieb, dessen Aufgabe es ist, die organischen Teilchen zu immer größeren Ganzheiten zusammenzubringen und zu organisieren, das heißt anzuordnen. Und endlich kommt er so zum Begriff des Eros, einer umfassenden, durchdringenden, erhaltenden Kraft der Liebe, die sich trifft mit dem platonischen Eros-Begriff: „Somit könnte man den Versuch machen, die in der Psychoanalyse gewonnene Libidotheorie auf das Verhältnis der Zellen zueinander zu übertragen und sich vorzustellen, daß es die in jeder Zelle tätigen Lebens- oder Sexualtriebe sind, welche die anderen Zellen zum Objekt nehmen, deren Todestriebe, das ist die von diesen angeregten Prozesse, teilweise neutralisieren und sie so am Leben erhalten, während andere Zellen dasselbe für sie besorgen und noch andere in der Ausübung dieser libidinösen Funktion sich selbst aufopfern . . . so würde also die Libido unserer Sexualtriebe mit dem Eros der Dichter und Philosophen zusammenfallen, der alles Lebende zusammenhält" (FGW XIII, 54). Und in „Massenpsychologie und Ich-Analyse" schreibt er: „Der ‚Eros‘ des Philosophen Plato zeigt in seiner Herkunft, Leistung und Beziehung zur Geschlechtsliebe eine vollkommene Deckung mit der Liebeskraft, der Libido der Psychoanalyse . . ." (FGW XIII, 99).

2.25 Bemerkungen zur dritten Fassung der Triebtheorie
Freud war zunächst eher zurückhaltend und offenbar zweifelnd in der Bewertung seiner Theorie. Er schreibt: „Ich verkenne nicht, daß der dritte Schritt in der Trieblehre, den ich hier unternehme, nicht dieselbe Sicherheit beanspruchen kann wie die beiden früheren, die Erweiterung des Begriffs der Sexualität und die Aufstellung des Narzißmus . . . Die Behauptung des *regressiven* Charakters der Triebe ruht allerdings auch auf beobachtetem Material, nämlich auf den Tatsachen des Wiederholungszwanges. Allein vielleicht habe ich deren Bedeutung überschätzt. Die Durchführung dieser Idee ist jedenfalls nicht anders möglich, als daß man mehrmals nacheinander Tatsächliches mit bloß Erdachtem kombiniert und sich dabei weit von der Beobachtung entfernt. Man weiß, daß das Endergebnis um so unverläßlicher wird, je öfter man dies während des Aufbaues einer Theorie tut, aber der Grad der Unsicher-

heit ist nicht angebbar . . . Der sogenannten Intuition traue ich bei solchen Arbeiten wenig zu; was ich von ihr gesehen habe, schien mir eher der Erfolg einer gewissen Unparteilichkeit des Intellekts. *Nur daß man leider selten unparteiisch ist, wo es sich um die letzten Dinge, die großen Probleme der Wissenschaft und des Lebens handelt"* (FGW XIII, 64. Hervorhebung vom Autor). Hier finden wir also eine Stelle, wo Freud von der Beeinflussung der Theoriebildung durch persönliche Voraussetzung spricht, einen Umstand, den C. G. Jung immer hervorgehoben hat. Im Laufe der Zeit gewannen jedoch die Darlegungen, welche Freud in „Jenseits des Lustprinzips" erstmals und mit aller Zurückhaltung niedergeschrieben hatte, immer größere Bedeutung für ihn, und Jahre später schrieb er in „Das Unbehagen in der Kultur": „Ich hatte . . . [diese] Auffassungen anfangs nur versuchsweise vertreten, aber im Laufe der Zeit haben sie eine solche Macht über mich gewonnen, daß ich nicht mehr anders denken kann (FGW XIV, 478/479). Trotzdem war es ihm klar, daß die letzte Fassung der Triebtheorie mehr Ergebnis einer großartigen, metaphysischen Spekulation als das induktiv gewonnene Ergebnis aus der Beobachtung war. 1932 (12 Jahre nach Abfassung von „Jenseits des Lustprinzips") schreibt er: „Die Trieblehre ist sozusagen unsere Mythologie. Die Triebe sind mythische Wesen, großartig in ihrer Unbestimmtheit . . ." (FGW XV. 101). In der 3. Fassung hatte die Trieblehre einen großartigen spekulativen Überbau bekommen, der zugleich aber zu ihrer theoretischen Basis wurde. Eine persönliche Voraussetzung für die in ihr gegebene Anschauung scheint die Überzeugung Freuds von der Polarität (!) des Lebendigen gewesen zu sein, die sich auch in der von W. Fließ übernommenen Auffassung der Bisexualität der Individuen spiegelte (s. auch Laplanche/Pontalis 1972, 106). Gillespie drückt das so aus: „ . . . Das Hauptargument für ihn [Freud] war die Überzeugung, daß im Seelenleben eine angeborene Bipolarität vorhanden sei, die sich seiner Meinung nach auch in den Trieben manifestieren müßte, so daß diese in zwei große, entgegengesetzte, miteinander in Konflikt stehende Gruppen zerfielen" (Gillespie, Psyche XXV, 1971, 455). Wie wir noch sehen werden, begegnen wir hier dem Gegensatzproblem C. G. Jungs, das aber bei Freud auf der Triebebene bzw. in Ausdrücken der Triebpsychologie, formuliert wird. Ich möchte hier vorwegnehmend bemerken, daß mit der Umwandlung der Sexualität zum Eros nicht nur eine Erweiterung des Begriffes stattgefunden hat, sondern daß er eindeutig seine Qualität verändert hat. Der Eros als einigende und bindende Kraft führt das Lebendige zu größeren, komplexeren und komplizierteren Systemen zusammen und entfaltet so eine organisierende und gestaltende Tätigkeit, die ihn entlarvt als ein ebensowohl gestalterisch-geistiges, wie als ein triebhaftes Prinzip.

Ein anderer Punkt der Theorie wurde schon oben im Anschluß an die Besprechung der 1. Fassung der Triebtheorie behandelt: der Umstand, daß Freud als alleinige Energiequelle im Seelischen die Triebe (zunächst die Sexual- jetzt auch die Todestriebe) annimmt. Auch hier erhoben sich Einwände innerhalb der Psychoanalyse. Freud selbst machte gewisse Einschränkungen. So bemerkte er in „Jenseits des Lustprinzipes": „*Fast alle Energie,* die den Apparat erfüllt, stammt aus den mitgebrachten Triebregungen (FGW XIII, 6; Hervorhebung vom Verf.). Gillespie meint dazu: „Hätte Freud nicht einen solchen Zweifrontenkrieg [gegen die Libidotheorie Jungs und die Theorie Adlers] zu führen gehabt, so wäre es ihm vielleicht möglich gewesen, die Unterscheidung zwischen Ichtrieben und libidinösen Trieben mit der Maßgabe aufrecht zu erhalten, daß nur *ein Teil* der Ich-Aktivität ihre Energie aus libidinösen Quellen beziehe [Gillespie bezieht sich hier auf die 2. Fassung der Theorie]. So blieb es Hartmann überlassen, von 1937 an das Ich wieder mit einer eigenen Energie auszustatten" (Gillespie, Psyche XXV, 1971, 454). Ehe ich zu einer kurzen Besprechung der Weiterführung der Triebtheorie durch Heinz Hartmann komme, möchte ich abschließend zur Freudschen Libidotheorie E. H. Erikson zitieren: „Nur derjenige, der sich speziell mit den extremen Verworrenheiten psychischer Störungen ... beschäftigt, kann voll ermessen, welch klares und vereinfachendes Licht die Libidotheorie in diese dunklen Abgründe brachte, die Theorie einer beweglichen sexuellen Energie, die zu den ‚höchsten‘, wie zu den ‚niedersten‘ Formen menschlicher Strebungen beiträgt – und oft zu beiden Formen zu gleicher Zeit" (Erikson, 1961, 47).*

* Aber etwas weiter unten schreibt Erikson auch: „Ihm [Freud] war es klar und uns ... wird es immer klarer, daß wir nach dem richtigen Platz der Libidotheorie innerhalb der Gesamtheit der menschlichen Existenz suchen müssen. Während wir immer mehr individuelle Lebensabläufe erforschen sollten, indem wir die möglichen Wechselfälle ihrer Libido verfolgen, müssen wir die Gefahr vermeiden lernen, lebende Menschen in die Rolle von Marionetten eines sagenhaften Eros zu pressen – weder der Therapie noch der Theorie zum Gewinn" (Erikson 1961, 49).

3. Die Weiterbildung der Triebtheorie und der Theorie der seelischen Energie durch Heinz Hartmann

3.1 Primäre und sekundäre Ich-Autonomie

In der Psychoanalyse waren die Ich-Strukturen vorwiegend als Ergebnisse erstens der Auseinandersetzung zwischen Trieben und Realität, also als Abwehrformationen und zweitens als Produkte von Identifizierungsvorgängen aufgefaßt worden (siehe auch Rapaport 1973, 60/61). Auch Identifizierungen können im Dienste der Abwehr stehen. Sie zeichnen sich jedoch dadurch aus, daß sie zu Strukturbildungen im Subjekt führen nach Maßgabe einer vorgegebenen Struktur des Außenobjektes.

In beiden Fällen handelt es sich um Bildungen, die im Erleben an der Realität *erworben werden*. Demgegenüber sieht Hartmann, daß das Ich einen anlagemäßigen (hereditären) Kern besitzt, welcher sich aus sich selbst heraus in einem eigengesetzlichen *Reifungsprozeß* entwickelt. Er knüpft dabei an Freud an: "Es besteht kein Grund, die Existenz und Bedeutung ursprünglicher, mitgeborener Ichverschiedenheiten zu bestreiten. Schon die eine Tatsache ist entscheidend, daß jede Person ihre Auswahl unter den möglichen Abwehrmechanismen trifft, immer nur einige und dann stets dieselben verwendet. Das deutet darauf hin, daß das einzelne Ich von vornherein mit individuellen Dispositionen und Tendenzen ausgestattet ist" (FGW XVI, 85/86). Hier erwähnt Freud in bezug auf das Ich die Möglichkeit konstitutionell festgelegter Faktoren, die er bezüglich der Triebanlage immer hervorgehoben hatte. In Anlehnung daran folgert Hartmann weiter: „Solche angeborenen Charakteristika des Ichs und ihre Reifung würden dann eine dritte Kraft sein, die auf die Ich-Entwicklung einwirkt, neben dem Druck der Realität und der Triebe. Die Elemente des Ichs, die ihren Ursprung in einem hereditären Kern haben . . . können wir als autonome Faktoren in der Ich-Entwicklung bezeichnen (primäre Ich-Autonomie)" (Hartmann 1972 b, 170). Und an anderer Stelle: „Wir sind gewöhnt, die seelische Entwicklung des Individuums und auch die seines spezifischen Anpassungsorgans, des Ichs . . ., aus Triebregungen und Umgebungseinflüssen abzuleiten. Aber wir sollten nicht vergessen, daß das Individuum als angeboren, also als im Sinne der ontogenetischen Betrachtung ‚vorgegeben‘, nicht nur eine Triebkonstitution mitbringt. Bei der Geburt verfügt das menschliche Individuum auch über Apparate, die der Bewältigung der Außenwelt dienen und die im Verlauf der Entwicklung eine Reifung erfahren" (Hartmann, 1970, 45).*

Strukturen primärer Autonomie sind also solche, die gemäß einer dem Individuum eingeborenen Anlage in einem Reifungsprozeß sich entwickeln. Dabei sind „die Ich-Apparate von primärer Autonomie Instrumente und Garanten dafür, daß beim Menschen für den Durchschnittsfall, für eine durchschnittlich zu erwartende Aufgabenbreite, zweckmäßig vorgesorgt ist" (zit. nach Rapaport 1973, 65). Ich-Apparate von sekundärer Autonomie sind dagegen erworbene Strukturen – etwa durch Identifizierungen erworben –, die aber dem Ich für seine Aufgaben zur Verfügung stehen. Dazu Hartmann: „Jede reaktive Charakterbildung, deren Ursprung in der Triebabwehr liegt, wird allmählich einen großen Teil anderer Funktionen im Rahmen des Ichs übernehmen. Da wir wissen, daß das Ergebnis dieser Entwicklung ziemlich stabil und unter normalen Bedingungen meist nicht umkehrbar ist, können wir derartige Funktionen als autonom bezeichnen, aber als sekundär autonom (zum Unterschied von der früher erwähnten primären Ich-Autonomie)" (Hartmann 1972 b, 128).

3.2 Neutralisierte Energie und primäre Ich-Energie

Das Ich verwendet für seine auf die Realität ausgerichteten Funktionen (Wahrnehmung, Urteilsbildung, motorische Aktionen) eine andere Art von Energie als sie von den Trieben unmittelbar zur Verfügung gestellt wird. Freud spricht von desexualisierter oder sublimierter Energie. Hartmann erweitert diese Vorstellung: Erstens macht er den Vorschlag,

---

* In seinem Aufsatz „Die Bedeutung der Ich-Psychologie für die Technik der Psychoanalyse" (Hartmann 1972 b, 168 Fußnote) stützt sich Hartmann auf Argumente aus der Biologie. Er schreibt hier: „Es wird in der Biologie ziemlich allgemein akzeptiert, daß sich das, was wir Reifung nennen, ohne die Führung der Funktion als solche entwickelt und daß Reifungsvorgänge oft nur in bezug auf ihre zukünftige Funktion die Bedeutung einer Anpassung haben (Weiss, 1949)."

anzunehmen, daß auch die Energie des Todestriebes, also aggressive Energie neutralisiert und dem Ich zur Verfügung gestellt werden könne, und zweitens stellt er zur Diskussion, ob nicht das Ich von Anfang an über nicht-triebhafte Energie zur Wahrnehmung seiner Funktionen verfüge: „Freud glaubt, daß ‚beinahe alle Energie‘, die im psychischen Apparat wirksam ist, von den Trieben herrührt, was aber auch bedeutet, daß ein Teil einen anderen Ursprung haben könnte ... Es könnte sein, daß ein Teil der Energie von dem, was ich früher als autonomes Ich bezeichnet habe, stammt" (Hartmann 1972b, 134). Hartmann nennt diese (hypothetische) Ich-Energie „primäre Ich-Energie" (ebd., 235 Fußnote). Danach hätte man also an Energie-Modalitäten, die dem Ich zur Verfügung stehen, zu unterscheiden zwei Formen von neutralisierter Energie, nämlich desexualisierte und entaggressivierte Energie und eine Form primär nicht triebhafter Energie: die primäre Ich-Energie. Allen Formen ist gemeinsam, daß sie den drängenden, auf unmittelbare Befriedigung gerichteten Triebcharakter verloren haben und den realitätszugewandten, einsichtigen Funktionen des Ichs dienen (ebd., 222: „Wir bezeichnen den Wechsel libidinöser wie aggressiver Energie vom triebhaften zu einem nicht triebhaften Modus als Neutralisierung".)

Ein Wort noch zur Neutralisierung der Aggressionstriebe. Ihr kommt insofern Bedeutung zu als die neutralisierten Aggressionstriebe zur Gegenbesetzung des Ichs gegen die Triebe dienen. Sie würden damit noch einen Rest ihres ursprünglichen Charakters beibehalten: „... Wir könnten die Vermutung entwickeln, daß die Gegenbesetzung des Ichs gegen die Triebe wahrscheinlich zum großen Teil von einer der Formen neutralisierter Aggression genährt wird, die nichtsdestoweniger noch einige Charakteristika der ursprünglichen Triebe enthält (Kampf)" (ebd., 175). Noch wesentlicher scheint jedoch, daß die Möglichkeit, aggressive Energie zu neutralisieren, auch bedeutet, „daß Selbstzerstörung nicht die einzige Alternative zu der nach außen gewendeten Aggression ist" (ebd., 222). An anderer Stelle: „Wenn wir allerdings die Hypothese einer neutralisierten Form der aggressiven Energie akzeptieren, die im Ich wirksam ist (die keine Selbstzerstörung darstellt), dann können wir den weitreichenden Gedanken Freuds in Frage stellen, der im strengsten Sinne bedeutet, daß die Selbstdestruktion die einzige Alternative zur Destruktion sei" (ebd., 95). Das bedeutet, daß auch die im Sublimierungsvorgang der Identifikation freiwerdende (durch Triebentmischung) aggressive

Energie nicht unbedingt der Strenge des Überichs zuwächst und zur Selbstzerstörung tendieren muß, sondern ich-gerechten Funktionen zugeleitet werden könnte.

3.3 Der Instinktbegriff bei Hartmann

Ich gehe hier auf die Hartmannschen Formulierungen zum Instinkt ein, weil wir später bei C. G. Jung wieder auf den Instinktbegriff stoßen, und weil Hartmann einige sehr wesentliche Gesichtspunkte zu diesem Gebiet beigetragen hat.

Man kann den Instinktbegriff ganz allgemein so formulieren, daß er ein triebgespeistes, zwanghaft ablaufendes Verhalten bezeichnet, welches eine Zielgerichtetheit auf eine bestimmte Umweltsituation hin besitzt. Ein Verhalten, das starr nach einem inneren Muster abläuft, wobei dieses innere Muster eine Entsprechung zur Außensituation darstellt. Dementsprechend wird Instinktverhalten durch von außen kommende Auslösereize in Gang gesetzt. Wenngleich insbesondere bei höheren Tieren gewisse Lernreaktionen sich in das Instinktverhalten einschieben können, bleibt doch als wesentliches Charakteristikum instinktiven Verhaltens eine gewisse Starrheit seines Ablaufes, welche der Bindung an ein inneres, vorgegebenes Muster entspricht.

Dieser im wesentlichen biologische Instinktbegriff läßt sich nicht ohne weiteres auf den Menschen anwenden. Myers schreibt dazu: „Was sich beim Menschen mit ‚Instinkten‘ vergleichen läßt, besteht . . . weit weniger wesentlich aus zweckmäßigen, angeborenen, mechanisierten Reflexen, weit weniger wesentlich in irgendeinem stereotypisierten Mittel, gewisse Ziele zu erreichen, als im Gewahrwerden . . . dieser Ziele, in dem Interesse für und in den Wünschen nach ihnen, in den angeborenen determinierten Neigungen, die wachgerufen werden . . . und in der Anwendung von Intelligenz, die zu ihrer Erfüllung aufgewendet wird . . . Beim Menschen hat die Intelligenz tatsächlich die Funktionen des spezifischen angeborenen Verhaltens übernommen" (Myers zit. nach Hartmann 1972 b, 85/86). Die Intelligenz ist jedoch eine Ich-Funktion und es ist klar, daß die Wahrnehmungs- und Urteilsfunktion des Ichs, aber auch seine Fähigkeit zu lernen, zum Mittel werden, um unter der Herrschaft des Realitätsprinzips Triebziele oder Ziele überhaupt zu erreichen. Sie treten an Stelle vorgegebener Verhaltensmuster. Hartmann kommt deswegen zur Anschauung, daß sich Es und Ich, aus einer gemeinsamen, instinkthaften Matrix entwickelten (ebd., 125), in welcher der Trieb noch zusammenfiel mit einer vorgegebenen Gestaltung seiner Realisierungsmöglichkeit. Beim Menschen wird das Instinktverhalten weitgehend repräsentiert durch seinen Triebanteil (weswegen die Begriffe Instinkt und Trieb von vielen synonym verwendet werden), während der geistig-gestaltende Anteil jeweils im Anblick der gegebenen und wechselnden Situationen vom Ich neu geschaffen wird. Hartmann schreibt: „Offenbar sind viele Funktionen, die bei den . . . [niedrigeren Tieren] von Instinkten gelenkt werden, beim Menschen Funktionen des Ichs. Die charakteristische Plastizität des adaptiven Verhaltens des Menschen im Gegensatz zu der relativen Starrheit des tierischen Verhaltens und seine größere Lernfähigkeit sind hervorragende Beispiele für die resultierenden Unterschiede. Die Befreiung vieler Fähigkeiten aus der engen Verbindung mit nur einer engumschriebenen instinktiven Tendenz könnten wir analytisch als das Auftreten des Ichs als definierbares seelisches System beschreiben" (ebd., 89). Während das Tier durch seine Instinkt-Muster in eine jeweilige Umwelt eingepaßt ist, wird das Ich des Menschen zu „einem spezifischen Organ der Anpassung und der Organisation" (ebd., 89).

Man kann – in Annäherung an die Jungsche Auffassung – sagen, daß beim Menschen Trieb und Geist auseinandertreten, welche im tierischen Instinkt noch in einer natürlichen Einheit verschmolzen waren. In der psychoanalytischen Theorie wären dann die Repräsentanten dieses Gegensatzpaares das Es und das Ich (Überich).

3.4 Schlußbemerkung

Die Bedeutung Hartmanns liegt in der Fortführung der Freudschen Ich-Psychologie. Für uns besonders in seinem Ansatz, sich von einer ausschließlich auf den Trieben aufbauenden Psychologie zu lösen. Diesen Versuch stellt nämlich die Aufstellung autonomer Faktoren der Ich-Entwicklung ebenso wie die Ausstattung des Ichs mit einer primären, nicht-triebgespeisten Energie dar. Verhalten wird jetzt nicht ausschließlich als triebbestimmt aufgefaßt, wie es der dynamische Gesichtspunkt der psychoanalytischen Theorie will (s. Rapaport 1973, 51), sondern Verhalten wird jetzt gleichwertig mitdeterminiert: erstens durch gestaltende Faktoren, die in der Erbanlage dem Individuum mitgegeben worden sind und zweitens durch Funktionen des Ichs, welche zu einer Einpassung des Menschen in seine Umwelt führen und ebenso diese Umwelt nach einem vorgebildeten Plan (der eine geistige Leistung des Ichs darstellt) umformen. Insofern Hartmann annimmt, daß den Ich-Funktionen auch primär nicht-triebgebundene Energie zur Verfügung steht, kann man auch annehmen, daß die Ziele des Ichs nicht unbedingt durch Triebansprüche „letzten Endes" motiviert werden, sondern, daß sie evtl. auch einem (geistigen) Entfaltungsprinzip dienen könnten.

Natürlich gehen die letzten Folgerungen über die formulierten Ansichten Hartmanns hinaus. Doch glaube ich, daß sie prinzipiell zulässig sind, bzw., daß Hartmann in der Theorie den Raum geschaffen hat, der es erlaubt, eine derartige Anschauungsweise einzubeziehen. Hartmann selbst legt jedoch großen Wert auf eine mögliche biologisch-physiologische Grundlegung der Theorie. In „Die Grundlagen der Psychoanalyse" sagt er: „Mit der Betonung der Triebgrundlage des Seelischen ist gleichzeitig die biologische Richtung der Psychoanalyse gekennzeichnet", und weiter unten: „Wir stehen nicht an, in dieser Stützung auf die Biologie einen bedeutenden methodischen Vorzug der psychoanalytischen Psychologie zu sehen" (Hartmann 1972 a, 158 und 159). Auch Hartmann scheint, wie Freud, auf eine Aufklärung der grundlegenden psychologischen Begriffe durch die Physiologie zu hoffen. Damit bleibt er doch im Rahmen einer Triebpsychologie befangen. Es ist jedoch unwahrscheinlich, daß eine Triebpsychologie zur Erklärung der Phänomene der menschlichen Seele ausreicht. Man muß sich auch daran erinnern, daß wir zwischen Körperlichem und Seelischem keine unmittelbare Brücke kennen, das Leib-Seele-Problem nach wie vor ungelöst ist. Zunächst kann man nur sagen, daß das unzweifelhaft vorhandene und erforderliche materielle, biologische Substrat der psychischen Erscheinungen gewissermaßen „die andere Seite" darstellt und keine letztgültige Erklärungsgrundlage abgeben kann. Wenn wir annehmen oder erkennen, daß einem psychischen Vorgang ein bestimmt definierter organisch-physiologischer Prozeß zugrunde liegt (z. B. eine Hormonwirkung auf bestimmte Rezeptoren), dann erhebt sich sofort die nächste Frage: Was ist es, das die Materie so und so anordnet, daß diese bestimmten physiologischen Vorgänge resultieren und wiederum jenes bestimmte seelische Geschehen im Erleben des Individuums sich abbildet. Damit kommt man sofort wieder auf Fragen der der Materie zugrunde liegenden Anordnung, Gestalt und Gesetzmäßigkeit, also letzten Endes wieder auf die Frage nach einem gestaltenden das materielle Substrat transcendierenden Prinzip.

B Die Libidotheorie von C. G. Jung

1. Einleitung

Lassen Sie mich einige allgemeine Vorbemerkungen mit einem bereits bekannten Freud-Zitat einleiten. In „Jenseits des Lustprinzips" heißt es: „Unsere Auffassung war von Anfang an eine *dualistische* und sie ist es heute schärfer denn zuvor, seitdem wir die Gegensätze nicht mehr Ich- und Sexualtriebe, sondern Lebens- und Todestriebe benennen. Jungs Libidotheorie ist dagegen eine monistische" (FGW XIII, 57).*

Die dualistische Auffassung der Triebe kommt bei Freud einer dualistischen Weltauffassung gleich, da die beiden sich polar gegenüberstehenden Triebe für ihn Grundmächte darstellen, die sich miteinander in die Weltherrschaft teilen.** Vielleicht kann man sagen, daß die Grundlage seines Weltverständnisses wie seiner Psychologie der Mythos der Triebe ist („Die Trieblehre ist sozusagen unsere Mythologie. Die Triebe sind mythische Wesen, großartig in ihrer Unbestimmtheit"; FGW XV, 101). Wir werden sehen, daß diese polare Weltauffassung Freuds sich bei Jung in anderer Gestalt, aber nicht weniger deutlich, wiederfindet. Aber da

---

* S. auch Hartmann 1972 a, 166: „Gegenüber der Annahme einer Vielheit von Trieben (Nahrungstrieb, Spieltrieb, Herdentrieb usw.) hat Freud die Möglichkeit ihrer Zerlegung, ihrer Zurückführung auf jene Zweiheit geltend gemacht, welche wir eben näher bestimmt haben. Aber den Versuch ihrer weiteren, monistischen Reduzierung, welche schließlich nur mehr ein, ganz unbestimmt gehaltenes, ‚Streben' oder ‚Interesse' gelten lassen wollte (Jung), hat er wesentlich unter Berufung auf biologische Gesichtspunkt abgelehnt, welche ihm das Festhalten am Triebdualismus als notwendig erscheinen ließen. Die biologische Gegensätzlichkeit, auf welche sich die Freudsche Trieblehre stützt, fällt mit der Sonderung von Soma und Keimplasma zusammen."

** „Dieser Aggressionstrieb ist der Abkömmling und Hauptvertreter des Todestriebes, den wir neben dem Eros gefunden haben, der sich mit ihm in die Weltherrschaft teilt ... [Die] Kulturentwicklung ... muß uns den Kampf zwischen Eros und Tod, Lebenstrieb und Destruktionsbetrieb zeigen, wie er sich an der Menschenart vollzieht. Dieser Kampf ist der wesentliche Inhalt des Lebens überhaupt ..." (FGW XIV, 481).

sein Blick nicht wie der Freuds ausgerichtet ist auf die Mechanismen und die Dynamis, die bewegende Kraft des Psychischen, sondern vielmehr primär auf die Anordnung und Gestalt der psychischen Inhalte, bildet er sich die ebenfalls dualistische Anschauung einer polaren, gegensätzlichen Anordnung der Struktur des *Seienden überhaupt*: die Welt wird ihm – wie er sagt – zum „Gegensatzgemälde" und die psychische Energie – die Libido – geht aus dem Potentialgefälle der Gegensätze hervor, ohne daß ihr als solcher zunächst eine bestimmte Quelle oder Qualität zukäme (s. z. B. JGW IV, 389). Wenn wir diese grundsätzliche Position Jungs von Anfang an im Auge behalten, wird es uns leichter fallen, seine Gedanken zu verstehen.

Ich möchte jetzt versuchen, in Jungs eigenen Gedankengängen und Begriffen seine Libidotheorie darzustellen, die, wie wir sehen werden, in theoretischer Hinsicht, fast die gleiche zentrale Stellung in seiner Psychologie einnimmt, wie die Trieblehre in der Freudschen Psychoanalyse. Abgesehen von den oben skizzierten grundsätzlichen Auffassungen unterscheidet sich Jung von Freud durch seinen vorwiegenden Denk-Modus.

2. Die kausale und die finale Denkweise

Freuds Denken ist mechanistisch-kausal ausgerichtet, entsprechend dem physikalischen Weltbild seiner Zeit. Seine Triebpsychologie schreitet die Kette der Kausalbeziehungen gleichsam nach rückwärts ab, bis sie an die Grenze zur hypothetischen materiellen Ursache kommt. (Siehe aber einen ergänzenden Hinweis im fünften Teil B 1, S. 253/254). Demgegenüber glaubt Jung, daß die Psychologie auch des anderen, des final-teleologischen Erklärungsprinzipes bedarf, und er neigt dazu, diesem den Vorzug zu geben. Jedoch bleibt er sich immer bewußt, daß beide Erklärungsprinzipien ihre Berechtigung haben und die Wahl des einen oder des anderen vom Standpunkt des Beobachters abhängt: „Das Vorwiegen der einen oder anderen Betrachtungsweise hängt weniger von dem objektiven Verhalten der Dinge, als vielmehr von der psychologischen Einstellung des Forschers ab" (JGW VIII, 5), *und*: „Der Unterschied zwischen teleologischer und causaler Betrachtung ist kein sachlicher, der die Inhalte der Erfahrung in zwei disparate Gebiete scheidet, sondern beide Betrachtungsweisen sind lediglich formal verschieden, derart, daß zu jeder Zweckbeziehung eine Causalverknüpfung als ihre Ergänzung gehört, umgekehrt aber auch jeder causalen Verbindung nöthigenfalls eine teleologische Form gegeben werden kann" (ebd., 6, Fußnote, cit. Wundt).

Die kausal-mechanistische Denkweise Freuds hängt zusammen mit seiner Blickrichtung auf Mechanismen und die dahinterstehenden Kräfte, die er sich als causae efficientes denkt. Umgekehrt könnte man vielleicht noch besser sagen, daß seine kausal-mechanistische Denkweise seine Blickrichtung bestimmt. Jung macht ihm nicht diese Einstellung als solche zum Vorwurf, sondern stößt sich an der Ausschließlichkeit mit der Freud ihr anhängt: „Der Mangel der FREUDschen Anschauung besteht in der Einseitigkeit, zu der die mechanistisch-kausale Betrachtungsweise immer neigt, nämlich in der simplifizierenden reductio ad causam, welche, je wahrer, je einfacher und je umfassender sie ist, um so weniger der Bedeutung des analysierten und reduzierten Gebildes gerecht wird" (JGW VIII, 21). Er sieht auch, daß diese Einstellung zwangsläufig zur Leugnung eines selbständigen geistigen Prinzipes führt: „Die FREUDsche Theorie besteht in einer kausalen Erklärung der Triebpsychologie. Von diesem Standpunkt aus muß das geistige Prinzip nur als Anhängsel, als ein Nebenprodukt der Triebe erscheinen . . . als ein dem Triebe äquivalent entsprechendes Gegenstück wird das Geistige nicht anerkannt" (JGW VIII, 60/61). Für Jung ist jedoch ein eigenständiges geistiges Prinzip von primärer Bedeutung und Wichtigkeit. Er sucht in den psychischen Erscheinungen gestalthafte Ordnung und Sinn und beides sind Attribute des Geistigen. Diese grundsätzliche Vorstellung aber führt ihn ihrerseits wieder zur Bevorzugung der final-teleologischen Betrachtungsweise, die ja ebenso einen vorgegebenenSinn des Geschehens voraussetzt, wie sie andererseits zu ihm hinführt.

3. Der Libidobegriff, seine Definition und Entwicklung bei Jung

In seiner Arbeit „Über die Energetik der Seele" stellt Jung ausführlich seinen eigenen, von ihm so genannten *energetischen Standpunkt* der mechanistischen Auffassung Freuds gegenüber: „Es ist eine allgemein bekannte Tatsache, daß man physische Geschehnisse von zwei Standpunkten aus betrachten kann, nämlich vom *mechanistischen* und vom *energetischen* Standpunkt. Die mechanistische Anschauung ist rein kausal ... Die energetische Anschauung dagegen ist im wesentlichen final ... [orientiert]" (JGW VIII, 3). Er teilt hier also der mechanistischen Auffassung das kausale und der energetischen Auffassung das finale Erklärungsprinzip zu. Bei der kausal-mechanistischen Auffassung des psychischen Geschehens wird die Veränderung bewirkt durch eine besondere Dynamis, die Freud in der Triebkraft der Sexualität findet. Entsprechend leitet sich sein Libido-Energie-Begriff ab vom Sexualtrieb und stellt die energetisch-quantitative Seite desselben dar. Die energetische Auffassung Jungs dagegen betrachtet den Energiebegriff vollkommen losgelöst von einem irgendwie gearteten Substrat. Libido = seelische Energie ist ein Begriff, der die Beziehungen der (psychischen) Erscheinungen untereinander und das zwischen ihnen bestehende Potentialgefälle beschreibt. Obgleich Jung von Anfang an seinen Libido-Begriff abgelöst von einer bestimmten Erscheinungsform auffaßt, macht der Begriff doch eine gewisse Entwicklung durch, allerdings weniger derart, daß spätere Formulierungen die früheren ersetzen, als vielmehr so, daß immer neue Aspekte des Begriffes herausgearbeitet werden, wobei sich dann allerdings eine gewisse Akzentverschiebung ergibt. In „Darstellung der psychoanalytischen Theorie" (1913), in der er sich gerade durch die Formulierungen zur Libidotheorie entschieden von Freud absetzt, schreibt er: „Libido soll der Name sein für die Energie, die sich im Lebensprozeß manifestiert und die subjektiv als Streben und Begehren wahrgenommen wird ... In der Mannigfaltigkeit der natürlichen Erscheinung sehen wir das Wollen, die Libido in verschiedenster Anwendung und Formung. Wir sehen die Libido im Stadium der Kindheit zunächst ganz in der Form des Ernährungstriebes, der den Aufbau des Körpers versorgt. Mit der Entwicklung des Körpers eröffnen sich sukzessive neue Anwendungsgebiete der Libido. Ein definitives und bedeutungsvolles Anwendungsgebiet ist die Sexualität ... (JGW IV, 150).*

---

* S. auch in derselben Arbeit: „Infolgedessen sind wir genötigt, auch die sogenannte *polymorph-perverse* Sexualität der frühen Infantilzeit anders zu

Hier wird zwar die Libido nicht mehr als Ausdruck eines bestimmten Triebes aufgefaßt, jedoch erscheint sie immer noch mit Triebhaftem in irgendeiner Form verlötet. Die Konzeption des Libido-Begriffes in „Symbole der Wandlung" (1912) zeigt bereits eine größere Verselbständigung des Begriffes, dem allerdings noch eine aus ihm selbst kommende oder in ihm selbst liegende Zielgerichtetheit und Tendenz innewohnt, die ihn wie von selbst in die Nähe der Schopenhauerschen Auffassung des Willens rückt: „Diese Betrachtung führt uns auf einen Libidobegriff, der sich zu einem Begriff des *Intendierens* überhaupt erweitert ... Es ist daher vorsichtiger, daß, wenn wir von Libido sprechen, wir darunter einen Energiewert verstehen, welcher sich irgendeinem Gebiete, der Macht, dem Hunger, dem Haß, der Sexualität, der Religion usw. mitteilen kann, ohne daß er je ein spezifischer Trieb wäre, wie SCHOPENHAUER treffend sagt: „Der Wille als Ding an sich ist von seiner Erscheinung gänzlich verschieden und völlig frei von allen Formen derselben, in welche er eben erst eingeht, indem er erscheint, die daher nur seine Objektivität betreffen, ihm selbst fremd sind" (JGW V, 175).

Erst später gelingt es Jung, seinen Libido-Begriff – gemäß seinem energetischen Standpunkt – als ein völlig abstraktes Prinzip zu formulieren, welchem als solchem kein dynamisch-triebhaftes Substrat und keine in ihm selbst wohnende Gerichtetheit oder Tendenz mehr zukommt. Die Libido wird reine Beziehungsfunktion, reiner, quantitativ aufgefaßter Energiebegriff: „Die Triebe sind ... Spezifikationen. Die Energie steht darüber als Beziehungsbegriff und will schlechterdings nichts anderes ausdrücken als die Relationen psychologischer Werte ... Die Energie ist, wie ihr Korrelat, der Zeitbegriff, eine unmittelbar, a priori gegebene Anschauungsform ..." (JGW VIII, 30). Dies ist die entschiedenste und abstrakteste Formulierung, die den Libidobegriff in die Reihe der transcendentalen, dem menschlichen Erkenntnisvermögen vorgegebenen Denkformen neben die Anschauungsformen von Raum und Zeit stellt. Wie wir aber die Begriffe von Raum und Zeit nicht an sich erfassen, da sie eben Formen unseres Denkens selbst sind, sondern erschließen aus der räumlichen und zeitlichen Anordnung der konkreten Dinge, können

qualifizieren. Der Polymorphismus der libidinösen Strebung jener Zeit erklärt sich als das allmähliche stationsweise Überwandern der Libido aus dem Gebiet der Ernährungsfunktion in das der Sexualfunktion" (JGW IV, 153).

wir den Energiebegriff ebenfalls nur aus der konkreten Erfahrung der Dinge erschließen. Deswegen fährt Jung an der oben zitierten Stelle fort: „andererseits aber [ist die Energie] ein *konkreter, angewandter* oder *empirischer Begriff,* der aus Erfahrung abstrahiert ist, wie alle wissenschaftlichen Erklärungsbegriffe . . . Gleicherweise ist der psychologische Energiebegriff kein reiner, sondern auch ein konkreter und angewandter Begriff, der unserer Anschauung als sexuelle, vitale, geistige, moralische usw. ‚Energie' entgegentritt." Das heißt, wir können dessen, was wir unter psychischer Energie verstehen, nicht anders habhaft werden als in einer bestimmten Form, genauso wie der physikalische Energiebegriff zwar ein allgemeiner und abstrakter Begriff ist, der Beobachtung jedoch nur in einer bestimmten Form, als Wärme, Licht, Elektrizität etc. zugänglich wird. Deswegen kann Jung auch zu einer Definition kommen wie dieser: „Die Libido ist nie anders faßbar, als in einer *bestimmten Form,* das heißt *sie ist identisch mit Phantasiebildern"* (JGW VII, 236). Dies ist zwar mißverständlich formuliert – man kann nicht sagen, die Libido sei *identisch* mit einem Bild –, aber es bringt klar zum Ausdruck, daß unser Gewahrwerden von Libido angewiesen ist auf eine bestimmte Anschauungsform, in die sie einfließt oder von Formen (psychischen Erscheinungen), deren Beziehung untereinander durch ein Intensitätsgefälle gekennzeichnet ist. Das führt zur letzten Jungschen Definition, die ich zunächst geben will und die ich für die zugleich anschaulichste und am wenigsten präjudizierende halte bzw. für die, welche mit der energetischen Konzeption des Libidobegriffes in bester Übereinstimmung sich befindet: „Libido heißt für mich psychische Energie, welche gleichbedeutend ist mit der Intensitätsladung psychischer Inhalte . . . Da auch der sogenannte Destruktionstrieb ein energistisches Phänomen ist, scheint es mir einfacher, die Libido als einen allgemeinen Begriff psychischer Intensitäten zu definieren, also als psychische Energie schlechthin" (JGW VII, 57, Fußnote).

4. Libido als Bezeichnung für eine rein quantitativ aufgefaßte allgemeine seelische Energie

Seine wesentliche Bedeutung gewinnt der Libidobegriff sowohl bei Freud als auch bei Jung als begriffliche Fassung von transformierbaren psychischen Kräften, die jeweils in verwandelter Gestalt erscheinen und die wir gerade auf Grund ihres Energiegehaltes oder ihres Wirkungsgrades von Gestalt zu Gestalt oder von System zu System verfolgen können. In beiden Theorien ist dabei von großer Bedeutung die Verschiebung von Energiebeträgen vom Bewußtsein ins Unbewußte und umgekehrt. Nur die Annahme, daß es solche Verschiebungen gibt, macht die lückenlose Verfolgung von Motivationsketten vom beobachteten Verhalten zur unbewußten Motivation hin möglich. Energiebeträge, die aus dem Bewußtsein verschwinden, oder der bewußten Verfügung sich entziehen, finden sich wieder als Besetzungen im Unbewußten und wirken von dort als unbewußte Motive einer Handlung oder eines Symptomes zurück. Für Jung gewinnt diese Vorstellung der Transformierbarkeit psychischer Energie besondere Bedeutung infolge seiner Auffassung eines auch energetisch kompensatorischen Verhältnisses von Bewußtsein und Unbewußtem. Praktisch bedeutet dies, daß Energie oder Besetzungsbeträge, die an einer Stelle verschwinden, an einer anderen wieder auftreten müssen, daß der Beobachter also mit Recht sich fragen darf, wohin ein Energiequantum, das sich etwa in einem Interesse irgendwelcher Art bekundete, sich verlagert habe und in welcher Form er es wieder antreffen könne, sobald es an einer bestimmten Stelle des Beobachtungsfeldes nicht mehr nachweisbar ist. Diese Vorstellungen folgen im psychischen Bereich einem physikalischen Anschauungsmodell, nämlich dem Gesetz der Erhaltung der Energie.

Die Anwendbarkeit dieses Gesetzes in der Psychologie ist aber nur gegeben, wenn man die Psyche als ein geschlossenes System auffassen darf. Jung entscheidet sich für die Annahme, daß die Psyche „als ein relativ geschlossenes System" betrachtet werden könne. Er schreibt: „Die unmittelbare Erfahrung von psychischen Quantitätsbeziehungen einerseits und die tiefe Dunkelheit einer noch ganz unfaßbaren psychophysischen Verknüpfung andererseits berechtigen zu einer wenigstens provisorischen Betrachtung der Psyche als eines relativ geschlossenen, energetischen Systems" (JGW VIII, 8). Das heißt, solange nicht eine unmittelbare oder direkt proportionale Verwandlung psychischer in physische Energie angenommen werden kann, läßt sich die Psyche als geschlossenes System betrachten, da einerseits ihre Energiequellen in ihr selbst liegen (im Sinne von Gegensatzbildungen), andererseits eine direkt proportionale Verwandlung von psychischer in physikalische (etwa motorische) Energie nicht vorzuliegen scheint. Deswegen müssen in Betracht fallende Energieverluste durch Verwandlung von psychischer in physikalische Energie nicht berücksichtigt werden und umgekehrt ist es auch nicht wahrscheinlich, daß eine direkt proportionale Energiezufuhr von außen stattfinden kann. (Wir wissen jedoch, daß psychische Spannungszustände durch motorische Entladung zum Teil abgebaut werden können, und daß Außenweltreize psychische Veränderungen nach sich ziehen. Insofern kann man nur von einem relativ geschlossenen System sprechen. Die Anwendung dieses aus der Physik entlehnten Prinzipes scheint bei Jung auch mit einer Betonung des autonomen Aspektes der psychischen Abläufe und seiner Vorstellung des komplementären Verhältnisses von Bewußtsein zum Unbewußten zusammenzuhängen. Tatsächlich scheinen jene psychischen Phänomene, auf die er seine besondere Aufmerksamkeit richtet, also insbesondere die Bedingungen und der Ablauf des Individuationsprozesses, ganz vorwiegend innerseelischen Gesetzmäßigkeiten und Energietransformationen zu unterliegen und eine weitgehende Unabhängigkeit von Außenfaktoren zu besitzen.)

5. Progression, Regression, Verlagerung von psychischer Energie und Symbol

Ich möchte diese Begriffe hier nur sehr kursorisch besprechen, weil sie nicht auf der Linie meines eigentlichen Themas liegen. Sie wurden z. T. auch schon abgehandelt (Erster Teil B 2). Unter *Progression* versteht Jung eine Libido-Bewegung nach außen im Sinne der Anpassung: „die Progression als ein fortlaufender Anpassungsprozeß an die Umwelt-Bedingungen ist begründet in der vitalen Notwendigkeit der Anpassung" (JGW VIII, 43). Unter *Regression* dagegen versteht er eine Libidobewegung nach innen. Sie ist: „eine Anpassung an die Bedingungen der eigenen Innenwelt, begründet in der vitalen Notwendigkeit, den Anforderungen der Individuation zu genügen" (ebenda). Progression und Regression stehen also in einem Wechselverhältnis, welches im besten Falle die ausgewogene Anpassung an die äußere und innere Realität gewährleistet, wobei wir unter Anpassung an die innere Realität die Realisierung eines innewohnenden Gestaltprinzipes, die Selbstwerdung oder Individuation, zu verstehen haben.

Das Überwiegen von Außenfaktoren (die äußere Not) oder von Innenfaktoren (die innere Not, „die vitale Notwendigkeit, den Anforderungen der Individuation zu genügen") erzeugt jeweils ein Potentialgefälle, welches erst den Energiefluß ermöglicht. Die äußere und innere Anpassung stellt gleichzeitig einen Entwicklungsprozeß dar, der eine ständige Transformierung der Libido von „natürlichen" Betätigungsformen (beim Kinde und beim Primitiven) zu höheren, kultivierteren und geistigen Anwendungen notwendig macht. Diese Transformierung der Libido geschieht nun nach Jung wesentlich vermittels des Symbols: „Die psychologische Maschine, welche Energie verwandelt, ist das *Symbol*" (ebd., 50). Das Symbol stellt die psychische Realisierung einer innewohnenden Struktur, des Archetypus, dar: „Erscheint der Archetypus im Jetzt und Hier von Raum und Zeit, kann er im Bewußtsein in irgendeiner Form wahrgenommen werden, dann sprechen wir von *Symbol*" (Jacobi 1957, 86). Das Symbol wurzelt in den archetypischen Konfigurationen des Unbewußten, zugleich hat es aber einen bewußten ‚sichtbaren' Anteil. So kann es eine Brückenfunktion zwischen den beiden Systemen erfüllen, indem es den Weg eröffnet für das Einfließen schöpferischer, archetypisch verankerter Gestaltungen und archetypisch gespeister Energie in den Bereich des Bewußtseins (vgl. Neumann, 1971, 389 ff). Es sind also innere, vorgeformte Möglichkeiten, welche die Transformierung der Libido von den natürlichen und triebhaft bestimmten, zu den geistigeren Anwendungsformen ermöglicht. Von außen wird der innerlich vorgeformte Prozeß in Gang gesetzt durch die Anforderungen der Kultur insofern: „Die Kultur die Maschine darstellt, durch welche das natürliche [Libido-] Gefälle zur Arbeitsleistung ausgenützt wird" (JGW VIII, 45).

In Hinsicht auf das Problem der Lösung von der Mutter bringt Jung das folgende Beispiel: „Der symbolbildende Prozeß setzt an Stelle der Mutter: Stadt, Quelle, Höhle, Kirche usw. Diese Ersetzung kommt davon her, daß die Regression der Libido Wege und Weisen der Kindheit und vor allem die Beziehung zur Mutter wiederbelebt; was dem Kinde aber einst natürlich und nützlich war, bedeutet für den Erwachsenen eine seelische Gefahr, welche durch das Symbol des Inzestes ausgedrückt wird. Weil das Inzesttabu der Libido entgegentritt und diese auf ihrem regressiven Wege aufhält, kann sich letztere auf die vom Unbewußten produzierten [z. B. in Träumen] Mutteranalogien überleiten lassen. Damit wird die Libido wieder progressiv, und zwar auf einer gegenüber der früheren etwas erhöhten Bewußtseinsstufe. Die Zweckmäßigkeit dieser Überleitung ist besonders einleuchtend, wenn an Stelle der Mutter die Stadt tritt: die infantile Verhaftung . . . bedeutet eine Beschränkung und Lähmung des Erwachsenen, wogegen die Bindung an die Stadt seine Bürgertugenden fördert und ihm zumindesten eine nützliche Existenz ermöglicht" (JGW V, 270). Die Libido, welche sich z. B. bei einer neurotischen Erkrankung oder im Ablauf des analytischen Prozesses zu den alten Konfliktfeldern – hier der Mutterbindung – zurückbewegt, kann durch die übergreifende Bedeutung des Symbols und seine transformierende Kraft wieder in progressive Richtung gelenkt und für lebenswichtige und -fördernde Aufgaben verwendet werden. In dem angeführten Zitat kommt auch die symbolische Auffassung der Inzestphantasien zum Ausdruck, die Jung der konkretistischen Auffassung Freuds ergänzend zur Seite stellte und die ihm die Kritik Freuds eintrug: „Von der Absicht, das Anstößige der Familienkomplexe zu beseitigen, um dies Anstößige nicht in Religion und Ethik wiederzufinden, strahlen alle die Abänderungen aus, welche Jung an der Psychoanalyse vorgenommen hat. Die sexuelle Libido wurde durch einen abstrakten Begriff ersetzt, von dem man behaupten darf, daß er für Weise wie für Toren gleich geheimnisvoll und unfaßbar geblieben ist. Der Ödipuskomplex war nur ‚symbolisch' gemeint, die Mutter darin bedeutete das Unerreichbare, auf welches man im Interesse der Kulturentwicklung verzichten muß . . ." (FGW X, 108). (Vergleiche zum Symbolbegriff Fünfter Teil A 4.51 und B 2.7 und zur symbolischen Auffassung der Übertragung Vierter Teil B 1.3.)

Dieser Prozeß der Libido-Umwandlung durch Symbole läßt sich in der Analyse nachweisen und im Leben der Primitiven (Frühlingszeremonie der Watschandi, s. JGW VIII, 46). Sie liegt auch der primitiven Magie und den Symbolbildungen des religiösen Kultes zugrunde. Im Alltagsleben wird sie beim zivilisierten Menschen z. T. ersetzt durch die Fähigkeit, innerhalb des alltäglichen Rahmens Libido auf Grund von Willensentscheidungen zu verlagern. Tiefgehende Veränderungen von Erleben und Verhalten, umbruchhafte Veränderungen der Persönlichkeit, können und müssen aber auch hier durch die faszinierende Wirkung eines Symbols herbeigeführt werden. Im Kriege werden so durch die Fascination durch ein Symbol wie der Fahne oder von Ideen mit Symbol-Charakter (Vaterland, Freiheit) zum Guten wie zum Bösen Kräfte freigesetzt und Veränderungen im Verhalten des einzelnen Menschen herbeigeführt, die den Rahmen der bekannten Persönlichkeit zu sprengen scheien (s. Neumann, 1971, 390).

Am Ende dieser nur andeutenden Darstellung möchte ich noch auf eines hinweisen: Was wir eben als Prozeß der Libido-Transformierung durch das Symbol kennengelernt haben, ist nichts anderes als was Freud im Begriff der Sublimierung beschreibt. Freud definiert die Sublimierung als einen Vorgang „bei dem Objekt und Ziel gewechselt werden, so daß der ursprünglich sexuelle Trieb nun in einer nicht mehr sexuellen, sozial oder ethisch höher gewerteten Leistung Befriedigung findet" (FGW XIII, 231). Dieses „Triebschicksal" der Sublimierung spielt sich ab im Zusammenprall des Triebes mit den Forderungen der Sozietät und die Form, in welche die Triebenergie einfließt, wird anscheinend ebenfalls vollständig durch die vorgegebenen Normen der Sozietät, also der äußeren Realität, bestimmt.

Ich glaube, daß die Jungsche Auffassung hier eine ergänzende Sicht ermöglicht, indem sie die Rolle der inneren Realität, die Rolle von eingeborenen Strukturen (die Freud nie geleugnet, jedoch auch nicht dargestellt hat) sichtbar macht. Diese in uns selbst liegenden Strukturen sind m. E. wesentliche Bedingung und ermöglichende Grundlage für das Zustandekommen kultureller Leistungen und sozialer Wertordnungen überhaupt. Die Freudsche Theorie erklärt uns nur die Tradierung von Strukturen, nicht ihr Zustandekommen. Eine kausale Erklärungsweise schreitet zurück zu immer einfacheren Prinzipien und löst die seiende Ordnung auf, ohne jedoch umgekehrt die Entstehung von Ordnung erklären zu können (Ordnung hier gemeint als Strukturprinzip). In der Physik führt dieses Erklärungsprinzip zum Regress auf einheitliche Bausteine – ursprünglich „Atome" – dann Protonen, Elektronen etc. bis hin zu dem Punkte, wo Materie und Energie ineinander übergehen. Aber gerade die Rückführung auf einfachste Elemente macht für das Verständnis der komplexen Gebilde ein anordnendes, gestaltendes, also geistiges Prinzip desto unumgänglicher. Denn die Unterschiedenheit der Dinge ist jetzt nicht mehr gegeben in einer ursprünglichen Verschiedenheit ihrer Bausteine, sondern in der unterschiedlichen Anordnung an sich gleichgearteter Elemente. Das ist der Grund, warum uns die alleinige Erklärung geistiger und künstlerischer Leistungen als Produkte der Triebsublimierung unbefriedigt läßt*, und welcher Jung zu der etwas bissigen Kritik veranlaßt: „Wenn schon über die ursprüngliche Zugehörigkeit der Musik zur Propagationssphäre kein Zweifel obwalten kann, so wäre es doch eine ebenso unberechtigte wie seltsame Betrachtungsweise, wenn man Musik unter der Kategorie der Sexualität begreifen wollte. Eine derartige Auffassung würde dazu führen, den Kölner Dom in der Mineralogie abzuhandeln, nämlich darum, weil er unter anderem aus Steinen besteht" (JGW V, 174).

6. Trieb und Geist

Trieb und Geist stellen bei Jung die Gegensätzlichkeiten par excellence dar als Hauptrepräsentanten der Gegensatzstruktur des Lebendigen und der Psyche**. Ich möchte jetzt versuchen, diese schwierigen und aus ihrer Natur heraus oft widersprüchlich scheinenden Gedankengänge darzustellen.

Unter *Geist* möchte ich – wie schon bisher – ein allgemeines Prinzip der Anordnung und Gestaltung verstehen. Den *Trieb* definiert Jung ebenso wie Freud als einen Grenzbegriff, der auf physiologische Prozesse bzw. auf ein materielles Substrat zurückverweist; er schreibt: „Der Trieb ist eine geheimnisvolle Lebensmanifestation teils psychischen, teils physiologischen Charakters. Er gehört zu den konservativsten Funktionen in der Psyche und ist schwer beziehungsweise gar nicht zu ändern" (JGW V, 178). Diese Formulierung betont einerseits den konservativen Charakter der Triebe, den wir in der 3. Fassung der Freudschen Triebtheorie

* So wird für Freud in „Das Unbehagen in der Kultur" die Religion zum Massenwahn, die Wissenschaft zur Ablenkung vom Triebanspruch, die Kunst zu einer Ersatzbefriedigung (s. FGW XIV, 433 u. 440).

** „Archetypus und Instinkt [in diesem Zusammenhang als Repräsentanten von Geist und Trieb] bilden die denkbar größten Gegensätze . . . Sie bestehen . . . nebeneinander als jene Vorstellungen, die wir uns von dem Gegensatz machen, welcher dem psychischen Energetismus zugrunde liegt" (JGW VIII, 236/237).

kennengelernt haben, andererseits behauptet sie die Unveränderlichkeit des Triebes, was bedeutet, daß diesem im Grunde ebenfalls eine Struktur – und zwar eine unveränderliche Struktur – zukomme, daß er also nicht durch den energetischen Aspekt allein erklärt wird. In seinem strukturellem Wesen ist der Trieb unveränderlich, veränderlich ist nur die Energiemenge, die ihm zur Verfügung gestellt ist und die von ihm abgezogen werden und in andere „Formen" eingehen kann. Dementsprechend kennt Jung auch nicht einen Grundtrieb, aus dem sich alle anderen herleiten lassen, sondern die Vielzahl der Triebe fällt zusammen mit der Vielzahl in der Natur verankerten primärer Strebungen (Sexus, Hunger, Macht etc.). Jedoch kommt dem Geschlechtstrieb auf Grund seiner allgemeinen Bedeutung und Macht eine Sonderstellung zu: „Man könnte die Sexualität den Wortführer der Triebe nennen, daher der geistige Standpunkt in ihr seinen Hauptwidersacher erblickt" (JGW VIII, 63). Einschränkend sagt Jung an anderer Stelle aber: „Die sexuelle Dynamik ist im Totalbereich der Psyche nur ein Spezialfall. Ihre Existenz ist damit nicht geleugnet, sondern sie ist nur an die richtige Stelle gerückt" (ebd., 32).

Also: Auf Grund des strikt durchgeführten energetischen Standpunktes, welcher Energie als reinen Beziehungs- und Intensitätsbegriff sieht, wird der Trieb nicht allein durch einen Energiebetrag (Libidobetrag) definiert, sondern ebenso sehr durch eine Form, in welche diese Energie einfließt. Tatsächlich stellt sich Triebgeschehen jeweils in einer bestimmten Form und eingebettet in eine bestimmte Situation dar. Das führt uns zum *Instinktbegriff*.

Wir haben ihn bereits kennengelernt bei der Besprechung der Hartmannschen Triebpsychologie. Im Instinkt repräsentiert sich ein triebhaftes, aus innerer Notwendigkeit ablaufendes Verhalten, welches jedoch zielgerichtet und auf eine bestimmte äußere Gesamtsituation hin strukturiert ist. Die relative Starrheit der Instinkthandlung weist auf ihre Bestimmung durch eine innere Struktur hin, die zwingend den vorgeschriebenen Ablauf verlangt und bei einer Änderung der Außensituation – bei der inneres Handlungsmuster und äußerer Bezugsrahmen nicht mehr zusammenpassen – diesen Handlungsablauf u. U. sinnlos werden läßt.

Der Trieb hat also eine Form, einen bestimmten Modus: „Trieb und archaischer Modus koinzidieren im biologischen Begriff des pattern of behaviour. Es gibt nämlich keinen amorphen Trieb, in dem jeder Trieb die Gestalt seiner Situation hat" (JGW VIII, 230). Im Begriff des pattern of behaviour sind Trieb und Form oder Triebdynamik und Triebbild verschmolzen: „Das Bild stellt den *Sinn* des Triebes dar" (ebd., 231). Beim Begriff Instinkt und vor allem pattern of behaviour, haben wir triebhafte, vorgenormte Verhaltensweisen der Tiere im Auge. Aber auch der Mensch gehört zur Natur und wird wesentlich durch spezifisch menschliche, vorgegebene Verhaltensweisen bestimmt: „Das gleiche gilt für den Menschen: er hat a priori Instinkttypen in sich, welche Anlaß und Vorlage seiner Tätigkeiten bilden, insofern er überhaupt instinktiv funktioniert. Als biologisches Wesen kann er überhaupt nicht anders, als sich spezifisch menschlich verhalten und sein pattern of behaviour erfüllen. Damit sind den Möglichkeiten seiner Willkür enge Grenzen gesetzt, um so enger, je primitiver er ist und ja mehr sein Bewußtsein von der Instinktsphäre abhängt" (ebenda). Im letzten Satz macht Jung eine Einschränkung: „Je mehr er von der Instinktsphäre abhängt." Es ist nämlich klar, daß menschliches Verhalten nicht nur durch Instinkte festgelegt ist. Das äußere Verhalten des Menschen unterliegt weitgehend der anscheinend freien Willensentscheidung, und feste Verhaltensformen, die auf inneren Strukturen beruhen, sind hier schwer zu erkennen. Die menschlichen Verhaltensformen scheinen vielmehr von Außenfaktoren, der sozialen Normgebung, beeinflußt. Bei der Beobachtung des inneren Prozesses in der Analyse lassen sich jedoch im Traum und in der aktiven Imagination Bilder mit allgemeingültigen Strukturen, wie sie sich auch im Mythos und Kult wiederfinden, entdecken. Bilder, die Struktur und Richtung eines offenbar in gewissem Sinne ebenfalls triebhaften Prozesses bedingen. Es ist dies ein Prozeß der Selbstentfaltung und Selbstwerdung, der Individuation. Von triebhaftem Charakter kann man sprechen, weil auch ihm eine vitale Notwendigkeit für das Individuum und auch der Charakter des Drängenden – vielleicht in einem sublimeren Sinne – innewohnt. Mit diesen Bildern sind die Archetypen des Individuationsprozesses gemeint. Sie haben kollektive Bedeutung und greifen in die Bewußtseinsbildung und sekundär auch in das äußere Verhalten ein, insofern ein innerer Entwicklungsprozeß notwendig auch im Verhalten nach außen sich manifestieren wird. Dazu schreibt Jung: „Insofern nun die Archetypen regulierend, modifizierend und motivierend in die Gestaltung der Bewußtseinsinhalte eingreifen, verhalten sie sich so wie Instinkte. Die Annahme liegt daher auf der Hand, diese Faktoren mit den Trieben in Beziehung zu setzen und die Frage aufzuwerfen, ob die typischen Situationsbilder, welche diese kollektiven Formprinzipien anscheinend darstellen, nicht am Ende mit den Triebgestalten, nämlich den patterns of behaviour, überhaupt identisch seien . . ." (ebd., 235).

Die Gegenüberstellung beziehungsweise hier Gleichsetzung von Instinkt und Archetypus wirft ein ganz neues Licht auf den letzteren: insofern der Archetypus ein Formprinzip, eine Struktur ist, stellt er „das eigentliche Element des Geistes dar" (ebd., 236). Aber er steht zum Trieb in engster Verwandtschaft, weil er dessen Form ist. Andererseits: da dem Archetypus immer eine regulierende Kraft oder Energie zukommt, ist ihm von vornherein ein Element des Triebes inhärent. Trieb auf der einen Seite und Form und Geist auf der anderen gehören zusammen und werden im archetypischen Bild zusammen sichtbar und wirksam. Aber weil im Trieb das drängende, energetische Moment, im Archetypus das gestaltgebende, geistige Element vorherrschen, stehen sie sich in Jungs Auffassung gleichzeitig diametral gegenüber: „Archetypus und Instinkt [Trieb] bilden die denkbar größten Gegensätze . . . [Aber] als Entsprechungen gehören sie zusammen, und zwar nicht etwa derart, daß das eine aus dem anderen abgeleitet werden könnte, sondern sie bestehen vielmehr nebeneinander als jene Vorstellungen, die wir uns von dem Gegensatz machen, welcher dem psychischen Energetismus zugrunde liegt" (ebd., 236/237). Und an gleichem Ort weiter unten: „Vom Standpunkte dieser Betrachtungsweise aus erscheinen die psychischen Vorgänge als energetische Ausgleiche zwischen Geist und Trieb" (ebd., 237).

Ich weiß nicht, ob es mir gelungen ist, diese schwierigen Zusammenhänge einigermaßen einsichtig zu machen. Ich möchte es jetzt von einem anderen Ansatzpunkt her versuchen: Wir haben das Gegensatzpaar Trieb-Geist bisher mit zwei ihrer hauptsächlichen Eigenschaften gekennzeichnet: den Trieb durch seine drängende Kraft, also durch seinen Energieaspekt, den Geist durch seinen formalen, gestaltenden Aspekt. Wir wählen jetzt ein anderes Kriterium und kennzeichnen den Trieb durch seine Nähe zu natürlicheren, ursprünglicheren – sagen wir unbefangen – zu niedrigeren Funktionen, den Geist aber durch seine Nähe zu höheren Funktionen (dies könnnen wir tun, da es unserem Vorstellungsvermögen ein gutes Bild gibt, insofern die Triebsphäre in der allgemeinen Vorstellung und im allgemeinen Sprachgebrauch seit je als „nieder", die des Geistes als „höher" aufgefaßt wird). In dieser Darstellungsweise können wir es nicht vermeiden, eine Wertung in unsere Betrachtung zu bringen. Ich glaube indessen, daß Wertungen zu den grundsätzlichen Funktionen unseres Erkenntnisvermögens (im weiteren Sinne) gehören, daß sie gewissermaßen einen apriorischen Charakter haben und deswegen nicht umgangen werden können sobald wir umfassendere Zusammenhänge des Lebens begreifen wollen.

Schema I

	Trieb	Geist
1. Kriterium	energetisches –	gestaltendes Prinzip
2. Kriterium	{ „nieder" / „naturnah"	{ „höher" / „geistig"
3. Kriterium	{ zwanghaft / unwillkürlich	frei, willensbildend
Die Prädikate „naturnah", „nieder" be-bezeichnen ein dem Trieb innewohnendes Formprinzip		Das Prädikat „wirkend" (gestaltend) bezeichnet ein dem Geist innewohnendes Triebprinzip

In dieser Auffassung spannt sich das Seelische aus zwischen zwei Polen: dem „niederen", in der materiellen Basis verankerten Trieb-Pol und dem „höheren" Pol des Geistigen, welcher hinweist auf ein unerkennbares, transzendentes Sein. Letzten Endes wird Psychisches so zu einer Brücke oder einem Vermittler zwischen Materie und Geist. Jung drückt das so aus: „Die psychische Kondition oder Qualität beginnt dort, wo sich die Funktion von ihrer äußeren und inneren Bedingtheit zu lösen beginnt und erweiterter und freierer Anwendung fähig wird, das heißt, wo sie sich dem aus anderen Quellen motivierten Willen als zugänglich zu erweisen sich anschickt ... Mit zunehmender Befreiung vom bloß Triebhaften erreicht nämlich die partie supérieure schließlich ein Niveau, wo die der Funktion innewohnende Energie gegebenenfalls überhaupt nicht nach dem ursprünglichen Sinne des Triebes orientiert ist, sondern eine sogenannte *geistige* Form erlangt" (JGW VIII, 211). Und weiter unten, vielleicht klarer: „Wie die Seele sich nach unten in die organisch-stoffliche Basis verliert, so geht sie nach oben in eine sogenannte geistige Form über, die uns in ihrem Wesen genau so wenig bekannt ist wie die organische Grundlage des Triebes" (ebd., 213).

Wesentlich ist, daß in dieser Jungschen Auffassung die Psyche als ein Kontinuum sich zwischen zwei Polen erstreckt: dem Trieb-Pol, der auf seine physiologisch-materielle Grundlage hinweist, welche vom Psychischen her nicht mehr erkennbar ist (Kluft: Leib-Seele) und dem geistigen Pol, welcher an sich ebenfalls nicht erkennbar ist, weil er auf ein das Psychische transzendierendes Sein hinweist, welches nur aus seinen gestaltend-anordnenden Wirkungen erschlossen werden kann*.

Geist und Trieb stehen sich in dieser Anordnung als zwei eigene Prinzipien gegenüber, deren Gegensatz zum Ausgleich drängt und aus eben diesem Gegensatz wird die seelische Energie gespeist, kommt der Fluß der Libido in Gang. Aber obgleich das energetische Gefälle bedingt ist durch die polare Gegensatzstruktur zwischen Trieb (Materie) und Geist, müssen doch diese beiden dominanten Pole des Psychischen als je eigene Kraftzentren aufgefaßt werden, wie zwei Magnetpole, die mit eigener Ladung ausgestattet, zwischen sich ein Kraftfeld entstehen lassen. So erklärt es sich, daß das geistige Prinzip als selbständiges Kraftzentrum sich gegen dasjenige des Triebes behauptet: „Diese Tatsachen zwingen zu der Annahme, daß das geistige Prinzip (was dies nun immer sei) sich gegenüber dem bloß natürlichen mit unerhörter Kraft durchsetzt. Man kann ja sagen, daß dies auch ‚natürlich‘ sei und beides aus ein und derselben ‚Natur‘ herstamme. Ich bezweifle diese Herkunft keineswegs, muß aber hervorheben, daß dieses ‚natürliche‘ Ding aus einem Konflikt zweier Prinzipien besteht, denen man je nach Geschmack diesen oder jenen Namen geben mag, und daß *dieser Gegensatz Ausdruck und vielleicht auch Grundlage jener Spannung ist, die wir als psychische Energie bezeichnen*" (JGW VIII, 57).

Insofern das geistige Prinzip jedoch bewirkende Kraft hat, bekundet es seine energetische Ladung und rückt in die Nähe des Triebes, dessen Hauptkennzeichen eben seine Energie ist. Deswegen kann Jung formu-

---

* Sofern beide Bereiche sich mit dem Psychischen berühren, ohne indessen dem Psychischen zugerechnet werden zu können, nennt Jung sie „psychoid": „Wo der Trieb vorherrscht beginnen die *psychoiden Vorgänge*, welche zur Sphäre des Unbewußten als *bewußtseinsunfähige* Elemente gehören" (JGW VIII, 213).

lieren: *„Das Geistige erscheint in der Psyche auch als ein Trieb* . . . Es ist kein Derivat eines anderen Triebes wie es die Triebpsychologie haben möchte, sondern *ein Prinzip sui generis, nämlich die der Triebkraft unerläßliche Form"* (ebd., 63/64).

Um in der äußeren Erscheinung ebenso wie in unserem inneren Erleben, in Gefühl und Vorstellung Realität zu erlangen und faßbar zu werden, bedarf der Trieb einer Form, der Geist aber einer Energie. Damit zeigt ersterer aber jeweils auch einen geistigen Aspekt und letzterer erlangt eine Art drängender Wirksamkeit, nimmt also einen Triebaspekt an. Beide, Trieb und Form, können für sich allein nicht in Erscheinung treten, sondern bedürfen dazu der Teilhabe an dem Hauptcharakter ihres je gegenteiligen Prinzips (s. auch Schema I). Sie weisen so darauf hin, daß sie auf einer tieferen oder allgemeineren Wirklichkeitsebene in Eins fallen, da sie Charaktere einer und derselben Wirklichkeit sind, die sich in unserer Psyche in zwei auseinanderfallenden Aspekten abbildet, das heißt ihre Erscheinungsform ist ebensosehr durch die Struktur unserer Psyche als durch eine außer uns liegende Wirklichkeit gegeben: „Vom Wesenhaften und vom absolut Seienden wissen wir nichts. Wir erleben aber verschiedene Wirkungen, durch die Sinne von ‚außen' durch die Phantasie von ‚innen'" (JGW VII, 239). Inneres und äußeres Erleben trifft sich in der Psyche, welche letzten Endes die „einzige Wirklichkeit darstellt, die uns unmittelbar gegeben ist" (JGW VIII, 247) und unterliegt ihren Gesetzen. Diese letzte Einheit, die wir hinter dem Gegensatzpaar Trieb und Geist vermuten, leuchtet auch auf im Begriff des Archetypus, der zwar „das eigentliche Element des Geistes" (ebd., 236) darstellt, insofern er wesentlich Gestalt und Struktur ist, aber insofern er ebenfalls anordnende *Kraft* ist, seine Verwandtschaft mit dem vorwiegend energetischen Prinzip Trieb verrät. Archetypus und Trieb stellen für Jung letzten Endes Produkte unserer Psyche dar „jene Vorstellungen, die wir uns von dem Gegensatz machen, welcher dem psychischen Energetismus zugrunde liegt" (JGW VIII, 237). Sie sind psychische Entsprechungen einer zugrundeliegenden, an sich unerkennbaren Wirklichkeit. Deswegen weist Jung im Gleichnis vom Spektrum (s. ebd., 242/243) dem Archetypus seinen Platz im unsichtbaren ultravioletten Bereich, der Triebkraft im ebenso unsichtbaren infraroten Bereich zu. Beide stellen an sich unerkennbare, psychoide Faktoren dar. Im unsichtbaren Bereich des Spektrums fallen beide zusammen. Das innerseelisch realisierte archetypische *Bild* hat seinen Platz dann im sichtbaren violetten Teil des Spektrums, wo seine Doppelnatur aus Geist und Trieb zum Ausdruck kommt durch das Zusammengesetztsein von Violett aus Blau und Rot.

Dasselbe, an den Grundlagen des Seins zu erahnende Zusammenfallen der Gegensätze, drückt das alchemistische Symbol des Uroboros aus, der Schlange, die sich in den Schwanz beißt (s. ebd.).

Ich möchte diese Erörterungen nicht abschließen, ohne auf einen letzten Hinweis Jungs einzugehen, der für den geistigen Hintergrund seines Denkens kennzeichnend ist und der zur Darlegung der Spannweite seines Weltbildes gehört. Er schreibt: „Obschon also der Gottesbegriff ein geistiges Prinzip par excellence ist, so will es das kollektive Bedürfnis doch haben, daß er zugleich auch eine Anschauung der ersten schöpferischen Ursache sei, aus der alle jene, dem Geistigen widerstrebende Triebhaftigkeit hervorgeht. Damit wäre Gott der Inbegriff nicht nur des geistigen Lichtes, das als späteste Blüte am Baum der Entwicklung erscheint, nicht nur das geistige Erlösungsziel, in welchem alle Schöpfung gipfelt, nicht nur das Ende und der Zweck, sondern auch dunkelste, unterste Ursache aller naturhaften Finsternisse. Dies ist ein ungeheures Paradoxon, das offenbar einer tiefen psychologischen Wahrheit entspricht. Es stellt nämlich nichts anderes als die Gegensätzlichkeit eines und desselben Wesens dar, eines Wesens, dessen innerste Natur eine Gegensatzspannung ist. Dieses Wesen nennt die Wissenschaft *Energie*, denn sie ist jenes Etwas, das lebendiger Ausgleich zwischen Gegensätzen ist" (JGW VIII, 60). Die letzte Wendung vom Gottes- zum Energie-Begriff ist abrupt und kennzeichnet einen Bruch zwischen „theologischem" und hier psychologisch-naturwissenschaftlichem Denken. Wesentlich ist die Betonung Jungs, daß diese Auffassung des Gottes-Begriffes einer tiefen *psychologischen* Wahrheit entspreche. Es handelt sich also nicht um eine Beschreibung des Wesens Gottes, sondern um die Beschreibung von Entsprechungen, auf die man stößt, wenn man sich vom Bereich des Psychologischen her auf den Gottes-Begriff zubewegt. Die Jungschen Formulierungen beschreiben so eine Annäherung des psychologischen Denkens an ein übergreifendes, göttliches Prinzip ohne eine (theologische) Beschreibung des Wesens Gottes beinhalten zu wollen. Nichtsdestoweniger entspricht aber die Anschauung, daß letzten Endes alle Dinge in Gott zusammenfallen einer alten und tiefen religiösen Vorstellung. Um diese auszudrücken, würde ich aber lieber eine alte theologische Formel benützen: „Die Dinge sind mehr in Gott als Gott in den Dingen ist" (Thomas von Aquin, s. Pieper, 1966, 51 und Sertillanger 1954, 203). Gott ist zwar in den Dingen, aber die Dinge sind nicht Gott, auch nicht in ihrer Gesamtheit. Die Seele gehört in diesem Sinne auch zu den geschaffenen Dingen und es ist unzulässig aus ihrer Struktur und aus ihrer Möglichkeit, Wirklichkeit zu erkennen, Rückschlüsse auf das Wesen Gottes zu ziehen. Was immer man unter dem Begriff „Gott" verstehen will, er bezeichnet eine andere, umfassendere Ebene des Seins. Auf ihr – eben weil sie zugleich umfassend und grundlegend ist – müssen sich die Gegensätze auflösen. Wir dürfen aber nicht etwa das innerste Wesen Gottes als ein Gegensatzprinzip oder als ‚Energie' beschreiben, eben deshalb nicht, weil wir damit die uns erkennbare Gegensatzstruktur der eigenen Psyche auf das Wesen Gottes projizieren würden.

Ich habe bis hierher versucht, unseren grundsätzlichen Gedankengang – nämlich die Polarität von Trieb (Materie) und Geist und das Paradoxon ihres gleichzeitigen Zusammenfallens – möglichst gradlinig darzustellen. Dabei mußte ich einige Dinge zurückstellen, welche ich jetzt in einer Einschaltung noch kurz behandeln will:

7. Einschaltung

Es bleibt eine Frage. Sie betrifft die Jungsche Auffassung, daß der Trieb nur in einer bestimmten Form erscheinen könne und der Archetypus „ein Formprinzip der Triebkraft" (JGW VIII, 243) sei. Daß also Trieb und Geist wie oben ausgeführt, zusammengehören. Das scheint unserem unmittelbaren Erleben nicht zu entsprechen. Um so weniger, wenn wir Triebverhalten an den Äußerungen der menschlichen Sexualität studieren. Ich kann dies jedoch am besten erklären, wenn ich noch einmal zum Instinktbegriff beziehungsweise zum Begriffe der pattern of behaviour zurückkehren darf.

Hier nämlich, im Bereiche des tierischen Lebens – und je niedrigere Formen wir ins Auge fassen, desto strenger – ist der Trieb sichtbar eingebettet in bestimmte Verhaltensstrukturen. Das Tier und sein Verhalten sind in eine bestimmte Umwelt eingebettet (Jakob v. Uexküll). Mit zunehmender Differenzierung tritt aber eine Veränderung ein, indem zu starren, anlagegebundenen Verhaltensweisen jetzt Lernprozesse hinzutreten, das heißt die Möglichkeit, Verhalten an Änderungen der Umweltbedingungen anzupassen. Anders ausgedrückt: anlagegemäßig vorgeformtes Verhalten wird jetzt ersetzt durch erworbenes Verhalten. Von Ich-psychologischer Seite her ist dies eine Frage der Ich-Entwicklung. Aus einer instinkthaften Matrix differenzieren sich Es und Ich (Hartmann). Das Es beherbergt die triebhaften Ansprüche und natürlich immer noch einen Fundus festgelegter Verhaltensweisen. Aber das erstarkende Ich, welches wahrnimmt, urteilt und entscheidet, übernimmt einen Teil der Triebregulation, die jetzt nicht mehr einem vorgenormten Verhaltensmuster folgt, sondern der Einsicht des Ichs. Dabei benutzt das Ich relativ kleine Beträge neutralisierter Energie um die relativ großen Beträge an Triebenergie zu lenken und vielleicht letztlich doch ganz den eigenen Ansprüchen unterzuordnen (Sublimierung). Wir erkennen hier eine Parallele zur Jungschen Definition des Willens als „eines beschränkten Energiebetrages, welcher dem Bewußtsein zur freien Verfügung steht" (JGW VIII, 212). Dieser beschränkte Betrag an disponibler Energie wäre also neutralisierte Ich-Energie und tatsächlich stellt sie für Jung ebenfalls das Mittel dar, um größere Libidomengen zu lenken beziehungsweise zu „verlagern". Insofern hat sich beim Menschen insbesondere der Sexualtrieb aus der festen Bindung an bestimmte Formen seiner Befriedigung gelöst und es wäre tatsächlich schwer, an ihm und seiner Betätigung, festgelegte und gleichzeitig differenzierte Muster des Ablaufes zu entdecken. Wir müssen uns aber daran erinnern, daß Trieb bei Jung eben nicht nur Sexualtrieb meint. Wir müssen ihn vielmehr allgemeiner definieren als dynamischen Aspekt von Verhaltensmotivationen überhaupt. Am *allgemeinen* menschlichen Verhalten aber können wir trotz seiner teilweisen Lenkung durch das jeweils aktuell wahrzunehmende und urteilende Ich immer noch Verhaltensmuster ablesen. Diese drücken sich auch aus in den objektiven Gegebenheiten der kollektiven Wertnormen sozialer, ethischer und ästhetischer Art und in der Gestalt kollektiver Institutionen. Diese stellen gewissermaßen in der äußeren Welt realisierte Abbilder kollektiver, innerseelischer menschlicher Strukturen dar. Die Freudsche Psychoanalyse legt den

Akzent auf die Tradierung von Verhaltensformen, indem sie deren Internalisierung durch Identizifierung etc. beschreibt. Sie kann aber nichts darüber aussagen, wie solche Gestaltungen des Verhaltens oder der gesellschaftlichen Norm primär entstehen. Die Hartmannsche Theorie sieht immerhin erblich festgelegte Ich-Apparate von primärer Autonomie vor, die beim Menschen Garanten dafür sind, „daß für den Durchschnittsfall, für eine durchschnittlich zu erwartende Aufgabenbreite, zweckmäßig vorgesorgt ist" (zit. nach Rapaport, 1973, 65).*

In der Psychoanalyse bleibt aber doch der Akzent bestehen auf der *Erwerbung* von Verhaltensstrukturen also auf einer Determinierung von außen (äußere, vorgegebene Strukturen werden internalisiert). Bei Jung liegt der Akzent auf den inneren Strukturen, den Archetypen, die im Hier und Jetzt, in ständiger Auseinandersetzung mit der Triebdynamis, Erleben und Verhalten in einem Prozeß ständiger Neu-Schöpfung formen. Hier sind nicht mehr vorgegebene äußere Strukturen (das geformte Verhalten der Eltern oder die gesellschaftliche Struktur) das primär entscheidende, sondern innere Strukturen, die vom Anfang an (ab origine) bis heute die eigentliche Ursache für die Form der äußeren Welt abgeben.

---

* Ich möchte noch einmal bemerken, daß auch Freud der Bedeutung konstitutioneller Momente hohen Wert beimaß. Er ließ ihnen auch bei der Triebentwicklung – die letzten Endes die Ausformung von Triebgestaltungen ist! – mehr Gewicht zukommen als der Erziehung: „Während dieser Periode totaler oder bloß partieller Latenz werden die seelischen Mächte aufgebaut, die später dem Sexualtrieb als Hemmnis in den Weg treten und gleich wie Dämme seine Richtung beengen werden (der Ekel, das Schamgefühl, die ästhetischen und moralischen Idealanforderungen). Man gewinnt beim Kulturkinde den Eindruck, daß der Aufbau dieser Dämme ein Werk der Erziehung ist und sicherlich tut die Erziehung viel dazu. In Wirklichkeit ist diese Entwicklung eine organisch bedingte, hereditär fixierte und kann sich gelegentlich ganz ohne Mithilfe der Erziehung herstellen" (FGW V, 78). Hier scheint er sich auf halbem Wege mit Jung zu treffen, welcher schreibt: „Die Triebbeschränkung durch geistige Prozesse setzt sich beim Einzelnen mit derselben Macht und dem selben Erfolg durch wie in der Völkergeschichte . . . (JGW VIII, 59).

C Schlußbetrachtung

1. Das polar aufgebaute Weltbild von Freud und Jung

Das Weltbild von Freud sowohl wie von Jung ist polar aufgebaut. Jedoch basiert Freuds Auffassung auf einer dualistischen Sicht der *Triebe* (Eros–Todestrieb), welche die Basis seiner Psychologie abgeben. Für Jung stellt sich *die Welt als solche als „ein Gegensatzgemälde"* dar und seine dualistische Auffassung beruht auf der Annahme einer *polaren Anordnung des Seins.*

Bei Freud ist der Trieb die Grundlage – das erste Bewegende – des psychischen Geschehens. So wird ihm das Weltgeschehen überhaupt zu einer großartigen Auseinandersetzung zwischen Eros und Todestrieb. Zugleich definiert er „Trieb" als einen Grenzbegriff zwischen Körperlichem und Seelischem und hegt die Hoffnung, daß durch die Erforschung der dem Triebgeschehen zugrundeliegenden physiologischen Vorgänge, beziehungsweise seines materiellen Substrates, eine letztgültige Erklärungsgrundlage der Triebpsychologie zu erhalten sei.

Auch bei Jung steht der Trieb an der Grenze zum materiellen Substrat, aber für ihn ist die Materie ihrem Wesen nach ebenso unerkennbar wie der Geist (die Idee, das Transzendente). Das Psychische, als einzige letzten Endes für uns zugängliche Realität muß aus sich selbst heraus oder in sich selbst begriffen werden. Deswegen ist der Trieb für ihn kein Prinzip sui generis welches am Anfang der Dinge steht. Da sein Blick ausgerichtet ist auf gestalthafte Ordnung, steht für ihn am Anfang die polare (dualistische) Anordnung des Seienden. Aus dieser polaren Anordnung ergibt sich ihm eine Gegensatzspannung, die im Sinne eines Potentialgefälles die Grundlage der Lebensenergie überhaupt und der seelischen Energie (Libido) bildet. Die Libido wird dabei von allen inhaltlichen, qualitativen Gegebenheiten abstrahiert und rein energetisch-quantitativ aufgefaßt. Sie wird daher auch vom Triebbegriff abgelöst und steht nun allen Äußerungen des Lebens, den triebhaft wie den geistig bestimmten, zu.

Jung geht also vom Inhalt des psychologischen Geschehens, von seinem Sinn und seiner Ordnung aus und gelangt zu geistig bestimmten Ordnungsstrukturen: den Archetypen. Für Freud ist die Dynamis in ihrer Triebgestalt das erste und unterste. Jedoch geschieht ihm in seinen – von ihm selbst als endgültig aufgefaßten – metyphysischen Spekulationen etwas Eigenartiges: Der Sexualtrieb wird zum Eros, einer verbindenden, aufbauenden Kraft. Diese steht als Prinzip des Lebendigen einem abbauenden, dissimilatorischen, zerstörenden Prinzip der anorganischen Materie, dem Todestrieb, gegenüber: An dieser Stelle hat Freud – nicht expressis verbis, aber implicite – ein geistiges Prinzip in seine metaphysischen Vorstellungen aufgenommen: denn ein ordnendes, gestaltendes, organisierendes Prinzip müssen wir geistig nennen, ebenso wie wir andererseits dem Trieb als Dynamis an sich zwar Kraft und Bewegung, nicht aber Gestaltung und Aufbau zuschreiben können. Und nicht von ungefähr fühlt Freud sich hier selbst in die Nähe Platons gerückt, des Philosophen, für den die ewigen Urbilder (Ideen) das eigentlich Seiende, die Welt der mit den Sinnen zu erfassenden Dinge aber nur Vergängliches Abbild waren (siehe Jenseits des Lustprinzipes, FGW XIII, 99).

Die Jungsche Polarität von Geist und Trieb beinhaltet den Gegensatz zwischen dem dynamischen und dem gestalthaften Prinzip. Dagegen sind in den Freudschen Protagonisten Eros und Thanatos jeweils eine dynamische *und* eine gestalthafte Komponente zugleich begriffen. Im Eros die verbindende, *organisierende* Kraft, im Thanatos die *zerstörende* Kraft. Erst durch den geistigen Aspekt (und auch dem zerstörenden Prinzip des Thanatos muß ein geistiger Aspekt zuerkannt werden, wenn man ihn nicht nur als Ausdruck eines physikalischen Gesetzes, der Entropie, auffaßt, sondern ihn zum „Gegenspieler des Eros", zu einer „mythischen Macht" erhebt) gewinnen beide die ihnen besondere und eigene Qualität. Das heißt, daß in den letzten Formulierungen der Freudschen Triebpsychologie implicite das Jungsche Gegensatzproblem enthalten ist, bei Freud dargestellt in der Terminologie der Triebpsychologie. Umgekehrt ist in dem polar angeordneten Weltbild Jungs ein dualistisches Prinzip enthalten, welches jedoch auf der polaren Anordnung des Seins basiert, nicht auf einer dualistischen Trieblehre.

EROS	= Energie + gestaltendes Prinzip	GEIST
THANATOS	= Energie + zerstörendes Prinzip	MATERIE (Entropie)

Beide Denker kommen also auf Grund ihrer verschiedenen Voraussetzungen, ihrer verschiedenen Art zu denken – analytisch und kausal reduktiv Freud, final orientiert Jung – und der Orientierung ihrer Blickrichtung an verschiedenen Aspekten ihres Forschungsobjektes – nämlich des Interesses am Wie seelischer Abläufe, an Mechanismen bei Freud und an der inhaltlichen Anordnung und am Sinn bei Jung – zu verschiedenen Ergebnissen beziehungsweise zu verschiedenen Auffassungen. Kürzer: da sie das gegebene Phänomen, nämlich das seelische Geschehen, unter verschiedenen Gesichtspunkten anschauen, ergeben sich ihnen verschiedene Anschauungen!

Ich hoffe aber, daß ich zeigen konnte, daß sich diese verschiedenen Anschauungen nicht in einem Ausschließungsverhältnis gegenüberstehen, daß vielmehr zahlreiche Berührungspunkte gegeben sind. Freud gelangte in der konsequenten Verfolgung seiner Triebtheorie mit der Konzeption von Eros und Todestrieb zu einer Auffassung, die in ihrer umfassenden Großartigkeit und ihrer polaren Anordnung sich mit der Jungschen Auffassung berührt, wenngleich auch durch seine Sicht, die das Triebhafte in den Vordergrund stellt, die Pole seiner Welt in der Gegensätzlichkeit eines Triebpaares gesehen werden und verdeckt bleibt, daß diese Gegensätzlichkeit letzten Endes nicht einem bloß dynamischen Prinzip „Trieb" entstammen kann, sondern seine Ursache in einem strukturierenden geistigen Prinzip haben muß.

Tatsächlich überschreitet Freud in „Jenseits des Lustprinzips" seinen eigenen Denkansatz und kommt zu einem metaphysischen, strukturierten Weltbild, in dem von Anfang an zwei große Schicksalsmächte, „mythische Wesen", sich gegenüberstehen und in dem ein Lebensgefühl zum Ausdruck kommt, das die Großartigkeit einer griechischen Schicksalstragödie widerspiegelt. Aber vergessen wir nicht: Freud überspringt hier seinen mechanistisch-materialistischen, kausal-reduktiven Ansatz und rekurriert nicht auf das „Nichts", sondern auf zwei ab origine strukturierte, geistige Prinzipien: Eros und Thanatos. Damit schlägt er eine

Brücke zur Transzendenz, die er von seinem Ansatz her abgerissen zu haben schien.

Die in seiner Theorie sonst aber durchgängige Anwendung des Kausalitätsprinzipes führt zu einer scharfsichtigen Erklärung psychischer Einzeldaten und Motivationsketten, wodurch psychisches Geschehen gewissermaßen „handhabbar" wird. Jedoch gilt auch hier: zwar läßt sich in (psychisches) Geschehen nur eingreifen, wenn man Kausalitäten kennt, die sinnvolles Handeln ermöglichen. Nimmt man aber Kausalität als allein herrschendes Prinzip, dann erlischt jede Freiheit und jeder Zweck wird hinfällig. Unser therapeutisches Handeln jedoch ist immer zweckgebunden, also final orientiert.

2. Exkurs: Schelling und Jung

Die polare Anordnung der seienden Dinge

Im Unterschied zum materialistisch beeinflußten Freudschen Denken fügen sich die Konzeptionen Jungs in die Tradition einer idealistischen Philosophie ein, wobei sich besonders überraschende Übereinstimmungen mit Gedankengängen in der Philosophie Schellings zeigen. Freilich muß man dabei beachten, daß Jung von psychologischen Tatbeständen ausgeht und in psychologischen Termini formuliert, Schelling aber philosophisch-spekulative Gedankengänge verfolgt, wodurch sich unter Umständen eine verschiedene Nomenklatur ergibt, wo der Sache nach dasselbe oder ähnliches gemeint ist.

Die polare Anordnung des Seins, die Welt als „ein Gegensatzgemälde" ist die ontologische Basis der Jungschen Psychologie. Alles Seiende konstituiert sich durch Gegensätze und aus der Spannung der Gegensätze entstammt die Energie alles Lebendigen, die Libido.

Auch für Schelling stellt Polarität (und Steigerung) ein Grundprinzip seiner Naturerklärung dar (siehe Zeltner 1954, 123). Auch bei ihm ist alles Sein, jede Erscheinung nur möglich, wo sich Kräfte entgegenstehen: „Ohne Gegensatz kein Leben" (Schelling IV, 327). Fast programmatisch formuliert er in einer frühen Schrift („Von der Weltseele etc."): „Es ist erstes Prinzip einer philosophischen Naturlehre, *in der ganzen Natur auf Polarität und Dualismus auszugehen*" (Schelling I, 527). Auch seine weiteren Ausführungen nehmen die späteren Jungschen Vorstellungen vorweg: „Ein solcher Dualismus aber muß angenommen werden, weil ohne entgegengesetzte Kräfte keine lebendige Bewegung möglich ist [Der Fluß der Libido!]. Reelle Entgegensetzung aber ist nur da denkbar, wo die Entgegengesetzten dennoch zugleich in einem und demselben Subjekt gesetzt sind" (ebd., 458).

Konsequent erscheint die Polarität, die der Anordnung der seienden Dinge zugeschrieben wird und die in der Tiefe zugleich Identität ist, bei Schelling und Jung wieder im Begriff Gottes. Für Schelling ist die Gottheit zugleich Zornes-Kraft und Liebe, Ja und Nein: „Aber eben weil sie [die Gottheit] die ganze und ungetheilte, das ewige Ja und das ewige Nein ist, ist sie auch wieder weder das eine noch das andere und die Einheit beider. Es ist hier keine eigentliche Dreiheit außereinander befindlicher Principien, sondern die Gottheit ist, als das Eins, und eben weil sie das Eins ist, sowohl das Nein, als das Ja und die Einheit von beiden" (Schelling IV, 675; vergleiche dazu den Gottesbegriff Jungs: Dritter Teil B 6, S. 141).

Schelling begreift den göttlichen Schöpfungsprozeß und die menschliche Selbstbewußtwerdung als Entsprechungen. Was Jung als Individuationsprozeß beschreibt, in welchem der Schwerpunkt der Persönlichkeit von dem engen Bezirk des bewußten Ichs in Richtung auf das „Selbst" verlagert wird und der die Konfrontation mit den Inhalten des dunklen Unbewußten und deren teilweise Integration bedeutet, klingt bei Schelling deutlich an: „Aber wie der Mensch im Proceß seiner Selbstbildung oder Selbstbewußtwerdung das Dunkle, Bewußtlose in sich von sich ausschließt, sich entgegensetzt, nicht um es ewig in dieser Ausschließung, in diesem Dunkel zu lassen, sondern um dieses Ausgeschlossene, dieses Dunkle selbst allmählich zur Klarheit zu erheben, es hinaufzubilden zu seinem Bewußten, so schließt auch Gott das Niedere seines Wesens zwar von dem Höheren aus und drängt es gleichsam von sich selbst hinweg, aber nicht um es nun in diesem Nichtseyn zu lassen, sondern um es aus ihm zu erheben, um aus dem von sich ausgeschlossenen Nichtgöttlichen – aus dem, was nicht Er selber ist, und was er eben darum von sich geschieden, das ihm Ähnliche und Gleiche zu erziehen, heraufzubilden, zu schaffen. Schöpfung besteht daher in dem Hervorrufen des Höheren, eigentlich Göttlichen in dem Ausgeschlossenen . . . dieses untergeordnete Wesen, dieses Dunkle, Bewußtlose, was Gott beständig von sich, als Wesen, von seinem eigentlichen Inneren hinwegzudrängen, auszuschließen sucht, ist die Materie (freilich nicht die schon gebildete), und die Materie also nichts anderes als der bewußtlose Theil von Gott" (Schelling IV, 326/327).

Die Möglichkeit von Erkenntnis

Die Möglichkeit von Erkenntnis ist für Schelling gegeben durch die Identität von Natur und [erkennendem] Geist: „Das System der Natur ist zugleich das System unseres Geistes" (Schelling I, 689).

Die Möglichkeit von Erkenntnis ist für den idealistischen Philosophen in das Innen des erkennenden Subjektes verlagert. Wenn Schelling sagt: „Wir kennen unmittelbar nur unser eigen Wesen, und nur wir selbst sind uns verständlich" (ebd., 687), so entspricht das der von der psychologischen Erfahrung herkommenden Auffassung Jungs, wonach „die Psyche und ihre Inhalte die einzige Wirklichkeit darstellen, die uns unmittelbar gegeben ist" (JGW VIII, 247).

Organismus und Psyche

Schelling sieht die lebendige Organisation ganz entsprechend wie Jung die Psyche als ein sich selbst organisierendes, sich selbst regulierendes Prinzip. Der Organismus bedeutet für Schelling „sich selbst organisierende Materie" (siehe Zeltner 1954, 119). Entsprechend ist für Jung „die Psyche ein System mit Selbstregulierung" (JGW VII, 67).

Der lebendige Organismus läßt sich für Schelling nicht ausschließlich mechanisch erklären. In ihm spricht sich ein eigenes geistig-gestaltendes Prinzip aus. „Nun ist aber Mechanismus allein bei weitem nicht das, was die Natur ausmacht. Denn sobald wir ins Gebiet der organischen Natur übertreten, hört für uns alle mechanische Verknüpfung von Ursache und Wirkung auf. Jedes organische Produkt besteht für sich selbst . . . Daher nur aus Organisation Organisation sich bildet. Im organischen Produkt ist eben deswegen Form und Materie unzertrennlich; diese bestimmte Materie konnte nur zugleich mit dieser bestimmten Form, und umgekehrt, werden und entstehen. Jede Organisation ist also ein Ganzes; ihre Einheit liegt in ihr selbst . . . so läßt sich der Ursprung einer Organisation, als solcher, mechanisch ebenso wenig erklären, als der Ursprung der Materie selbst" (Schelling I., 690/691).

Form und Stoff, Geist und Materie

Die Identität von Form und Materie, Geist und Natur begründet für Schelling die Möglichkeit von Erkenntnis der äußeren Dinge durch das Subjekt: „Die Natur soll der sichtbare Geist, der Geist die unsichtbare Natur seyn. Hier also, in der absoluten Identität des Geistes in uns und der Natur außer uns, muß sich das Problem, wie eine Natur außer uns möglich [und erkennbar] sei, auflösen" (ebd., 706). Das erkenntnistheoretische Problem (wie kann das Subjekt zu einem Wissen über die außer ihm seienden Dinge gelangen?) erfährt bei Schelling eine idealistisch-realistische Lösung, realistisch insofern er den äußeren Dingen in gewissem Sinne ihre objektive Realität beläßt. Entsprechend behandelt er das Leib-Seele-Problem, wobei er in bezug auf das Subjekt die Seele als geistig-gestaltendes Prinzip setzt. So wird man etwas stärker spezifizierend und auf den Menschen angewandt seine Formulierung „Geist, als Princip des Lebens gedacht, heißt Seele" (ebd., 701) auslegen dürfen. Schelling beläßt also Form und Materie, Geist und Natur grundsätzlich in ihrer eigenen Gültigkeit*, muß aber, um eine Brücke zwischen beiden zu schlagen, ihre gleichzeitige und ursprüngliche Identität fordern.

In der psychologischen Sicht Jungs wird der Dualismus Geist–Materie ersetzt durch den von Geist und Trieb, wobei der Trieb zurückverweist auf seine physiologisch-materielle Grundlage und „die psychischen Vorgänge als energetische Ausgleiche zwischen Geist und Trieb erscheinen" (JGW VIII, 237). Die Brücke zwischen den Gegensätzen ist das organisierende seelische Prinzip des Archetypus (vergleiche 2. Teil B 2.1 und 2.4 sowie 3. Teil B 6).

Der Archetypus ist zunächst „das eigentliche Element des Geistigen" (ebd. 236), wird aber, sobald er sich psychisch realisiert, gewissermaßen mit der Materie sich berührt und sich in diese einsenkt, zum „Formprinzip der Triebkraft" (ebd. 243) und verschmilzt schließlich untrennbar

---

* Insofern unterscheidet er sich von Spinoza, auf den diese Gedankengänge sicher zurückweisen, der jedoch im Versuch, die Descartsche Scheidung des Seienden in eine res cogitans und eine res extensa zu überwinden, eine einzige, unteilbare Substanz postulierte und Geist und Materie nur als verschiedene Erscheinungsformen bzw. Auffassungsformen derselben annahm. „Wir haben nämlich gezeigt, daß die Idee des Körpers und der Körper, das heißt . . . der Geist und der Körper ein und dasselbe Individuum sind, das bald unter dem Attribute des Denkens, bald unter dem der Ausdehnung gedacht wird . . ." (Spinoza 1966, 77).

mit seinem Gegensatz, eben dem Trieb. Durch diese Verschmelzung gewinnt er die ihm eigene Dynamik und wird zu einem „kraftgeladenen, autonomen Zentrum" (JGW VII, 76) der Psyche. Also auch hier steht als erstes der Gegensatz (Geist–Trieb*), aus dem sich die Bewegung, der Fluß der Libido ergibt, aber in der seelischen Wirklichkeit des archetypischen Bildes fallen die Gegensätze ineins, in ihrer psychologischen Wirklichkeit werden sie identisch.

Bei Jung werden Stoff und Form (Geist) zu Modi des Bewußtseins reduziert, womit Jung in größere Nähe zu Spinoza rückt und so eine Lösung des Leib-Seele-Problems versucht: „Stoff sowohl wie Geist erscheinen in der seelischen Sphäre als kennzeichnende Eigenschaften von Bewußtseinsinhalten. Beide sind ihrer letzten Natur nach transzendental, das heißt unanschaulich, indem die Psyche und ihre Inhalte die einzige Wirklichkeit darstellen, die uns unmittelbar gegeben ist" (JGW VIII, 247).

Mythologie, Götter, Ideen, Archetypus

Schellings Auffassung der Mythologie könnte man geradezu als philosophische Vorwegnahme der Jungschen Psychologie des kollektiven Unbewußten ansehen. In den folgenden kursorischen Ausführungen muß man beachten, daß Schelling offenkundig, wenn er von Bewußtsein spricht, nicht das individuelle, gewissermaßen „bewußte Bewußtsein" meint, sondern einen überindividuellen geistigen Hintergrund der Menschheit, der in diesem Zusammenhang dem entspricht, was Jung das kollektive Unbewußte nennt. Schelling geht vom Allgemeinen aus und ordnet dem Menschheits-„Bewußtsein" das zu, was durch seine Manifestationen (eben den Mythos) dem Bewußtsein zugänglich wird. Jung dagegen geht von der Beobachtung am Einzelnen aus und findet die allgemeinen Strukturen dieser Schöpfungen des Menschheitsbewußtseins wieder in dem Unbewußten des Individuums. Er erkennt dabei, daß die

---

* Obgleich „Trieb" an sich schon ein Prinzip der Bewegung oder des Bewegens ist, ordnet ihn Jung doch, wie oben erwähnt, so eng seiner materiellen Basis zu, daß er im Gegensatz Geist–Trieb diese vertreten kann. Andererseits gelangt der Trieb nur zu seiner Realisierung in der Begegnung mit seinem Widerpart, dem Geist, insofern Trieb jeweils nur in einer bestimmten Gestalt erscheint, in eine bestimmte Gesamtsituation eingebettet ist: „Es gibt nämlich keinen amorphen Trieb, in dem jeder Trieb die Gestalt seiner Situation hat" (JGW VIII, 230).

Inhalte dieses Unbewußten weit hinausreichen über die Grenzen individueller Bedingtheit, daß sie vielmehr kollektives Besitztum der Menschheit sind.

Für Schelling ist die Mythologie nicht zu erklären als überhöhte Erzählung aus der Vorgeschichte der Menschheit. Er lehnt ihre historische Begründung ab. Sie findet bei ihm ihre Wurzeln im menschlichen Bewußtsein selbst (Bewußtsein im Schellingschen Sinne, der die psychologische Trennung in bewußt/unbewußt nicht durchführt). Er rechnet es sich als Verdienst zu „daß ihre Entstehung in das *Innere* der ursprünglichen Menschheit versetzt wurde, daß nicht mehr Dichter oder kosmogonische Philosophen oder Anhänger einer geschichtlich vorausgegangenen religiösen Lehre als Urheber galten, sondern das menschliche *Bewußtseyn* selbst als der wahre Sitz und das eigentliche erzeugende Princip der mythologischen Vorstellungen erkannt wurde" (Schelling VI, 201). Ebensowenig ist für ihn die Mythologie ein willkürliches Erzeugnis der Phantasie.

Es sind überindividuelle Mächte, die den „mythologischen Prozeß" in Bewegung setzen. Sie gewinnen im Menschheitsbewußtsein bildhafte Gestalt, aber zugleich sind die Menschen früher und heute ihrer realen Macht unterworfen: „Es sind überhaupt nicht die Dinge, mit denen der Mensch im mythologischen Proceß verkehrt, es sind *im Innern des Bewußtseyns selbst aufstehende Mächte*, von denen es bewegt ist" (Schelling VI, 209). An anderer Stelle schreibt er: „Die mythologischen Vorstellungen verhalten sich im allgemeinen als reine *innere* Ausgeburten des menschlichen Bewußtseyns ... Sie konnten also ... nicht als Erzeugnisse irgendeiner besonderen *Thätigkeit*, zum Beispiel der Phantasie usw. erscheinen, sondern nur als Erzeugnisse des Bewußtseyns selbst in seiner Substanz. Dadurch allein begreift sich ihre Substantialität, ihr Verwachsenseyn mit dem Bewußtseyn..." (Schelling VI, 383/384). Die mythologische Welt ist eine *urbildliche* Welt und gerade dadurch gewinnt sie ihre Realität: „Nur als Typus – gleichsam als die urbildliche Welt selbst – hat die Mythologie allgemeine Realität für alle Zeiten" (Schelling III, 432/433).

Die Mächte, die den „mythologischen Prozeß" in Gang bringen, aber auch das, was sich bildhaft im Bewußtsein abbildet, nämlich die mythologischen Götter werden von Schelling als real aufgefaßt. Der Mythos stellt sie symbolisch dar. Im Symbol sieht Schelling eine Ineinsbildung des Besonderen und des Allgemeinen: *„Dieselben Ineinsbildungen des Allgemeinen und Besonderen, die an sich selbst betrachtet Ideen, das heißt Bilder des Göttlichen sind, sind real betrachtet Götter.* . . Ideen sind sie nur, inwiefern sie Gott in besonderer Form. Jede Idee ist also = Gott, aber ein besonderer Gott" (Schelling III, 410). Idee und Mythos sind beide Darstellungen des Absoluten, aber: „Im mythologischen Symbol verschwindet das Allgemeine im Besonderen, in der Idee dagegen das Besondere im Allgemeinen" (Zeltner 1954, 294).

Ich möchte mich auf diese – sehr bruchstückhafte – Darstellung der Schellingschen Gedanken beschränken. Sie genügen, um die Nähe zu den Jungschen Vorstellungen zu belegen. Auch für Schelling ist die mythologische Welt eine urbildliche, archetypische Welt. Wie bei Jung sind ihre Inhalte keine Erfindungen der Phantasie, sondern Bildungen, die einem allgemeinen menschlichen „Bewußtsein" substantiell zugehören. Damit erweisen sie sich als Strukturen der menschlichen Psyche, wie die Archetypen. Und wie diesen kommt ihnen wirkende Kraft zu. Während jedoch die Archetypen Jungs gewissermaßen dem Menschen eigene, zunächst nur innerpsychische Realitäten bleiben, haben für Schelling die mythologischen Götter eigenständige Realität, insofern für ihn „die absolute Realität der Götter unmittelbar aus ihrer Idealität folgt" (Schelling III, 411). Ideen und Götter gründen für ihn im Absoluten, sie sind das Absolute in der Gestalt des Besonderen und gewinnen ihre Realität immer nur durch ihr Enthaltensein im Absoluten. Für Jung, der von der psychologischen Erfahrung ausgeht, bleiben die Archetypen ihrer Bedeutung nach zunächst beobachtbare Strukturen der kollektiven Psyche. Für Schelling sind die Ideen und die mythologischen Götter Brükken zum Absoluten, zum *einen*, nicht mehr erkennbaren Gott.

Vierter Teil

Die Übertragung
in der Psychologie
von S. Freud und C. G. Jung

„Wer erkennt, daß Übertragung und Widerstand die Drehpunkte der Behandlung sind, der gehört nun einmal rettungslos zum wilden Heer".
Freud an Groddeck 1917*

* Sigmund Freud, Briefe 1960

Vierter Teil

Die Übertragung
in der Psychologie
von S. Freud und C. G. Jung

A Die Übertragung in der Freudschen Psychoanalyse

1. Vorbemerkung: Arbeitsbündnis und Übertragung

Die Freudsche Psychoanalyse ist ein dialogischer Prozeß zwischen Arzt und Patient, der, vereinfacht ausgedrückt, auf zwei Ebenen abläuft. Auf der ersten Ebene spielt sie sich in einer rationalen Beziehung zwischen dem „Wahrnehmungs-Ich" des Arztes auf der einen und dem des Patienten auf der anderen Seite ab. Hier nimmt der Patient die Realaspekte des Analytikers wahr. Es ist dies die Ebene des Behandlungsbündnisses (Sterba, Sandler u. a.) oder Arbeitsbündnisses (Greenson)*. Freud hat auf diese Seite der Arzt-Patientenbeziehung abgehoben, wenn er in „Grundriß der Psychoanalyse" schreibt: „Wir schließen einen Vertrag miteinander, das kranke Ich verspricht uns vollste Aufrichtigkeit, d. h. die Verfügung über allen Stoff, den ihm seine Selbstwahrnehmung liefert, wir sichern ihm strengste Diskretion zu und stellen unsere Erfahrung in der Deutung des vom Unbewußten beeinflußten Materials in seinen Dienst. Unser Wissen soll sein Unwissen gutmachen, soll seinem Ich die Herrschaft über verlorene Bezirke des Seelenlebens wiedergeben. In diesem Vertrag besteht die analytische Situation" (FGW XVII, 98). Wenn Freud hier vom kranken Ich spricht, so meint er offensicht-

---

* Der „Contract" Menningers dagegen geht vom realen Vertrag aus, der zwischen Analytiker und Patient abgeschlossen wird. Dieser bestimmt ebenso die äußeren Bedingungen der Behandlung, wie Stundenfolge und Bezahlung etc., als auch die spezifischen Bedingungen des analytischen Prozesses, wie rückhaltlose Offenheit und freie Assoziation des Patienten und vollkommene Diskretion des Analytikers. Daraus ergeben sich wieder die Besonderheiten der Interaktionen, z. B. die Zurückhaltung des Analytikers auf der einen, Regressions- und Übertragungstendenzen des Patienten auf der anderen Seite. Der Behandlungsvertrag („Contract") ist also der Rahmen und die Grundlage für alle Gegebenheiten des analytischen Prozesses und umfaßt sowohl die Ebene des Arbeitsbündnisses als auch die der Übertragung (Menninger und Holzmann, 1977).

lich das Ich in einer sehr weiten Bedeutung und denkt an den kranken Patienten als solchen. Er wendet sich jedoch in seinem Vertrag an *gesunde* Anteile des Ich, welche in der Lage sind, die Realaspekte der analytischen Situation zu erkennen und ihnen während der Durchführung der Analyse zu genügen. Das heißt aber, daß dieser Vertrag auf der Ebene des Arbeitsbündnisses abgeschlossen wird. Freud hat diese Seite der Arzt-Patientenbeziehung nie in einem speziellen Konzept dargestellt (siehe Sandler et al., 1973, 25), er beschrieb diese vielmehr immer unter dem Gesichtspunkt der Übertragung, auch wenn in dem, was er einen „ordentlichen Rapport" oder „Attachement des Patienten an den Arzt" nannte, ein gut Teil Realwahrnehmung von Seiten des Patienten eingeschlossen ist (siehe dazu FGW VIII, 473).

Sicherlich ist es nützlich, die beiden Ebenen des Arbeitsbündnisses und der Übertragung begrifflich zu unterscheiden, auch wenn sie sich in der Wirklichkeit der analytischen Beziehung gegenseitig durchdringen.

Greenson definiert das Arbeitsbündnis als „die nicht-neurotische, rationale, vernunftgemäße Verbindung des Patienten mit dem Analytiker, die ihn befähigt, trotz seiner Übertragungsimpulse in der analytischen Situation mitzuarbeiten" (Greenson und Wexler, 1971, 210). Allerdings schließt auch er an anderer Stelle einen Teil der positiven Übertragung in das Arbeitsbündnis als dessen gefühlsmäßige Grundlage mit ein: „Diese Unterscheidung zwischen Übertragungsreaktionen und Arbeitsbündnis ist jedoch nicht absolut, da das Arbeitsbündnis Elemente der infantilen Neurose enthalten kann, die schließlich analysiert werden müssen. Zum Beispiel: Der Patient arbeitet eine Zeitlang gut, um die Liebe des Analytikers zu gewinnen, und dies führt schließlich zu starken Widerständen . . ." (Greenson 1973, 204). Trotzdem bleibt es dabei, daß „das eigentliche Bündnis im wesentlichen durch das einsichtsfähige Ich des Patienten und durch das analysierende Ich des Analytikers gebildet wird" (Greenson 1966, 83).

Die Formen der Beziehung des Patienten zum Arzt die man unter dem Begriff einerseits des Arbeitsbündnisses, andererseits der Übertragung kennzeichnet, sind in verschiedenem Mengenverhältnis immer gleichzeitig vorhanden: „Arbeitsbündnis" und „Übertragung" sind begriffliche Destillate, die gewissermaßen Extrempositionen der analytischen und der zwischenmenschlichen Beziehung überhaupt darstellen.

Entscheidend ist, daß auf der Ebene des Arbeitsbündnisses die Realwahrnehmung überwiegt, Arzt und Patient vorwiegend ihre gegenseitige Realität, wie sie in der gegebenen Situation sich jeweils darstellt, durch die Funktion eines mehr oder weniger intakten Ich erkennen können.

Demgegenüber tritt auf der Ebene der Übertragung die Realwahrnehmung zurück und der Arzt wird an die Stelle der ersten Beziehungspersonen des Patienten gesetzt. Die Konflikte, die der Patient an diesen erlebte, erfahren eine Neuauflage in der Beziehung zum Analytiker. Von daher gewinnt die Übertragung in der Psychoanalyse ihre große Bedeutung.

Ich möchte die Prozesse auf dieser Ebene zunächst von der Seite des Patienten aus betrachten, wir werden aber sehen, daß, was hier beschrieben wird, prinzipiell in derselben Weise auch für das Verhalten (im weiteren Sinne) des Analytikers gilt (Gegen-Übertragung).

Was versteht nun die Psychoanalyse unter Übertragung?

Dazu eine Vorbetrachtung.

Prinzipiell hat jeder Erkenntnisvorgang ein Innen und ein Außen, eine Subjekt- und eine Objektseite. Das heißt, Erkennen ist ebenso abhängig von der Struktur des Erkenntnisvermögens des Subjektes, wie von der Struktur des zu erkennenden Objektes. Wir gewinnen auf Grund unserer Sinneswahrnehmungen und auf Grund ihrer denkenden und fühlenden Verarbeitung ein Anschauungsbild des Objektes, welches in uns ist und bestenfalls eine Entsprechung des außer uns seienden Real-Objektes darstellt.* Die ersten Bedingungen unseres Erkenntnisvermögens sind ohne Zweifel verankert in unserer menschlichen Natur als solcher. Sie gehören zu unserer genetisch festgelegten, spezifischen menschlichen Ausrüstung, genau so, wie unsere körperliche Gestalt durch genetische Faktoren vorgegeben ist. Mit diesen inneren Gegebenheiten begegnen

---

* Vergleiche in der neueren Literatur den „Weltbildapparat" und die Auffassung des „hypothetischen Realismus" von Konrad Lorenz. Der hypothetische Realismus beinhaltet die „Annahme . . ., daß alle Erkenntnis auf Wechselwirkung zwischen dem erkennenden Subjekt und dem erkannten Objekt beruht, die beide gleichermaßen wirklich sind" (K. Lorenz, 1975, 25). In diesem Erkenntnisvorgang wird der jeweils spezifische Ausschnitt und das spezifische Bild der äußeren Welt bestimmt durch die Spezifität des jedem Lebewesen eigenen „Weltbildapparates", das ist das Insgesamt der Leistungen seiner Sinnesorgane und der psychischen Verarbeitung der von diesen gelieferten Daten.

wir den Objekten der äußeren Welt und in dieser Begegnung bilden wir uns Anschauungsformen oder -bilder, Imagines, die zu einem Bestandteil unseres Innen werden. Diese Bilder sind abhängig in ihrer Differenziertheit und Realitätsentsprechung vom Differenzierungsgrad, das heißt, vom Entwicklungsstand unseres Erkenntnisvermögens. Sie werden demnach beim kleinen Kind nur eine unvollkommene Entsprechung der tatsächlich gegebenen Realität darstellen, vielleicht nur Teilaspekte derselben erfassen.

Drei wesentliche Dinge kommen hinzu:

Erstens: Wir haben bisher nur von einem Erkenntnisvorgang im Sinne der Wahrnehmung und der Konstituierung gewissermaßen neutraler Inbilder (Imagines) gesprochen. In jedem Zusammentreffen mit dem Außen *erlebt* das Subjekt aber: d. h. mit dem Erkenntnisvorgang ist unlösbar emotionales Erleben verknüpft: Angst und Hoffnung, Enttäuschung und Befriedigung, Liebe und Haß. Deshalb sind diese Inbilder Träger von mehr oder weniger starken Affekten, die an sie geheftet sind.

Zweitens: Diese Imagines bilden eigenständige, innerseelische Strukturen, die bis zu einem gewissen Grade von den Realobjekten, an denen sie sich ausgebildet haben, abgelöst sind.

Drittens: Zu diesen zunächst mehr oder weniger undifferenzierten, einseitigen und affektiv geladenen Imagines bilden wir im innerseelischen Raum spezifische „*Beziehungsgrundformen*" aus (Rapaport 1973, 130), die wir immer wieder an die uns neu entgegentretenden Objekte herantragen (übertragen), deren Realität wir möglicherweise damit verfälschen. Andererseits gewinnen die Imagines der ersten Objekte durch die Wiederholungen von Erfahrung an diesen selbst und durch Erfahrung an neuen Objekten an Differenziertheit und zunehmender Realitätsanpassung, vorausgesetzt, daß sie in Kommunikation mit dem Bewußtsein und den Realitäts-Funktionen des Ich bleiben.

Was die Psychoanalyse interessiert, sind nun nicht die vorgegebenen, in der Anlage verankerten Strukturen unseres Erkennens, sondern jene im Erleben an den ersten Beziehungspersonen gewonnenen Inbilder und Beziehungsmuster, die unser späteres Erleben der Menschen und der Welt überhaupt wesentlich bestimmen und diesem Erleben seine individuelle Färbung, Tiefe und Weite verleihen.

Die Projektion (im weiteren Sinne) nun von Gefühlen, Vorstellungen, Imagines und Beziehungsformen, die an den ersten Beziehungspersonen sich ausgebildet haben, auf gegenwärtige Personen und aktuelle Situationen, nennt die Psychoanalyse Übertragung.

Dadurch, daß der psychoanalytische Prozeß wesentlich auf der Ebene der Übertragung abläuft, die Entstehung von Übertragung begünstigt und in der Auflösung von Übertragung sein Ziel hat, gewinnt diese ihre große Bedeutung.

Schema I

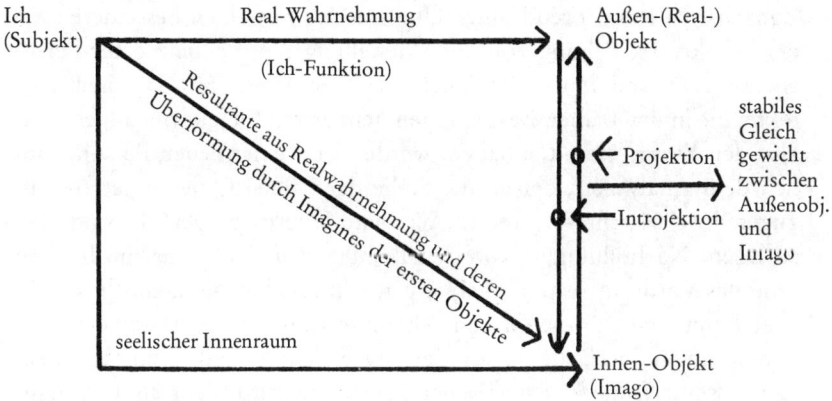

Erste Imagines
und Bezeichnungsgrundformen

Nach diesem Schema wird die tatsächliche Beziehung zu einem Objekt – das bedeutet aber auch dessen „innere Erkenntnis" – dargestellt durch die Resultante aus der Realwahrnehmung des Ichs und den innerseelisch bereitliegenden Imagines. Im Vorgang des Erkennens wird das Objekt ins Innen hereingenommen und unterliegt hier einem Prozeß der Angleichung an und der Überformung durch die vorbestehenden Vorstellungs- und Gefühlsmuster. Zwischen Inbild und Außen-Objekt besteht eine ständige Wechselwirkung, in welcher einerseits das Inbild bis zu einem gewissen Grade das Realobjekt überformt, andererseits aber auch durch die Realwahrnehmung des Außenobjektes Korrekturen und Ausdifferenzierungen des Inbildes stattfinden. Schließlich stellt sich eine gewisse Gleichgewichtslage her, welche einem relativ stabilen Wahrnehmungs- und Inbild des Objektes entspricht.

2. Die Übertragung

2.1 Der Begriff der Übertragung

Zunächst verstand Freud unter Übertragung nur einen besonderen Fall der Affektverschiebung von der Vorstellungsrepräsentanz einer Person auf die einer anderen (s. Laplanche-Pontalis 1972, 552). Das heißt, Affekte, die in den frühen Beziehungen dem ersten Objekt (im allgemeinen also den Eltern) gegolten haben, werden jetzt einer neuen Person, nämlich dem Analytiker, der an die Stelle der frühen Objekte getreten ist, zugeteilt. 1904 schreibt Freud: „Was sind Übertragungen? Es sind Neuauflagen, Nachbildungen von den Regungen und Phantasien, die während des Vordringens der Analyse erweckt und bewußt gemacht werden sollen, mit einer für die Gattung charakteristischen Ersetzung einer früheren Person durch die Person des Arztes. Um es anders zu sagen: eine ganze Reihe früherer psychischer Erlebnisse wird nicht als vergangen, sondern als aktuelle Beziehung zu der Person des Arztes wieder lebendig" (FGW V, 279).

In der weiteren Entwicklung kommt es aber zur Auffassung, daß nicht allein Affekte und Phantasien übertragen werden, sondern daß die Imagines selbst oder einzelne Aspekte derselben ebenso wie Aspekte von psychischen Instanzen (Überich und Ichideal) übertragen werden können (s. auch Laplanche-Pontalis 1972, 551). Danach handelt es sich bei Übertragung wie oben schon definiert wurde, um Gefühle und Vorstellungskomplexe (Imagines), die sich in der frühen Vergangenheit des Patienten am Erleben mit seinen ersten Beziehungspersonen – besonders also den Eltern – herausgebildet haben, sowie um die Beziehungsgrundformen des Ich zu diesen Imagines und ihren Aspekten, die jetzt in der aktuellen Beziehung zum Analytiker neu belebt und als gegenwärtig erlebt werden.

Um nomenklatorische Unklarheiten zu vermeiden, möchte ich noch bemerken, daß zwischen Projektion im engeren Sinne und Übertragung unterschieden werden muß:

Psychodynamisch handelt es sich beim *Übertragungsgeschehen* vorwiegend um *Verschiebungen*. Unter dem topischen Gesichtspunkt (s. Zweiter Teil A, S. 60, Fußnote) werden dabei unbewußte Vorstellungen und Affekte, die den Inbildern der ersten Beziehungspersonen zugehören, auf rezente Vorstellungen im Vorbewußten, das heißt innerhalb der Analyse auf die Vorstellungsrepräsentanz vom Analytiker verschoben. Nach Freud hat nämlich die unbewußte Vorstellung überhaupt nur dann die Möglichkeit ins Vorbewußte (und weiter ins Bewußtsein) einzutreten, wenn sie sich „mit einer harmlosen, dem Vorbewußten bereits angehörigen Vorstellung in Verbindung setzt, auf sie ihre Intensität überträgt und sich durch sie decken läßt" (FGW II/III, 568).

Es handelt sich dabei also um die Verschiebung von Vorstellungsinhalten und Affekten von einer Vorstellungsrepräsentanz auf eine andere. Dabei können wir die erste Vorstellungsrepräsentanz, weil sie sich von den ersten Objekten herleitet und ihnen entspricht, als primäre Objektrepräsentanz bezeichnen, die andere, auf welche die Verschiebung statthat, als sekundäre Objektrepräsentanz, die in der Analyse also dem Inbild des Analytikers entspricht. So gesehen handelt es sich also zunächst um einen rein innerpsychischen Vorgang. Das Inbild des Analytikers wird jetzt durch die Verschiebung überlagert von Teilaspekten oder auch von der mehr oder weniger vollständigen primären Imago selbst. Insofern aber die Imagines in Beziehung zum Realobjekt stehen, kann man die Brücke, über die diese Verbindung von innen nach außen oder von außen nach innen hergestellt wird, kaum anders bezeichnen als mit den Worten Projektion bzw. Introjektion im weiteren Sinne.

Im *engeren Sinne* versteht man jedoch unter *Projektion* eine Verlagerung von Anteilen der Selbst-Repräsentanz bzw. von Ich-Strukturen auf Außen-Objekte bzw. unter *Introjektion* die Hereinnahme von Aspekten eines Außen-Objektes in die Selbst-Repräsentanz, also in Strukturen, die das Individuum als zuinnerst sich selber zugehörig empfindet und die man auch als Kern-Introjekte bezeichnen kann (s. auch Greenson, 1973, 187). Innerseelisch stehen diese Selbst-Repräsentanzen als Konstituenten des zeitlichen Kontinuums und der Kohärenz des Selbst- und des Identitätsgefühls der Persönlichkeit den Imagines als Objekt-Repräsentanzen von Außenobjekten gegenüber. Das innerseelische Leben spielt sich ab in der Auseinandersetzung zwischen Selbst-Repräsentanzen und Imagines (siehe dazu auch die Ausführungen unter A 5, S. 178 f).

Zusammenfassend handelt es sich bei Übertragung um Gefühle und Vorstellungskomplexe (Imagines), die sich in der frühen Vergangenheit des Patienten am Erleben mit seinen ersten Beziehungspersonen herausgebildet haben, sowie um die Beziehungsgrundformen des Selbst zu diesen Imagines und ihren Aspekten, die jetzt in der aktuellen Beziehung zum Analytiker neu belebt und als gegenwärtig erlebt werden. Außerdem auch um Vorgänge von Projektion und Introjektion, in denen die Selbst-Repräsentanzen bzw. die Ich-Strukturen der Persönlichkeit gewissermaßen in direkten Kontakt und Austausch mit dem Real-Objekt treten können.

2.2 Übertragung im weiteren und im engeren Sinne

In der Beziehung zu einem Objekt spielen immer sowohl Übertragung als auch Realitätswahrnehmung eine Rolle. Die Übertragung ist also eine allgemeine Erscheinung, die in der analytischen Situation nur besonders gut sichtbar wird: „Beziehungen zwischen Menschen setzen sich immer aus Übertragungen und Realität zusammen. Es gibt keine Situation, in der nicht beide, wenn auch in verschiedenem Maße, eine Rolle spielen" (E. u. G. Ticho, 1969, 19).

Das heißt

Erstens: daß alle Wahrnehmung sofort überlagert und umgeformt wird durch den Einfluß früheren Erlebens.

Zweitens: daß je stärker und starrer der Einfluß dieses Vorerlebens ist und je weiter es sich entfernt von der tatsächlichen Realität des aktuellen Objektes, desto mehr dieses verzerrt und realitätsentfremdet erlebt wird. Es entsteht dann ein Inbild des aktuellen Außenobjektes, welches mehr oder weniger von diesem differiert. Im Umgang mit dem aktuellen Objekt wird das Inbild allerdings immer wieder an diesem gemessen, beide stehen in einer ständigen Wechselwirkung. Ebenso wie zunächst das aktuelle Objekt durch die Projektion des Inbildes verzerrt wird, kann andererseits das Inbild durch die Auseinandersetzung mit dem aktuellen Realobjekt korrigiert werden. Es ist dies eine Frage des Kräfteverhältnisses zwischen der Ich-Funktion „Wahrnehmung" und den unbewußten Übertragungsgefühlen. (Ebenso auch eine Frage der Bewußtwerdung der unbewußten Projektions- bzw. Verschiebungsmechanismen. Davon später.)

Jedenfalls halten wir fest, daß Übertragung ein allgegenwärtiger Vorgang ist, der in jeder menschlichen Beziehung eine Rolle spielt. Deswegen kommt der Übertragung eine durchaus sinnvolle Funktion zu. Im Akt des Erkennens wird das Objekt ins Innen hereingenommen und unterliegt hier einem Vorgang der Angleichung an die vorbestehenden Vorstellungs- und Gefühlsmuster, der sie in Form eines Lernprozesses an diese angliedert (s. Kemper 1969). Das heißt, die einmal gebildeten inneren Strukturen und Imagines bilden das Gerüst, welches erst die Aufnahme neuer Erfahrungen ermöglicht und wesentlich beteiligt ist an der Prägung dieser neuen Inhalte. Innen und Außen stehen in einem ständigen Wechselverhältnis gegenseitiger Beeinflussung. Daraus geht auch hervor, daß Übertragung nicht immer störend zu sein braucht, wie dies zunächst die Erfahrungen der Psychoanalyse zu lehren schienen.

Nach Kuiper (Kuiper 1969, 95 ff) kann man den *adaptiven Gesichtspunkt* heranziehen, wenn man Übertragung im weiteren und im engeren Sinne unterscheiden will. Um *Übertragung im weiteren Sinne* handelt es sich dann, wenn die Übertragungsphänomene adaptiv wertvoll oder doch mindestens nicht störend sind. Sind sie störend, starr, unkorrigierbar und verstellen sie die Wirklichkeit, anstatt ein aufnahmebereites Gefüge für neue Wirklichkeitsaneignung anzubieten, dann handelt es sich um *Übertragung im engeren Sinne*. Wir können dies besser verstehen, wenn wir uns die Genese der Übertragungsinhalte noch einmal vor Augen halten: Die ersten Beziehungspersonen vermitteln uns *Erlebens- und Verhaltensmuster* und es hängt davon ab, wie realitätsgerecht diese Beziehungsgrundformen sind, damit sie sich später als adaptiv wertvoll erweisen, das heißt uns die Möglichkeit geben, realitätsgerechte neue Erfahrungen zu machen, oder ob sie uns den Zugang zur Realität durch ihre Inadäquanz, Starrheit und eventuell ihren angstauslösenden Charakter versperren. *Ganz wesentlich ist die Frage, ob unbewußte infantile Konflikte mit diesen ersten Beziehungspersonen fortdauern und in die neue Beziehung hineingetragen werden.*

So kann man vielleicht in einer ganz allgemein gehaltenen Form sagen, daß Inbilder, die verknüpft sind mit Gefühlen der Bedürfnisstillung,

Sicherheit und Liebe den Zugang zur Realität öffnen und gegebenenfalls durch gegenteilige Erfahrungen am aktuellen Objekt korrigierbar sind. Inbilder, die vorwiegend frustrierende, angstauslösende Aspekte haben, versperren den Zugang zur Realität und sind sehr viel schwerer zu korrigieren.

In der Begegnung mit einer gegenwärtigen Person, auf die wir frühere Erfahrungen und Aspekte von Inbildern übertragen, formen wir dieses Objekt durch unsere Übertragung bis zu einem gewissen Grade um und gewinnen ein Bild von ihm, welches mehr oder weniger von seiner Realität abweicht. Aber, und das ist das Entscheidende: unsere Übertragung geschieht zwangsläufig und unbewußt und wir nehmen das Bild, das wir uns von diesem Objekt machen, für das Objekt selbst. Wir übertragen Konflikte auf diese neuen Objekte, erleben sie wieder mit ihnen, die eigentlich den ersten Beziehungspersonen gegolten haben, ohne daß wir uns dieses Zusammenhanges bewußt sind. Hier, wo es um adaptiv störende Übertragungsphänomene (Übertragung im engeren Sinne) geht, beginnt das Feld der Psychoanalyse.

2.3 Die psychoanalytische Situation und die Übertragung

Die klassische psychoanalytische Situation bringt die Übertragungsphänomene klarer und deutlicher zum Vorschein, als dies unter normalen, im Alltagsleben gegebenen psychologischen Bedingungen der Fall ist. Das ist der Grund, warum die Übertragung erst durch die psychoanalytische Methode entdeckt wurde. Drei Bedingungen der analytischen Situation insbesondere fördern das Hervortreten von Übertragungserscheinungen.

Erstens: Die *teilnehmend-verstehende Haltung* des Analytikers und die liegende Position des Patienten wiederholen eine ursprüngliche Mutter-Kind-Beziehung, die die Regressionsneigung des Patienten verstärkt, das heißt, er wird eher bereit sein, angelernte Schutzhaltungen aufzugeben und infantile Gefühle zum Zuge kommen zu lassen: die Libido des Patienten strömt zu infantilen Ausgangspunkten bzw. Konfliktfeldern zurück. Dadurch werden diese neu belebt und drücken sich in seinen Gefühlen und in seinem Verhalten dem Arzt gegenüber aus. Die Regression ist also eine wesentliche Voraussetzung für das Übertragungsgeschehen.

Zweitens: Unsichtbarkeit und Zurückhaltung des Analytikers (die Analyse soll in der „Abstinenz" durchgeführt werden; Freud FGW XII, 187) bedeuten aber auch eine ständige *Versagung* für den Patienten, welche seine Regressionstendenz verstärkt.

Menninger und Holzman (1977) gehen auf die Bedeutung der Regression in der Analyse ausführlich ein. Zu den Faktoren, welche Regression in Gang setzen, bemerken sie: „Was die Aristotelische Lehre von der komplexen Verursachung betrifft, so kann die ‚causa formalis' der Regression der Grundregel, der gewährenden Haltung der Analyse, dem eigentlichen Wesen der therapeutischen Situation zugeschrieben werden. Die ‚causa materialis' wäre dann gerade das Vorhandensein einer Neurose, das Bedürfnis des Patienten nach Hilfe, die schon bestehenden Tendenzen zu einer Regression. *Die ‚causa efficiens' wäre die Versagung in der Analyse* ... (Hervorhebung vom Verf.) Schließlich wäre die ‚causa finalis' die vorausgesetzte Fähigkeit des Patienten zur letztlichen Reintegration, zum Wiederbeginn des Wachstums und zur ‚Kur'" (Menninger und Holzman 1977, 67 Fußnote).

Drittens: Die *Unsichtbarkeit* des Analytikers, der hinter dem Patienten sitzt und seine Haltung „gleichschwebender Aufmerksamkeit" (FGW VIII, 377, XIII, 215) lassen seine Bedeutung als Realobjekt absinken und evozieren die Projektion von Inbildern des Patienten auf ihn. (Freud GW VIII, 384: „Der Arzt soll undurchsichtig für den Analysierten sein und wie eine Spiegelplatte nichts anderes zeigen, als was ihm gezeigt wird." Aber weiter: „Es ist allerdings praktisch nichts dagegen zu sagen, wenn ein Psychotherapeut ein Stück Analyse mit einer Portion Suggestivbeeinflussung vermengt, um in kürzerer Zeit sichtbare Erfolge zu erzielen ... aber man darf verlangen ... daß er wisse, seine Methode sei nicht die der richtigen Psychoanalyse". Hier drückt sich eine pragmatische Haltung Freuds aus).

In der beschriebenen klassischen analytischen Situation entwickelt sich die Übertragung unter einer Art Vollzugszwang, man muß sie nicht „fordern" wie C. G. Jung einmal kritisch schreibt (JGW XVI, 184).

2.4 Inhalt, Motivation und Dynamik der Übertragung

Was in der Analyse zum Vorschein kommt und zur Entdeckung der

Übertragung geführt hat, ist die adaptiv störende, offensichtlich inadäquate und realitätsverzerrende Übertragung.

In ihr dienen die vorerworbenen Imagines und Beziehungsgrundformen nicht mehr als Ordnungsgefüge, in welches neue, aus der Wahrnehmung der äußeren Realität stammende Erfahrungen, eingebaut werden könnten. Sie sind vielmehr Korrekturen und einer realitätsgerechten Ausdifferenzierung weitgehend unzugänglich. Dies liegt daran, daß sie in einen verdrängten, im Unbewußten fortdauernden infantilen Konflikt einbezogen sind. Dadurch, daß dieser Konflikt verdrängt, unbewußt und der bewußten Bearbeitung entzogen ist, wird sein Verhältnis zur äußeren Realität gewissermaßen eingleisig: das konflikthafte Material wird zwar unbewußt nach Außen projiziert und verfälscht die Wahrnehmung der Wirklichkeit, ist aber seinerseits dem Einfluß der bewußten Wahrnehmung entzogen. Erst durch die Bewußtmachung des konflikthaften Materials wird seine Bearbeitung und damit die Auflösung des zwanghaften, die Wirklichkeit verzerrenden Übertragungsgeschehens möglich.

Bei den Übertragungsneurosen faßt Freud als Kernkonflikt den intestuösen, ödipalen Konflikt (siehe S. 37, Fußnote) auf. Zwar mögen in verschiedenen Phasen der Analyse und auf verschiedenen Ebenen des psychischen Geschehens andere konflikthafte Inhalte in die Übertragung einfließen (etwa auf der oralen Ebene ungestillte Bedürfnisse nach mütterlicher Liebe, nach Geborgenheit und Nahrung), aber diese früheren Konflikte münden letzten Endes alle in den ödipalen Konflikt ein, geben ihm sein besonderes individuelles Gepräge und verhindern seine phasengerechte und gesunde Lösung.

Die motivierende Kraft der Übertragung im engeren Sinne ist also immer ein unbewußter infantiler Konflikt, der eben in der Übertragung nach seiner Auflösung und Erledigung drängt. Dieser Konflikt beinhaltet einen wie auch immer gearteten Triebanspruch, der in einer bestimmten Phase der infantilen Entwicklung nicht phasengerecht verarbeitet werden konnte, der Verdrängung anheim fiel und im Unbewußten seine affektive Ladung behielt. Aus dieser unbewußten affektiven Spannung bezieht er seine Dynamik. Dieser im Unbewußten wirkende Affekt treibt den Übertragenden dazu, „seine in der Vergangenheit unerfüllt gebliebenen Ansprüche und die unbefriedigend verlaufenen Versuche, sie zu bewältigen, immer wieder an geeignet erscheinende neue Objekte

und Situationen heranzutragen, in der Erwartung, diesmal zu einer befriedigenden Lösung zu gelangen" (Kemper 1969, 39).
In der Freudschen Psychoanalyse stellt die Bearbeitung des infantilen (inzestuös-sexuellen) Konfliktes das *zentrale Anliegen* dar.

2.5 Die Bedeutung der Übertragung in der Psychoanalyse und die Übertragungsneurose

Wie wir gesehen haben, stellt sich die Übertragung in der analytischen Situation unter einer Art Vollzugszwang her (in „Jenseits des Lustprinzips" demonstriert Freud den Wiederholungszwang geradezu am Beispiel der Übertragung). Der Analytiker wird so einbezogen in das Beziehungsfeld des infantilen Konfliktes und tritt an die Stelle der ersten Beziehungspersonen. Das gesamte konflikthafte Material gruppiert sich um seine Person wie um einen Brennpunkt und läßt so die *Übertragungsneurose* entstehen, welche die vorbestehende, durch ihre Symptome ausgezeichnete Neurose ersetzt. „Wenn der Patient nur so viel Entgegenkommen zeigt, daß er die Existenzbedingungen der Behandlung respektiert, gelingt es uns regelmäßig, allen Symptomen der Krankheit eine neue Übertragungsbedeutung zu geben, seine gemeine Neurose durch eine Übertragungsneurose zu ersetzen, von der er durch die therapeutische Arbeit geheilt werden kann" (FGW X, 134/135). Tatsächlich kann man mit Eintritt der Übertragungsneurose beobachten, daß die Symptome des Patienten oft verschwinden: die neurotische Symptomatik wird durch die Übertragungsneurose ersetzt.
Es zeigt sich jetzt aber, daß die Übertragung nicht, wie es Freud zuerst erschien, in der Behandlung nur ein Störfaktor ist („Mit der Übertragung ist es ja überhaupt ein Kreuz!" Brief an Pfister vom 5. 6. 1910, zit. nach Kemper 1969, 37), sondern daß sie zu einem wertvollen Werkzeug der Analyse werden kann. Die „Tatsache der Übertragung erweist sich bald als ein Moment von ungeahnter Bedeutung, einerseits ein Hilfsmittel von unersetzlichem Wert, andererseits eine Quelle ernster Gefahren" (FGW XVII, 100). Diesen Gefahren kann man nur begegnen, wenn man die Übertragung als solche erkennt und mit ihr umzugehen vermag. Dann aber wird erst durch sie eigentlich die Bearbeitung des infantilneurotischen Konfliktes möglich. Das hat vor allem zwei Gründe: Ein-

mal wird in der Übertragungsneurose neurotisches Material aktiviert und überhaupt erst zugänglich, das heißt für den Analytiker erkennbar*, zum anderen kommt es durch die Aktualisierung der früheren Konflikte zu eben jener Deutlichkeit und Stärke der Gefühle im Patienten, die erst die erlebensmäßige Grundlage dafür schaffen, daß bei ihrer Bearbeitung eine dauerhafte Veränderung erzielt werden kann. Freud sagt dazu: „. . . denn was der Patient in den Formen der Übertragung erlebt hat, das vergißt er nicht wieder, das hat für ihn stärkere Überzeugungskraft als alles auf andere Art Erworbene" (ebd., 103).

Die Bedeutung von Übertragung und Übertragungsneurose besteht also darin, daß in ihnen der neurotische Konflikt in der aktuellen Beziehung zum Arzt zur Darstellung kommt. Für den Patienten bedeutet dies, daß er den neurotischen Konflikt in der aktuellen Situation als gegenwärtigen, lebendigen Konflikt und in der Auseinandersetzung mit einem realen Gegenüber austragen kann, dies jedoch unter neuen Bedingungen. Dem Arzt gibt die Übertragung das Bewußtsein, daß er die „Krankheit [des Patienten] nicht als eine historische Angelegenheit, sondern als eine aktuelle Macht zu behandeln habe" (FGW X, 131). So wichtig jedoch das Zustandekommen von Übertragung und Übertragungsneurose ist, so sehr muß man im Auge behalten, daß diese an sich ein noch unbewußter Prozeß und eine zwanghafte Wiederholung eines infantilen Konfliktes ist, welcher gegenüber dem Analytiker agiert wird. Freud hat daher auch betont, daß es unbedingt notwendig ist; „den Bereich dieser Übertragungsneurose möglichst einzuschränken, möglichst viel in die Erinnerung zu drängen und möglichst wenig zur Wiederholung zuzulassen" (FGW XIII, 17). Diese Einschränkung des Bereiches der Übertragungsneurose erfolgt jedoch im Nachhinein: Zunächst muß der Arzt den Patienten „ein gewisses Stück seines vergessenen Lebens wiedererleben lassen und hat dafür zu sorgen, daß ein Maß von Überlegenheit erhalten bleibt, kraft dessen die anscheinende Realität doch immer wieder als Spiegelung einer vergessenen Vergangenheit erkannt wird" (ebd.). Das heißt, daß der Analytiker die Ich-Funktion der Realwahrnehmung beim

---

* Freud: „Ein anderer Vorteil der Übertragung ist noch, daß der Patient uns in ihr mit plastischer Deutlichkeit ein wichtiges Stück seiner Lebensgeschichte vorführt, über das er uns wahrscheinlich sonst nur ungenügende Auskunft gegeben hätte. Er agiert gleichsam vor uns, anstatt uns zu berichten" (FGW XVII, 101).

Patienten stärken muß, damit dieser immer wieder instand gesetzt wird, die aktuelle Irrealität seiner Übertragungsbeziehung zu erkennen. Diese Ich-Stärkung geschieht durch die Übertragungsdeutung.

2.6 Die Übertragungsdeutung und die Überwindung (Auflösung) der Übertragung

In der Übertragung erlebt der Patient eine Neuauflage des infantilen Konfliktes in der aktuellen Gegenwart wieder. Er nimmt den Konflikt, in den jetzt der Analytiker einbezogen ist, gewissermaßen als bare Münze. Freud schreibt dazu: „Offenbar besteht die Gefahr dieser Übertragungszustände darin, daß der Patient ihre Natur verkennt und sie für neue reale Erlebnisse hält anstatt für Spiegelungen der Vergangenheit . . . Der Analytiker hat die Aufgabe, den Patienten jedesmal aus der gefahrdrohenden Illusion zu reißen, ihm immer wieder zu zeigen, daß es eine Spiegelung der Vergangenheit ist, was er für ein neues reales Leben hält" (FGW XVII, 102).

Der Analytiker verbündet sich mit dem Ich des Patienten und stärkt dessen Fähigkeit, die Realität zu erkennen. „Wir überwinden die Übertragung, indem wir dem Kranken nachweisen, daß seine Gefühle nicht aus der gegenwärtigen Situation stammen und nicht der Person des Arztes gelten, sondern daß sie wiederholen, was bei ihm bereits früher einmal vorgefallen ist. Auf solche Weise nötigen wir ihn, seine Wiederholung in Erinnerung zu verwandeln " (FGW XI, 461).

Die *Übertragungsdeutung* zeigt also die Irrealität der aktuellen Gefühleinstellung des Patienten zum Arzt auf, erweist sie als eine Spiegelung unbewußter Gefühle, die früher einer anderen Person galten und im Grunde ihr auch jetzt noch gelten.

Die schwierige Frage, wie eine Übertragungsdeutung wirkt, das heißt zur Auflösung der Übertragung führt, möchte ich nur kurz erörtern. Freud war offenbar zunächst der Ansicht, daß die Deutung sofort in der Lage sei, nicht nur dem Patienten intellektuelle Einsicht in die Irrationalität seiner Gefühle zu geben, *sondern diese Gefühle selbst aufzulösen.* Er spricht davon, daß durch Bewußtmachen die Übertragung immer wieder vernichtet werde (siehe FGW V, 281). Man könnte daraus schließen, daß jede zutreffende Übertragungsdeutung diese sofort auflöse. Die

Erfahrung lehrt jedoch, daß dies offenkundig nicht der Fall ist. Die Übertragungsgefühle existieren weiter, ihre genetische Deutung verleiht dem Ich des Patienten jedoch eine gewisse Distanz, die ihm den Umgang mit diesen Gefühlen erleichtert bzw. erst ermöglicht. Doch bleibt er auf ein Stück Wiedererleben angewiesen. Deswegen schreibt Freud (in bezug auf die positive Übertragung): „Man hält die Liebesübertragung fest, behandelt sie aber als etwas Unreales, als eine Situation, die in der Kur durchgemacht, auf ihre unbewußten Ursprünge zurückgeleitet werden soll und dazu verhelfen muß, das Verborgenste des Liebeslebens der Kranken dem Bewußtsein und damit der Beherrschung zuzuführen" (FGW X, 314/315). Und an anderer Stelle: „Zum Schlusse einer analytischen Kur muß die Übertragung selbst abgetragen sein und wenn der Erfolg sich jetzt einstellt oder erhält, so beruht er nicht auf der Suggestion, sondern auf der mit ihrer Hilfe vollbrachten Leistung der Überwindung innerer Widerstände, auf der in dem Kranken erzielten inneren Veränderung" (FGW XI, 471).

Wir lösen also durch unsere Deutungen die Übertragung nicht einfach auf – können es auch gar nicht – wir halten sogar an ihr fest, denn sie ist ja das Leitseil, an welchem wir uns weiterarbeiten zu den tiefsten Motivationen des Patienten. Dagegen weist unsere Deutung die Irrealität der Übertragungsphänomene auf. Sie zeigt, daß es sich um etwas handelt, was aus dem Innen des Patienten kommt und sich herleitet von längst vergangenen Situationen. Das bedeutet, daß die Deutung jeweils die Realwahrnehmung stärkt und den Anteil, den sie am Aufbau des Innenobjektes nimmt, vergrößert. Gleichzeitig bedeutet eine Deutung etwa in dem Sinne: „Sie erleben in mir den Vater und sind wütend auf mich, weil Sie sich vom Vater zurückgewiesen fühlen", daß das neue Objekt – nämlich der Analytiker – die Gefühle des Patienten versteht und mindestens insofern auch billigt, daß er sie hat (nicht, daß er sie ausagiert!). Dadurch wird es dem Patienten möglich, unbewältigtes Erleben noch einmal auf einer Ebene höherer Organisation nachzuvollziehen und einer Korrektur zu unterwerfen. Das geschieht Schritt für Schritt, indem immer wieder konflikthaftes neurotisches Material auf den Analytiker projiziert und von diesem in seinen Bedingungen erkannt und gedeutet wird. Das Deuten des Analytikers wird dabei vom Patienten zugleich verstanden als ein einfühlendes verstehendes Verhalten, also gewissermaßen als eine Eigenschaft des Analytikers, welche vom Patienten mit dem Analytikerbild introjiziert wird und zur Korrektur seiner bislang neurotisch verzerrten Innenobjekte führt. Dieses verstehende Verhalten des Analytikers ist nur möglich, wenn er nicht auf die neurotische Übertragung, sei sie nun positiv oder negativ, einklinkt, das heißt wenn er sich nicht zu Gegenübertragungsreaktionen von Liebe oder Ärger und Wut evozieren läßt. Damit verhält er sich grundsätzlich anders als der Patient es sonst im allgemeinen erlebt. Denn das Schlimme ist ja, daß er in seinem Alltagsleben wie Kemper schreibt „ohne es zu wissen und es zu wollen durch sein *eigenes* Verhalten eine Reaktion des Objektes provoziert, die seiner einstigen traumatisierenden Früherfahrung entspricht" (Kemper 1969, 39 Fußnote).

Ich neige – wenn ich es richtig sehe in Übereinstimmung mit Melanie Klein – zu der Auffassung, daß es in dem ständigen Prozeß von Übertragung (im Sinne von Projektion) und Deutung nicht zur Aufgabe der infantilen Objekte kommt, sondern in einem nachholenden Prozeß zu ihrer Korrektur und schließlich zum Aufbau stabiler und guter innerer Objekte, die den Patienten unabhängiger von der Außenwelt machen. Die Deutung verhilft dem Patienten zu einer realitätsgerechteren Wahrnehmung des Analytikers, befähigt ihn, den Übertragungsanteil als aus seinem eigenen Innen stammend zu erkennen und das korrigierte Analytiker-Bild wieder zu introjizieren. Der Analytiker selbst wird so zu einem guten inneren Objekt, aber da sein Inbild in einem ständigen Austausch mit den Imagines der ersten Beziehungspersonen steht, scheinen auch diese sich aufzuhellen und zu stabilisieren (siehe auch Vierter Teil A 5). Dies führt gleichzeitig zu einer Ich-Stärkung, die unterstützt wird durch die mit jeder Deutung gegebene Verbesserung der Wahrnehmungsfunktion des Ich. Ich-Stärkung und die Herstellung stabiler und guter innerer Objekte dürften jene Veränderungen sein, von denen Freud spricht und von denen er den Erfolg der analytischen Kur abhängig macht. Sie werden durch die Bearbeitung der Übertragung ermöglicht und sie ermöglichen selbst wieder die endgültige Auflösung der Übertragung.

3. Die Gegenübertragung

Da die Übertragung ein ubiquitäres Phänomen ist, das eng mit dem menschlichen Erkenntnismodus verknüpft ist, und in jeder menschlichen Objekt-Beziehung eine Rolle spielt, ist es von vornherein klar, daß auch auf Seiten des Analytikers Übertragungsvorgänge eine Rolle spielen. Man hat deswegen Gegenübertragung auch schon im weitesten Sinne gefaßt und unter diesem Begriff überhaupt alle Vorstellungen und Gefühlsregungen subsummiert, die der Analytiker dem Patienten gegenüber hat. Es ist klar, daß diese allzu weite Fassung des Gegenübertragungsbegriffes diesen jeder Brauchbarkeit innerhalb des analytischen Geschehens beraubt.

Wie die Übertragung, so kann man auch die Gegenübertragung unter dem adaptiven Gesichtspunkt betrachten und eine Gegenübertragung im weiteren und engeren Sinne unterscheiden. Dann verstehen wir unter Gegenübertragung im engeren (eigentlichen) Sinne jene Übertragungsphänomene, die der Analytiker selbst in bezug auf seinen Patienten erlebt, die seine Adaption an und seine Einsicht in den Patienten stören, die zwar durch das Verhalten des Patienten in ihm ausgelöst werden, die jedoch ihre Wurzel in seinen eigenen unbewältigten infantilen Konflikten haben. Freud hat die Gegenübertragung unmißverständlich in Beziehung zu den eigenen unbewältigten Konflikten des Analytikers gebracht und – in Übereinstimmung mit C. G. Jung* – die Forderung der Eigenanalyse daraus abgeleitet. Er schreibt: „Wir sind auf die ‚Gegenübertragung' aufmerksam geworden, die sich beim Arzt durch den Einfluß des Patienten auf das unbewußte Fühlen des Arztes einstellt, und sind nicht weit davon, die Forderung zu erheben, daß der Arzt diese Gegenübertragung in sich erkennen und bewältigen müsse. Wir haben . . . bemerkt, daß jeder Psychoanalytiker nur so weit kommt, als seine eigenen Komplexe und inneren Widerstände es gestatten, und verlangen daher, daß er seine Tätigkeit mit einer Selbstanalyse beginne, und diese, während er seine Erfahrungen am Kranken macht, fortlaufend vertiefe" (FGW VIII, 108).

* In „Grundfragen der Psychotherapie" schreibt Jung: „Schon FREUD hat meinen Vorschlag akzeptiert, daß jeder Arzt, der sich mit dem Unbewußten seiner Patienten zu therapeutischen Zwecken beschäftigt, sich zuvor einer sogenannten *Lehranalyse* unterziehen sollte" (JGW XVI, 122).

Die Gegenübertragung stellt also in der Behandlung zunächst ein Hindernis dar. Sie bedeutet einmal, daß der Analytiker den Patienten an die Stelle eines eigenen frühen Objektes setzt, also seinerseits eine eigentliche Übertragung auf den Patienten ausbildet. Viel häufiger jedoch werden unter dem Einfluß des Patienten im Analytiker unbewußte und unbewältigte Konflikte aktualisiert, die ihn daran hindern, den Patienten unverstellt wahrzunehmen und auf dessen Konflikte in angemessener Weise einzugehen. Wenn z. B. Aggressionen im Analytiker unbewußte Ängste mobilisieren, wird es ihm schwerfallen, mit aggressiven Gefühlen des Patienten umzugehen und er wird Gefahr laufen, unbewußt sich mit dem Patienten so zu arrangieren, daß Aggressionen möglichst vermieden werden. Das kann aber bedeuten, daß ein wesentlicher Problemkreis außerhalb der Analyse bleibt (siehe auch Sandler et al. 1973, 57 ff).

Freud selbst hat immer nur diese störende Seite der Gegenübertragung im Auge gehabt und nicht, wie bei der Übertragung, auch die Möglichkeit beschrieben, die Gegenübertragung für die Therapie nutzbar zu machen. Auf diese Möglichkeit wies erstmals Paula Heimann hin, die zeigte, daß der Analytiker seine Gegenübertragungsgefühle für das bessere Verständnis des Unbewußten seiner Patienten einsetzen kann (Heimann 1950).

Auch dies ist natürlich nur möglich, wenn der Analytiker seine Gegenübertragung erkennt.

Das Erkennen, die Kontrolle und Auflösung der Gegenübertragung, die der Analytiker gewissermaßen in jedem Augenblick der Therapie leisten muß, ist deswegen aus drei Gründen erforderlich:

Erstens: Eine unerkannte Gegenübertragung verstellt dem Analytiker die Sicht auf den Patienten, verzerrt das Bild, das er vom Patienten hat.

Zweitens: Die konflikthaften Übertragungen des Patienten beruhen wesentlich auf unbewältigten Konflikten seiner ersten Beziehungspersonen, durch die dem Patienten wiederum die Lösung seiner eigenen Konflikte unmöglich gemacht wurde, das heißt es besteht eine enge Verkettung der Konflikte der ersten Beziehungspersonen selbst mit denen des Patienten im Sinne von Aktion-Reaktion. Dieser Konflikt-Verkettung entspricht eine Verzahnung der Gefühle, die sich auf beiden Seiten gegenseitig evozieren. Wenn daher eine Übertragungsreaktion des Patienten im Analytiker Gegenübertragungsgefühle auslöst, kann man annehmen, daß diese in etwa den Reaktionen der ersten Objekte des Patienten entsprechen, denn sie bilden eine Entsprechung zu den damals schon bestehenden, ineinander verzahnten und sich gegenseitig evozierenden Übertragungs-Gegenübertragungsreaktionen. Deswegen wird der Analytiker dazu neigen *in seiner Gegenübertragungsreaktion* dem Patienten genau jene inneren Haltungen und Gefühle entgegenzubringen, die dieser in der infantilen Situation von Seiten der ersten Beziehungspersonen traumatisch erlebt hat. Wenn dies aber so geschieht, dann ist eine Wiederholungssituation für den Patienten hergestellt, die den ursprünglichen Konflikt, da er unerkannt bleibt und nicht bearbeitet wird, verfestigt statt auflöst (s. auch Loch, 1965 b, 17/18).

Drittens: Wenn andererseits der Arzt begreift, daß er vom Analysanden eingesetzt wird in die Stelle der ersten Objekte und erlebt, daß die Übertragungsgefühle des Patienten in ihm ein ganz bestimmtes Muster von „Gegen-Gefühlen" evozieren, so kann er rückschließend erwarten, daß eben dieses evozierte Gefühlsmuster eine Entsprechung darstellt zu den Gefühlen und Reaktionen der ursprünglichen Beziehungspersonen. Wenn der Analytiker also imstande ist, seine Gegenübertragung zu erkennen und zu analysieren, gewinnt er aus ihr ein wertvolles diagnostisches Hilfsmittel, welches ihm eine vollständigere Kenntnis vermittelt über die ursprüngliche infantile Situation seines Patienten. Helene Deutsch (zit. nach A. Reich 1960, 187) geht noch weiter und erwartet vom Analytiker eine Identifizierung mit den ersten Beziehungspersonen des Patienten, was als *„komplementäre Identifizierung"* bezeichnet wird. Wenn jedoch die Provokation derartiger Gegenübertragungsgefühle auf stark konfliktgeladenes Material im Analytiker trifft, so können dessen Gegenübertragungsreaktionen eine solche Stärke gewinnen, daß ihm ein therapeutisch nützliches Umgehen mit ihnen nicht mehr möglich ist. Es wird also dann eine eigentlich pathologische Gegenübertragungsreaktion ausgelöst.

Obwohl also über die Gegenübertragung, das heißt auf dem Umweg über die eigenen Gefühle und Konflikte des Analytikers, durchaus Erkenntnisse in bezug auf den Patienten und seine ersten Objekte gewonnen werden können, bleibt diese Möglichkeit doch ein Umweg, behaftet mit der Gefahr, daß die Gegenübertragung nicht oder nicht genügend erkannt oder nicht beherrschbar und aus dem Umweg ein endgültiger Irrweg wird. Anni Reich schreibt dazu: „Nicht die Gegenübertragung als solche ist nützlich, sondern die Bereitschaft, Gegenübertragung zu erkennen und zu überwinden" (A. Reich, 1960, 188).

Es ist also von großer Wichtigkeit, die Gegenübertragung rechtzeitig bei sich selbst zu erkennen. Dazu ist es nötig, daß der Analytiker sich ständig selbst genau beobachtet und analysiert. Als Faustregel kann gelten, daß alle besonders starken Gefühle dem Patienten gegenüber der Gegenübertragung verdächtig sind und auf ihren eventuellen Gegenübertragungscharakter hin untersucht werden müssen.

4. Die Empathie

Trotz der Bedeutung von erkannten und diagnostisch eingesetzten Gegenübertragungsreaktionen führen die direkten Wege zum Verstehen des Patienten über unser klinisches und theoretisches Wissen und vor allem über unser Vermögen zur Einfühlung beziehungsweise *Empathie*. Wir können Empathie insofern als Gegenübertragung im weiteren Sinne auffassen, als jedes Einfühlen-Können ein vorgängiges eigenes entsprechendes Erleben im Analytiker voraussetzt. Nach Loch verstehen wir unter Empathie „diejenige Eigenschaft, die uns instand setzt ‚jene vorübergehenden *Versuchsidentifikationen*' (R. Fliess) vollziehen zu können, ohne die nur ‚dynamisch unwirksames Wissen' (Fenichel) entstünde" (Loch, 1965 a, 41).

Es handelt sich bei der Versuchsidentifikation also um eine passagere Identifikation mit dem Patienten, die uns erlaubt, seine Gefühle als die eigenen zu erleben und damit zu erkennen. In einem zweiten Schritt muß der Analytiker jedoch diese Identifizierung zurücknehmen, das heißt seine hier erlebten Gefühle wieder als jene des Patienten erkennen können. Wesentlich ist, daß im Unterschied zu den Prozessen bei der Gegenübertragung, jene Probeidentifizierungen im Rahmen des intuitiven sich Einfühlens nur mit kleinen Energiequanten besetzt sind. Die neutralisierte Besetzung des Patienten (welche der Wahrnehmungsfunktion des Ich entspricht) wird dabei nie aufgegeben. Immerhin gibt es auch bei der Probeidentifizierung die Gefahr, daß der Analytiker „in ihr steckenbleibt" (H. Deutsch, zit. nach A. Reich 1960, 187). Dann wird aus der Probeidentifizierung eine dauernde Identifizierung mit dem Patienten. Statt einer Allianz des Ichs des Analytikers mit den gesunden Ich-Anteilen des Patienten, wird eine Allianz des Unbewußten der beiden, was eine analytische Arbeit unmöglich macht.

5. Identifizierung, Strukturbildung und Übertragung

Ich schiebe hier unter dem Gesichtspunkt der Übertragung noch einmal eine Betrachtung ein, die zum besseren Verständnis der Besonderheiten der Vorstellungswelt der Psychoanalyse einerseits und der Jungschen Konzeption andererseits beitragen soll.

Wenngleich Freud sehr wohl die Bedeutung von Anlagefaktoren in der Entwicklung der Persönlichkeit und in der Entstehung der Neurosen kennt und würdigt, so befaßt sich die Psychoanalyse doch ganz vorwiegend mit Entwicklungen und Strukturbildungen, die in der Auseinandersetzung mit der Umwelt, also besonders mit den ersten Objekten, sich abspielen beziehungsweise entstehen, also mit dem, was im Seelenleben als erworben gelten kann.

In der Begegnung mit den ersten Beziehungspersonen bilden sich Imagines, Inbilder im Subjekt aus. Da diese Imagines im seelischen Innenraum dem Selbst* gegenüberstehen, kann man sie als „randständige Introjekte"

---

* Unter *„Selbst"* verstehe ich zunächst mit Hartmann (1972 b, 132) die Person in ihrer seelisch-körperlichen Gesamtheit; dann, in diesem Zusammenhang genauer, die innerseelische Grundlage und Repräsentanz des „Sich-als-sich-selbst-Erlebens" in seiner Kohärenz und Kontinuität. Die Kontinuität des Selbst (und seine libidinöse Besetzung) rechtfertigt seine Auffassung als eine seelische Struktur (vgl. Kohut 1973, 15). Innerseelisch stehen sich Selbst- und Objektrepräsentanzen gegenüber.
Das *„Ich"* ist eine seelische Struktur, ein Teilgebiet der Persönlichkeit, das durch seine Funktionen bestimmt wird (Hartmann 1972 b, 120). Die wichtigsten dieser Funktionen sind die Realitätsprüfung, Wahrnehmen, Denken, Handeln (die Beherrschung der Motorik), die Abwehrfunktionen und eine organisierende Funktion. In unserem Zusammenhange ist die Funktion der Wahrnehmung nach Außen und nach Innen am wichtigsten. Mit der Wahrnehmung nach Innen stellt sich das Ich beobachtend dem Selbst gegenüber: Selbstwahrnehmung! Faßt man das Selbst aber als die Gesamtheit der Person

bezeichnen. Aber auch das Selbst, sowie das Ich und seine Substrukturen entstehen nach der psychoanalytischen Theorie wesentlich durch Identifizierungsvorgänge mit den Beziehungspersonen. Das heißt in der Begegnung mit den Objekten formt sich über Introjektionsprozesse einerseits die Struktur des Selbst – andererseits entstehen die Inbilder (Imagines) der Objekte, die dem Selbst gegenüberstehen und dessen innere Handlungspartner bilden (s. Schema II). Diese Auffassung „setzt die Unterscheidung zwischen kern- und randständigen Introjekten voraus, wobei die Kernintrojekte den inneren Kern des Selbstes bilden, die randständigen Introjekte die inneren Objekte darstellen . . . Die Unterscheidung zwischen Ich und Imago entspricht dieser Unterscheidung aufs Genaueste" (Wisdom 1967, 108/109).

Schema II soll diese und die folgenden Vorstellungen veranschaulichen. In ihm ist primäre Imago = Imago einer ersten Beziehungsperson, sekundäre Imago = Imago des Analytikers (da das Schema sich auf die analytische Situation bezieht). Sekundäre Imago insofern es sich um die Imago einer Folgeperson der ersten Beziehungspersonen handelt (in diesem Falle der des Analytikers), die regelmäßig von den primären Imagines der ersten Beziehungspersonen überlagert wird. Gefühle und Vorstellungen, die der primären Imago eigen sind, werden innerseelisch auf die Imago des Analytikers verschoben. Bei stark überwiegendem Übertragungsgeschehen kann die ganze Analytiker-Imago durch die Gesamt-Imago eines primären Objektes überlagert werden, so daß praktisch keine Realwahrnehmung des Analytikers mehr möglich ist. Im allgemeinen werden jedoch beim Übertragungsgeschehen nur Teilaspekte der Imagines verschoben, so daß es nur zu einer teilweisen Überlagerung und Verzerrung der sekundären Imago kommt.

auf, dann wird das Ich wieder zu einem Organ des Selbst. Diese Schwierigkeit im Verhältnis von Ich und Selbst ergibt sich daraus, daß das Ich einerseits definiert wird durch seine Funktionen, daß es andererseits aber mit der Aufteilung des „seelischen Apparates" in Es, Ich und Überich eine topisch-räumliche Dimension erhält. Dabei wird angenommen, daß sowohl die Objekt- als auch die Selbstrepräsentanzen im Ich lokalisiert seien. Vielleicht sollte man besser so formulieren, daß das Ich die Selbst-(und Objekt-)Repräsentanzen in seinem *inneren Wahrnehmungsraum* vorfindet. Insofern jedoch das Selbst die Person in ihrer Gesamtheit meint, wird das Ich zu einem Teil und Organ des Selbst und damit gleichzeitig auch zu einem Organ der Wahrnehmung der inneren Repräsentanzen des Selbst.

Schema II

(modifiziert nach Wisdom 1967)

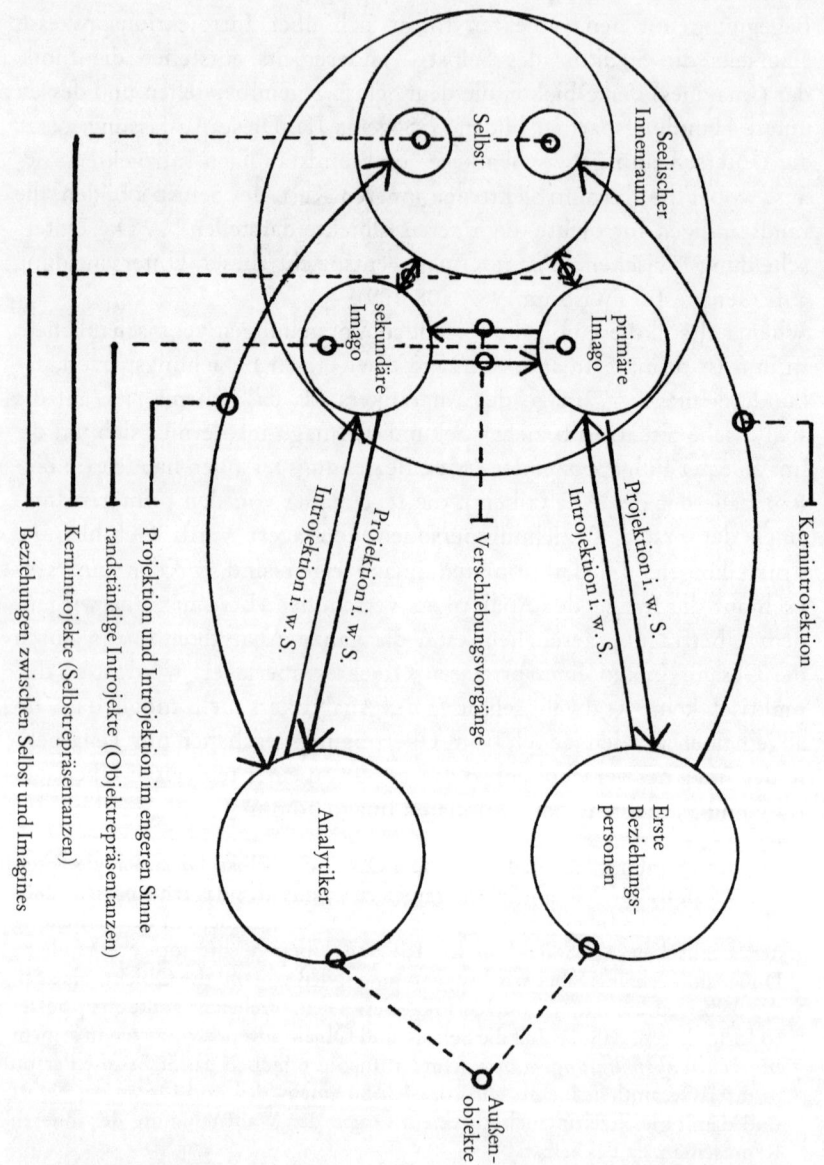

Seelischer Innenraum

Selbst

sekundäre Imago

primäre Imago

Introjektion i. w. S.

Projektion i. w. S.

Verschiebungsvorgänge

Introjektion i. w. S.

Projektion i. w. S.

Kernintrojektion

Analytiker

Erste Beziehungs-personen

Außen-objekte

Beziehungen zwischen Selbst und Imagines

Kernintrojekte (Selbstrepräsentanzen)

randständige Introjekte (Objektrepräsentanzen)

Projektion und Introjektion im engeren Sinne

Die Deutung stärkt die Wahrnehmung der Realität des Analytikers. Sie reinigt also seine Imago von den Überlagerungen durch die primären Imagines. Sofern konflikthafte Vorstellungen und Gefühle an der primären Imago haften, können auch diese abgebaut und die Gefühlseinstellungen des Selbst zur primären Imago weniger ambivalent werden. Das heißt, die Verarbeitung von konflikthaftem Erleben am Analytiker schafft ein stabiles und gutes Inbild des Analytikers, aber auch eine Aufhellung und Stabilisierung der Imago der ersten Beziehungspersonen. Diese können dadurch, ebenso wie der Analytiker, nachträglich realer wahrgenommen und in ihren eigenen Bedingtheiten besser erkannt und verstanden werden.

Sobald das Selbst konstituiert ist, hat es also zwei Handlungspartner:

a) das äußere Objekt, das es durch die Sinne wahrnimmt,

b) das Inbild, bzw. das Insgesamt der Inbilder, die eigentliche seelische Wirklichkeit, mit der es sich unmittelbar auseinandersetzen muß und welche ihrerseits eine komplizierte Herkunft hat. Die Inbilder entstehen durch die „randständige" Introjektion von Außenobjekten bzw. von Teilaspekten derselben. Introjiziert wird aber erstens das, was das Ich am Objekt wahrnimmt: Je undifferenzierter das Ich ist, desto unvollkommener wird sein Wahrnehmungsvermögen sein, und die introjizierten Aspekte des Realobjektes werden nur ein sehr bruchstückhaftes, unvollkommenes und verzerrtes Abbild des Außenobjektes abgeben. Dies gilt um so mehr, als die Bildung der für die Übertragung entscheidenden Imagines in eine frühe Entwicklungsperiode fällt, in der die Realwahrnehmung des Ichs noch schwach und undifferenziert ist. Weiter muß man annehmen, daß das Subjekt eigene Affekte, die aus ihm selbst kommen (z. B. primäre Aggression: Freud und Melanie Klein; aber auch idealisierte Vorstellungen von Allmacht: Kohuts idealisierte Eltern-Imago) auf das Objekt projiziert. Durch solche Projektionen erleidet das Realobjekt weitere Verzerrungen und mit eben diesen Verzerrungen wird es wieder introjiziert.

Aus diesen Gründen entstehen Imagines, die den Realobjekten zunächst nur wenig entsprechen. Diese Imagines und die Beziehungsgrundformen, die sich zwischen dem Selbst und ihnen entwickeln, werden nun wieder auf die Außenobjekte projiziert. Es entsteht jetzt ein Wechselspiel zwischen Projektion und Reintrojektion. In ihm stellt die Realwahrnehmung des Ichs einen korrigierenden und modifizierenden Faktor dar. Sofern die Übertragung im Sinne der Projektion des Inbildes auf das Realobjekt überwiegt, wird das Realobjekt erlebt wie die Imago. Andererseits wird das Ich jedoch durch die Wahrnehmung des Außenobjektes belehrt, daß dieses anders sei als die Imago. Und soweit das Ich wahrnehmen kann, wird das Realobjekt in seiner größeren Wirklichkeit erfaßt und introjiziert, wodurch die Imago differenzierter und wirklichkeitsnäher wird. Die Übertragungsdeutung unterstützt die Wahrnehmungsfunktion des Ichs und trägt zur Entzerrung der Imagines bei.

Mit jeder Übertragungsdeutung sagt der Analytiker zugleich: „Ich bin nicht der, als den Du mich siehst." Er fordert also eine Ablösung der projizierten Imagines von seiner „Realgestalt" bzw. eine Korrektur seines Inbildes im Patienten. Trotzdem halte ich es für wahrscheinlich, daß der Analytiker in der Analyse bis zuletzt den Platz der Eltern-Imagines einnimmt. Soweit es um die Übertragung sehr wichtiger Imagines geht, scheint keine vollständige Trennung der Inbilder von Analytiker und ersten Objekten einzutreten, vielmehr scheint eine realitätsgerechtere Ausgestaltung der Analytiker-Imago ebenfalls zu einer Aufhellung und realitätsgerechteren Umbildung der Imago der ersten Objekte zu führen. Dies erstens vielleicht dadurch, daß gewissermaßen das Licht der Analytiker-Imago auf die primären Imagines fällt, mit denen sie teilweise verschmolzen ist, und zweitens dadurch, daß im Verlauf der analytischen Arbeit sowohl die Imago des Analytikers als die Imagines der ersten Beziehungspersonen von aggressiven Zügen gereinigt werden, die aus der Projektion der dem Subjekt eigenen Aggression stammt.

Aus dieser Auffassung scheint sich zu ergeben, daß es nicht genügt, dem Patienten zu zeigen, daß er den Analytiker nicht so sieht, wie er ist, bzw. Übertragungen zu deuten. Vielmehr muß der Analytiker mindestens implicite und ein Stückchen weit zeigen, wer er ist und wie er ist. Der Patient kann nur einen Aspekt des Analytikers introjizieren, den er wahrnehmen kann. Dies trifft auf die randständigen Introjektionen zu, welche die Imagines korrektiv verändern. Es trifft ebenso sehr zu für die Kern-Introjektionen, welche Veränderungen im Selbst des Patienten bewirken. Denn nach der Auffassung der Psychoanalyse geschieht Strukturbildung wesentlich über Identifizierungen, und wo Strukturen geändert werden sollten, kann auch dies wesentlich nur über Identifizierungen geschehen.*

Die indifferente Zurückhaltung des Analytikers dient der Entwicklung einer unverstellten Übertragung und deren Sichtbarwerden. Die Deutung weist dem Patienten die Übertragung als Übertragung auf, als etwas, das aus ihm selbst kommt und nicht dem Objekt zugehört. Das (nicht agierende) Sich-Zeigen des Objektes (des Analytikers) hilft dem Patienten ebenfalls, Übertragung als Übertragung zu erkennen, zugleich aber auch durch Introjektion der Realaspekte seine Imagines zu korrigieren und sich dadurch in seinem Selbst über Kern-Introjektionen ändern zu können.**

Schließlich noch eines. Die Auflösung oder Korrektur verzerrter Imagines hilft dem Patienten eventuell im Nachhinein, die ersten Objekte – seine Eltern – realitätsgerechter zu sehen. Zu sehen, daß sie „eigentlich gar nicht so waren". Denn in der frühkindlichen Entwicklung sind „die Imagines ein phantastisch verzerrtes Bild der realen Objekte"

---

* Dazu eine Äußerung Menningers: „Ein gewisses Maß an Identifikation mit dem Analytiker ist unvermeidlich, wenn es notwendigerweise auch nicht anzuhalten braucht" (Menninger 1977, 116). Und an früherer Stelle über die Haltung des Analytikers: „Unter Stabilität verstehen wir die Bereitschaft des Analytikers, *nicht* auf die Übertragungen des Patienten zu reagieren . . . Diese konsequente Haltung verschafft ein in zunehmendem Maße unveränderliches Bild darüber, was und wer der Analytiker in Wirklichkeit sein kann, wenn er nach und nach von den Verzerrungen der Übertragung befreit ist" (ebd., 91).

** Es könnte allerdings auch sein, daß die zurückhaltende, tolerante Haltung des Analytikers dem Patienten die Möglichkeit gibt, seine Vorstellung von einem guten, unzerstörbaren Objekt (also Vorstellungen, die aus dem Patienten selbst stammen und seinen Bedürfnissen entsprechen), auf den Analytiker zu projizieren. Mit der Reintrojektion des so ausgestatteten Analytiker-Bildes könnte er dann ein inneres Objekt aufbauen, dessen Qualitäten mehr seinen eigenen Bedürfnissen als den realen Eigenschaften des Analytikers entsprechen würden. Erleichtert wird dieser Prozeß dadurch, daß der Analytiker in der analytischen Situation – die ihn dazu befähigt – eine Haltung von Güte, Toleranz und Festigkeit einnimmt. Es ist sicher wichtig zu sehen, daß die analytische Situation es dem Analytiker ermöglicht, in einer Art künstlicher Realität Qualitäten zu entwickeln, über die er unter normalen Bedingungen nicht in gleichem Maße verfügen könnte, die jedoch für den Heilungsprozeß des Patienten wesentlich sind.

(M. Klein, 1962, 44). Das heißt, im gegebenen Falle führt die Analyse zu einer Versöhnung mit den Eltern-Imagines (und den Eltern), und vielleicht ist dies der einzige Weg auch zu einer Versöhnung mit sich selbst. Zurückhaltung und Sich-Zeigen des Analytikers entsprechen den analytischen Ebenen der Übertragung auf der einen und des Arbeitsbündnisses auf der anderen Seite.

Es braucht kaum gesagt zu werden, daß das „Sich-Zeigen" kein Agieren sein darf, sondern vor allem besteht in einem ruhigen und festen Dasein für den Patienten durch alle Schwierigkeiten der Behandlung hindurch. Gewissermaßen erst hinter diesem Bild des beständigen und zuverlässigen Analytikers können die Züge seiner Persönlichkeit mit ihren Eigenarten, Vorzügen und Schwächen durchscheinen.

Ich bin auf diese Dinge eingegangen, nicht nur ihres großen allgemeinen Interesses wegen, sondern um noch einmal zusammenfassend zu zeigen, wie sehr in der Psychoanalyse die Sicht gerichtet ist auf einen dialogischen Prozeß zwischen dem Subjekt und seinen Beziehungspersonen. Wie sehr das Subjekt selbst sich in und aus diesen Beziehungen heraus konstituiert, das heißt wie sehr es sein „So-Sein" einem vorgegebenen Außen – den Objekten – verdankt. Dies im Gegensatz zu Jung, dessen Blick gerichtet ist auf das, was primär und unabhängig vom Außen in der Seele des Subjekts angelegt ist und aus sich heraus zur Verwirklichung drängt.

B Die Übertragung in der Psychologie von C. G. Jung

1. Vorbemerkung

In dem Bemühen um das Verständnis der Neurosen ging es Freud, wie wir gesehen haben, vor allem um die Einsicht in die *Mechanismen* des seelischen Geschehens. In der konsequenten Verfolgung dieses Zieles entwickelte er seine psychoanalytische Methode, die es ihm ermöglichte, Einsicht in die seelischen Prozesse zu erlangen und Einfluß auf sie zu gewinnen. Dabei erlangte die Kenntnis und die Handhabung der Übertragungsphänomene eine zunehmend große Bedeutung. In gleichem Maße rückten aber auch methodisch-technische Gesichtspunkte in den Mittelpunkt seiner Aufmerksamkeit, und tatsächlich begreift die Psychoanalyse sich auch heute noch – wenn ich dies richtig sehe – in allererster Linie als eine besondere und abgegrenzte *Methode* zur Gewinnung von Einsicht und als *Technik* der therapeutischen Anwendung von Einsicht*. Diese Haltung birgt wahrscheinlich die Gefahr eines gewissen

---

* Nach Rapaport ist die „grundlegende Methode der Psychoanalyse die Methode der zwischenmenschlichen Beziehung; spezifischer ist es deren Variante der teilnehmenden Beobachtung". Sie weicht jedoch insofern von der „Interview-Methode" ab, als die Phänomene, die zur Beobachtung kommen unter den Begriff der Übertragung fallen. „Es ist das Ziel der analytischen Methode der zwischenmenschlichen Beziehungen, derartige Übertragungen hervorzurufen. Das Ziel der Methode der teilnehmenden Beobachtung ist es, diese übertragenen Grundverhaltensformen bewußt zu machen . . . Insofern diese Methoden und Techniken mit dem Übertragungsbegriff verknüpft sind, sind sie spezifisch psychoanalytisch". Die Technik definiert Rapaport „als die spezifischen Mittel und Wege . . ., mit deren Hilfe die Methoden appliziert werden" (Rapaport 1973, 129/130). Das heißt auch, daß erst durch die analytischen Techniken (freie Assoziation, genetische Deutung und Widerstands-Analyse) der Methode das ihr zugeordnete Material erschlossen wird. Oder anders ausgedrückt, durch die besondere Technik der Analyse kommen spezifische psychische Phänomene zur Beobachtung, die sich von jenen unterscheiden, die einer rein deskriptiven psychologischen Methode zugänglich sind.

Dogmatismus in sich, sie hat jedoch den Vorzug, formale Geschlossenheit zu erleichtern. Demgegenüber ist das wesentliche Anliegen für Jung die Erkenntnis des Sinnes des seelischen Geschehens oder, besser vielleicht, statisch ausgedrückt, des seelischen Seins (nicht der seelischen Mechanismen bzw. der formalen Abläufe des seelischen Geschehens). Und so wie Freud durch seine formale Fragestellung zu einer bestimmten Methode hingeführt wird, führt die allgemeinere Frage Jungs nach dem Sinn sehr bald hinaus über den Bereich krankhafter neurotischer Phänomene und hin zur Frage nach dem Sinn des menschlichen Seins überhaupt.

Daraus erklärt sich, daß methodische Fragen bei ihm mindestens zweitrangig werden, ebenso wie nosologische Einteilungen oder formale Kriterien der Neurosen etc. Deswegen fehlt eine spezielle Neurosenlehre, die nur in Andeutungen gestreift wird in der Arbeit „Psychologische Typen". Diese Einstellung läßt ihn auch in bezug auf das therapeutische Vorgehen sehr viel pragmatischer denken. Er versucht, seine Arbeitsweise den Erfordernissen und Bedürfnissen des einzelnen Falles anzugleichen, während die Psychoanalyse eher dazu neigt, soweit möglich, die Auswahl der Patienten strikt nach den Kriterien der Methode vorzunehmen. Dies ist nicht als negative Kritik gemeint, da das beschriebene Vorgehen eine Konsequenz des formal-methodischen Denkens zu sein scheint.

Jung verwirft ebensowenig die Freudsche analytische Methode im allgemeinen wie auch die psychoanalytische Auffassung der Übertragung im besonderen. (Wie wir früher gesehen haben, wehrt er sich lediglich gegen die Tendenz, alles seelische Geschehen auf Triebe – Sexualität und Aggression – zu reduzieren). Da für ihn aber Trieb und Geist die Gegensatzbildung par excellence darstellen und sich ergänzen als die Hauptrepräsentanten der Gegensatzstruktur der Psyche (vgl. JGW VIII, 236/237), gewinnt auch die Übertragung einen anderen Aspekt, sobald man ihre Phänomene unter dem Gesichtspunkt eines geistig-symbolischen Prozesses betrachtet.

1.1 Die Bedeutung der Übertragung in bezug auf die Therapie

Dazu schreibt Jung selbst: „Obschon ich ursprünglich mit FREUD der Übertragung eine kaum zu überschätzende Bedeutung beimaß, habe ich doch mit vermehrter Erfahrung einsehen müssen, daß auch diese Wichtigkeit relativ ist" (JGW XVI, 174). Und weiter unten: „Die große Bedeutung der Übertragung hat vielfach Anlaß zu dem Irrtum gegeben, zur Heilung sei die Übertragung unbedingt erforderlich. Sie müsse daher sozusagen gefordert werden. Dergleichen kann aber ebensowenig gefordert werden wie ein Glaube. Glaube hat nur Wert, wenn er von sich aus vorhanden ist. Ein erzwungener Glaube aber ist nichts als Krampf. Wer meint, Übertragung fordern zu müssen, vergißt, daß dieses Phänomen ja nur einer der therapeutischen Faktoren, und daß überdies *Übertragung* die Verdeutschung von *Projektion* ist, ein Phänomen, das unmöglich gefordert werden kann. Ich persönlich bin jedesmal froh, wenn die Übertragung milde verläuft oder praktisch sich nicht bemerkbar macht. Man ist dann viel weniger persönlich in Anspruch genommen und kann sich mit andern, therapeutisch wirksamen Faktoren begnügen. Unter diesen spielt die Einsicht des Patienten eine bedeutende Rolle, ebenso dessen guter Wille, die ärztliche Autorität, die Suggestion, der gute Rat, das Verständnis, die Anteilnahme, die Aufmunterung usw." (ebd., 184).

Diese Jungschen Formulierungen haben einen etwas polemischen Charakter. Wie wir gesehen haben stellen sich die Übertragungsphänomene in der psychoanalytischen Situation zwangsläufig ein und müssen nicht gefordert werden. Die Forderung Freuds bezog sich vielmehr erstens darauf, Patienten auszuwählen, die überhaupt fähig waren zur Übertragungsbildung, und zweitens, diese sich spontan einstellende Übertragung zu analysieren.

Immerhin drückt Jung hier aus, daß die Übertragung für ihn keine conditio sine qua non der Behandlung bedeutet, und daß er bereit ist, auch mit weniger anspruchsvollen Methoden als der der Übertragungsanalyse zu arbeiten, wenn ihm dies für den betreffenden Patienten angemessen erscheint. Jung geht sogar soweit, einer pragmatischen Psychotherapie zuliebe den tiefenpsychologischen Standpunkt gelegentlich ganz auf die Seite zu stellen und von einer Bearbeitung des Unbewußten überhaupt abzusehen: „Es wäre ein bedenkliches Vorurteil, zu glauben, daß die Analyse des Unbewußten *das* Allheilmittel und deshalb unter allen Umständen anzuwenden sei. Die Analyse des Unbewußten ist etwas wie ein chirurgischer Eingriff, und es soll nur zum Messer gegriffen werden, wenn andere Mittel versagen. Wenn es sich nicht aufdrängt, so läßt man das Unbewußte am besten in Ruhe. Der Leser möge sich darum klarmachen, daß meine Erörterung des Übertragungsproblemes keineswegs eine Darstellung der täglichen Routine des Psychotherapeuten ist, . . . die Fälle, in denen das archetypische Problem der Übertragung akut wird, sind keineswegs immer sogenannte ‚schwere' Fälle, das heißt schlimme Krankheitszustände. Es sind darunter zwar solche, aber auch sogenannte ‚leichte' Neurosen oder einfach Menschen mit seelischen Schwierigkeiten, bei denen man um eine Diagnose verlegen wäre" (ebd., 199). An diesem Zitat sehen wir jedoch, daß die Übertragung für Jung eine andere Bedeutung bekommen hat. Er spricht vom „archetypischen Problem der Übertragung" und das ist offenkundig etwas anderes, als was die Psychoanalyse unter Übertragung versteht.

1.2 Das Wesen der Übertragung

Um das Verständnis des Folgenden zu erleichtern, möchte ich zunächst in wenigen Sätzen umreißen, was Jung unter Übertragung versteht, ehe ich dann versuche, aus und mit seinen eigenen Darlegungen seine Auffassung zu entwickeln.

1.21 Die konkretistische Auffassung der Übertragung i. S. Freuds
Übertragung kann auch bei Jung genau das bedeuten und beinhalten, was Freud unter ihr versteht: nämlich die Einbeziehung des Analytikers in die (klassische) ödipale, infantil-sexuelle Triebkonstellation und die ihr entsprechenden Phantasien des Patienten. Der Analytiker tritt an die Stelle des inzestuös begehrten Elternteiles. Ungeachtet der verschiedenen, sonst möglichen Übertragungserscheinungen und der verschiedenen Ebenen der Libidoorganisation auf denen Übertragung sich abspielt, ist dies doch die entscheidende Übertragungskonstellation, entsprechend der zentralen Stellung des Oedipuskomplexes bei Freud. Diese Übertragung meint also, daß Inhalte des persönlichen Unbewußten, welche in der Begegnung mit den ersten Beziehungspersonen sich ausgebildet haben, auf den Analytiker verschoben bzw. projiziert werden. Ziel der Behandlung ist, diese Übertragungsphänomene als Übertragung an der Person des Analytikers sichtbar zu machen und zu bearbeiten und schließlich aufzulösen. Die in der Übertragungskonstellation gebundene

Libido soll damit die Möglichkeit bekommen, sich neuen, angemessenen Objekten und Zielen zuzuwenden.

1.22 Die symbolische Auffassung Jungs

Jung zeigt, daß die Übertragungsphänomene symbolisch aufgefaßt werden können als Projektionen archetypischer Bilder des kollektiven Unbewußten. Der Inzest stellt dann dar einen Archetypus der Vereinigung der Gegensätze (männlich-weiblich) und zugleich des Gleichartigen und Zusammengehörenden (Schwester-Bruder oder Mutter-Sohn). In dieser Auffassung werden also nicht mehr Beziehungsgrundformen und Imagines, die sich im persönlichen Erleben konstituiert haben, auf den Analytiker projiziert, sondern Bilder des kollektiven Unbewußten – Archetypen. Diese stehen jenseits aller persönlichen Erfahrung, sie sind vielmehr Grundmuster von Erfahrungsmöglichkeiten, die ab origine in jedem Menschen angelegt sind und zu seiner grundlegenden, anlagemäßigen Ausstattung gehören. Da „der Archetypus das eigentliche Element des Geistes" (JGW VIII, 236) darstellt, muß auch in seinem Erscheinen ein geistiger Sinn gesucht werden.

1.23 Der Sinn der Übertragung

Dieser geistige Sinn ist die Ganzwerdung des Menschen über eine Vereinigung der Gegensätze (Conjunctio). Es sind also letztenendes die Archetypen der Selbstwerdung, der Individuation, die zunächst im Kleide eines körperlich sexuellen Anspruches auftreten können.

1.24 Die Doppeldeutigkeit der Übertragungsphänomene

Die Übertragungsphänomene können sowohl konkretistisch sexuell als auch symbolisch aufgefaßt werden und es kommt auf den Fall selbst und auf das Stadium seiner Behandlung an, welcher Aspekt im Vordergrund steht. Grundsätzlich wohnt aber letzten Endes auch den gröbsten triebhaft-sexuellen Phänomenen etwas inne, was über sie selbst hinausweist auf einen tieferen und größeren Sinn: „les extrêmes se touchent" (vgl. JGW VIII, 237).

1.25 Die Stellung der Übertragung in der Analyse

In der Freudschen (konkretistischen) Auffassung der Übertragungserscheinung stellt diese eine Neuauflage einer Auseinandersetzung mit den ersten Objekten in einem dialogischen Prozeß mit dem Analytiker dar. In der Jungschen symbolischen Auffassung entspricht die Projektion der archetypischen Bilder einem autonomen Prozeß, der allerdings an einer Beziehungsperson sich abspielt und diese, bzw. deren Unbewußtes, mit einbezieht. Die archetypischen Projektionen auf den Analytiker haben eine Induktionswirkung auf dessen Unbewußtes, die bis zu seiner Erkrankung führen können. Es zeigen sich hier also Entsprechungen zum Gegenübertragungsbegriff bei Freud.

Ich möchte jetzt ausführlicher auf die Auffassung von Übertragung bei Jung eingehen.

1.3 Die archetypisch-symbolische Auffassung der Übertragung

Die archetypischen Inhalte des kollektiven Unbewußten erscheinen in symbolischen Bildern (z. B. im Traum) und in Projektion auf objektive Personen. In der Projektion entfalten sie in der zwischenmenschlichen Beziehung ihre Wirkung (entsprechend der Übertragung bei Freud) und können durch das größere Wissen des Arztes als Projektion erkannt und in gemeinsamer Arbeit dem Bewußtsein des Patienten integriert werden. Jung schreibt: „Bei der praktischen Analyse hat sich herausgestellt, daß die unbewußten Inhalte zunächst immer als auf objektive Personen und Verhältnisse *projiziert* auftreten. Viele der Projektionen werden durch die Erkenntnis ihrer subjektiven Zugehörigkeit endgültig dem Individuum integriert, andere aber lassen sich nicht integrieren, sondern lösen sich zwar von ihren ursprünglichen Objekten, übertragen sich aber dann auf den behandelnden Arzt. Unter diesen Inhalten spielt die Beziehung zum gegengeschlechtlichen Elternteil eine ganz besondere Rolle, das heißt also die Beziehung Sohn-Mutter, Tochter-Vater, daneben auch Bruder-Schwester. In der Regel kann dieser Komplex nicht vollständig integriert werden, indem fast stets der Arzt an Stelle des Vaters, des Bruders und sogar der Mutter gesetzt wird" (JGW XVI, 181/182). Die infantil-inzestuösen Phantasien haben zwar in bezug auf ihre infantile Herkunft einen eindeutigen konkret-sexuellen Sinn und verkörpern insofern einen Triebanspruch. In der Jungschen Sicht ist jedoch der Trieb nie das Letzte, sondern er ist eingebettet in einen geistigen Sinnzusammenhang, dem er letztes Endes sich unterordnet. „Bei einer . . . geistigen Einstellung nimmt auch die konkrete Triebbetätigung gewissen symbolhaften Charakter an. Sie ist nicht mehr reine Befriedigung triebhafter Impulsivität, sondern sie ist mit ‚Bedeutungen' verknüpft oder kompliziert" (ebd., 185). Das, was zunächst als reines Triebgeschehen imponiert, hat auch eine geistige Seite, oder wie Jung sich ausdrückt, es läuft auf verschiedenen Ebenen ab. Deswegen ist es oft schwierig, zu erkennen, was die Übertragungserscheinungen im einzelnen Fall und zum gegebenen Zeitpunkt bedeuten. „Es gibt nicht nur verschiedene Triebe, die ohne Gewalt nicht aufeinander reduziert werden können, sondern es gibt auch verschiedene Ebenen, auf denen sie ablaufen können. Bei dieser wahrlich nicht einfachen Sachlage ist es daher kein Wunder, daß die Übertragung, die ja zum Teil auch zu den Triebvorgängen gehört, ein sehr schwierig zu deutender und zu bewertender Vorgang oder Zustand ist. Denn wie die Triebe und ihre spezifischen Phantasieinhalte teils konkret, teils symbolisch (also *uneigentlich*), oder bald dieses und bald jenes sind, so hat auch ihre Projektion denselben paradoxalen Charakter. Die Übertragung ist fern davon, ein eindeutiges Phänomen zu sein, und es ist nie von vornherein auszumachen, was sie alles bedeutet. Dasselbe gilt natürlich auch von ihrem spezifischen Inhalt, dem sogenannten *Inzest*. Der Phantasiegehalt des Triebes läßt sich bekanntlich reduktiv, das heißt *semiotisch* als Selbstdarstellung desselben deuten, oder *symbolisch* als geistiger Sinn des naturhaften Instinktes. Im ersteren Falle ist der Triebvorgang als *eigentlich*, in letzterem als *uneigentlich* aufgefaßt" (ebd., 186).

Es ist nun zwar so, daß das eine Mal die konkret-sexuelle Bedeutung überwiegt, das andere Mal die symbolisch geistige. Letztere wird auch mit der Differenzierung der Persönlichkeit und ihrem Lebensalter eher in den Vordergrund treten, während bei Kindern und jungen Menschen der konkret-sexuelle Aspekt überwiegt. Aber insofern es sich um ein archetypisches Geschehen handelt, ist der symbolisch-geistige Aspekt von allem Anfang an gegeben. Das archetypische Grundmuster wird von Anfang an aus den vorgegebenen Inhalten des Unbewußten projiziert: „Ich habe . . . bemerkt, daß die zur Übertragung kommenden Inhalte in der Regel ursprünglich auf die Eltern und andere Familienglieder projiziert waren. Vermöge der Tatsache, daß diese Inhalte selten oder nie des erotischen Aspektes oder eigentlich sexueller Substanz ermangeln . . ., haftet ihnen ein unzweifelhaft inzestuöser Charakter an, was zur FREUDschen Inzestlehre Anlaß gegeben hat" (ebd., 190). Das archetypische Bild oder die archetypischen Konstellationen entspringen einem vorgegebenen archetypischen Grundmuster. Dieses Grundmuster, welches an sich ein Inhalt des kollektiven Unbewußten ist, wird im persönlichen Erleben modifiziert und gewinnt eine jeweils einmalige, persönliche Ausgestaltung. Diese entwickelt sich in der Beziehung zu den ersten Objekten und ist das, was in der Freudschen Psychoanalyse als Übertragung gesehen und bearbeitet wird. Die Absicht dieser Bearbeitung richtet sich allein auf den Triebaspekt und hat zum Ziel, dem Trieb zu einer normalen oder günstigen Verwendung zu verhelfen. Jung ergänzt diese Auffassung durch den archetypischen Aspekt der Übertragungsphänomene, der diesen eine immanente Entwicklungstendenz und Zielgebung verleiht: „Wie bekannt, betrachtet FREUD das Übertragungsproblem vom Standpunkt einer personalistischen Psychologie und übersieht die für das Wesen der Übertragung charakteristischen kollektiven Inhalte archetypischer Natur. Dies erklärt sich aus seiner ... negativen Einstellung zur psychischen Wirklichkeit archetypischer Gebilde, die er als ‚Illusion‘ verwirft. Dieses weltanschauliche Präjudiz hindert ihn an der strikten Durchführung des phänomenologischen Prinzips, ohne welches eine objektive Erforschung der Psyche schlechthin unmöglich ist. Meine Behandlung des Übertragungsproblemes schließt aber im Gegensatz zu FREUD dessen archetypischen Aspekt ein, wodurch ein wesentlich anderes Bild des Phänomens entsteht" (JGW XVI, 197 Fußnote 34).

Was Jung also *zusätzlich* beschreibt ist der archetypische Aspekt der Übertragungsphänomene, deren Sinn er in der Hinführung des Menschen zur Selbstwerdung sieht. Es stellt sich die Frage, warum dieser archetypische Prozeß der Ganzwerdung sich über lange Strecken einkleiden kann in erotisch-sexuelle Bilder. Man muß sich hier wieder die Jungsche Grundkonzeption von der Gegensatzstruktur des Seins und der Psyche und von der gleichzeitigen Gegensätzlichkeit und Entsprechung von Trieb und Geist vor Augen halten. Der Archetypus ist seinem Wesen nach zwar ein geistiges Formprinzip, zugleich aber auch die Form des Triebes und andererseits ist der Trieb die Dynamis des Archetypus. Wir erinnern uns daran, daß der Eros, der in der dritten Fassung der Freudschen Triebtheorie zur zusammenführenden und gestaltenden Kraft wird (s. Dritter Teil A, 2.24), „die Welt im Innersten zusammenhält." Das Zusammengehören von Mann und Frau, ihre auch sexuelle Vereinigung ist das älteste Bild der Ganzheit des Menschen: „sie sollen sein ein Fleisch." Deshalb wird der Eros bei Jung (wie bei Freud) zu einem Trieb zur Ganzheit, wobei ihm jedoch von vornherein schon ein geistig-archetypischer Aspekt zukommt. So aufgefaßt eignet dem Eros auch ein Drang zur Höherentwicklung und Vergeistigung: „Dieser Drang zu höherem und umfangreicherem Bewußtsein erzwingt Zivilisation und Kultur. Dieses Ziel kann aber nicht erreicht werden, ohne daß der Mensch sich auch freiwillig diesem Dienst unterstellt . . ." Wo er das nicht tut „bleibt der Drang auf der Stufe des naturhaft Symbolischen stecken und verursacht nur eine Perversion jenes Triebes zur Ganzheit, welcher, um seinen Zweck zu erreichen, aller Ganzheitsteile bedarf, also auch jener, die in ein Du projiziert sind. Dort sucht er sie, um jenes königliche Paar, das jeder Mensch in seiner Ganzheit hat, wiederherzustellen, eben jenen zwiegeschlechtigen Urmenschen, der ‚nur seiner selbst bedarf'. Wenn dieser Trieb erscheint, so verkleidet er sich zunächst in die Inzestsymbolik, denn das nächste Weibliche eines Mannes ist seine Mutter, Schwester oder Tochter, wenn er es nicht in sich selber sucht" (ebd., 280/281). Insofern der Trieb mit dem Archetypus verschmolzen ist, strebt er aus sich heraus auf höhere Ordnungen, auf Ganzheit zu. Er trägt sein Gesetz in sich. Anders als bei Freud, wo er durch die ihm entgegenstehende äußere Realität gezwungen wird, sein eigentliches und erstes Ziel – das der unmittelbaren Befriedigung – aufzugeben und im Vorgang der Sublimierung auf ein neues Ziel und Objekt „verschoben" wird.

Nach Jung sucht dieser „Trieb zur Ganzheit" das Du, weil das Subjekt zu seiner Ganzheit des Andern bedarf. Daher wird auch bei Jung der Arzt in das Geschehen einbezogen und von den im Patienten konstellierten archetypischen Inhalten affiziert: „Dadurch, daß der Arzt mit bereitwilligem Verständnis sich der seelischen Not des Patienten annimmt, exponiert er sich den bedrängenden Inhalten des Unbewußten und setzt sich damit auch deren Induktionswirkung aus. Der Fall fängt an ‚ihn zu beschäftigen'" (ebd., 187). Und an anderer Stelle: „Er ‚übernimmt' ja recht eigentlich das Leiden des Patienten und teilt es mit ihm. Darum ist er prinzipiell gefährdet und muß es sein" (ebd., 183). Insofern hier archetypische Prozesse sich abspielen, ist das Einbezogensein des Arztes in gewissem Sinne noch grundsätzlicher als bei Freud. Auch ist es schwieriger für ihn, sich freizuhalten – Gegenübertragung aufzulösen –, da es sich nicht nur um eine Einbeziehung auf Grund persönlicher unbewußter Konflikte handelt; der Prozeß im Patienten evoziert vielmehr einen entsprechenden gleichartigen und grundsätzlichen Prozeß in ihm selbst, so daß „ein mixtum compositum der geistigen Gesundheit des Arztes mit der gestörten Gleichgewichtslage des Kranken entsteht" (ebd. 183). Allerdings gibt es auch bei Jung eine Entsprechung zur Auflösung der Übertragung. Sie besteht auch hier in einem Erkennen und einer Zurücknahme der Projektionen, also hier insbesondere der Rücknahme der Projektionen auf den Arzt (wobei Rücknahme von Projektionen bedeutet, deren Inhalte als dem eigenen Innen zugehörig zu erkennen). Aber auch wenn im Einzelfalle diese Projektionen zurückgenommen worden sind, werden sie sich in neuen Konstellationen immer wieder einstellen, da sie ja ein Bestandteil des immer vorwärtsdrängenden Individuationsprozesses sind. „Ist die Projektion abgelöst, so kann der durch die Übertragung bewirkte negative (Haß) oder positive Zusammenhang (Liebe) sozusagen momentan zusammenbrechen, so daß anscheinend nichts übrigbleibt als die Höflichkeit einer professionellen Bekanntschaft. Man mag in einem solchen Falle niemandem ein erleichtertes Aufatmen mißgönnen, obschon man weiß, daß für den einen sowohl wie für den anderen das Problem nur aufgeschoben ist: früher oder später, hier oder an anderem Ort wird es sich wieder stellen, denn dahinter steht der nie rastende Drang zur Individuation" (ebd., 249).

Trotz diesem engen Einbezogensein des Arztes in den archetypischen Entwicklungsprozeß des Patienten spielt sich dieser doch eigentlich autonom im Inneren des Patienten ab: „Es ist ein Irrtum, zu glauben, daß die persönliche Auseinandersetzung mit dem Partner die Hauptrolle spiele. Letztere fällt im Gegenteil der inneren Auseinandersetzung des Mannes mit der Anima, der Frau mit dem Animus zu. Die conjunctio findet ja auch nicht mit dem persönlichen Partner statt, sondern sie stellt ein Königsspiel zwischen dem aktiv-männlichen der Frau, also dem Animus einerseits und dem passiv-weiblichen des Mannes, also der Anima dar" (ebd., 278).*

Die Aufgabe der Heilung und Ganzwerdung fällt also wesentlich dem Kranken selbst zu. Er bedarf jedoch dazu des Arztes, der Auseinandersetzung mit dessen Unbewußtem und der Hilfe durch dessen bewußtes Wissen. Genauso, wie der Kranke bei Freud des Arztes bedarf und

* S. zu Animus und Anima S. 196/197.

eigentlich auch hier nur symbolisch bedarf, da der Arzt sich unter keinen Umständen konkret in die Rolle hineinbegeben kann, in die ihn doch die Übertragungswünsche des Patienten hineindrängen wollen: „Der Individuationsprozeß hat zwei prinzipielle Aspekte: einerseits ist er ein interner, subjektiver Integrationsvorgang, andererseits aber ein ebenso unerläßlicher, objektiver Beziehungsvorgang" (ebd., 249).

1.4 Conjunctio und Individuationsprozeß

Im Vorstehenden habe ich die allgemeine Bedeutung und Auffassung der Übertragung bei Jung besprochen. Ich wende mich jetzt den inhaltlichen Bestimmungen näher zu. Wie wir gesehen haben geht es um eine Ganz- bzw. Selbstwerdung. Diese Ganzwerdung geschieht (näherungsweise) über eine Vereinigung der Gegensätze (Conjunctio). Da es sich wesenhaft um einen Prozeß in der Seele des Subjektes handelt, geht es um die Vereinigung gegensätzlicher seelischer Positionen, und hier ist der hervorstechende Gegensatz der zwischen Bewußtsein und Unbewußtem*. Die Angelegenheit kompliziert sich jedoch, da das kollektive Unbewußte erstens unausschöpflich ist und zweitens in sich selbst einen Abgrund nebeneinander bestehender Gegensätzlichkeiten darstellt. Der Prozeß wird also immer nur bruchstückhaft verlaufen, die Ganzwerdung unvollständig bleiben, da immer nur ein relativ kleiner Bezirk des kollektiven Unbewußten integriert werden kann. Eine weitere Komplizierung ergibt sich dadurch, daß der Prozeß in Berührung und gegenseitiger Evokation mit einem Gegenüber und dessen Unbewußtem sich vollzieht.
Andererseits handelt es sich bei der symbolischen Auffassung des Übertragungsgeschehens im Rahmen des Individuationsprozesses um einen gewissermaßen normal-psychologischen Entwicklungsvorgang. In ihm

---

* Der Individuationsprozeß erfordert die Auseinandersetzung sowohl mit dem persönlichen Unbewußten (Integration des Schattens), als vor allem auch mit den archetypischen Bildern des kollektiven Unbewußten. Hier besteht die näherungsweise Vereinigung der Gegensätze einmal in der bewußten Begegnung mit den Inhalten des Unbewußten als solchen, zum anderen aber in der Bewußtwerdung der im Unbewußten mit seinen archetypischen Konfigurationen selbst bestehenden Gegensätze und ihrer Verarbeitung und Einbeziehung in das Spannungsfeld der Persönlichkeit.

verlieren die konflikthaften seelischen Inhalte, nämlich die aus der Inzesttabuierung und den Rivalitätsgefühlen gegen den andersgeschlechtlichen Elternteil resultierenden Ängste und Schuldgefühle, die in der Freudschen Analyse im Vordergrund stehen, ihre Bedeutung. Besser gesagt: dieses konflikthafte Material muß ausreichend aufgearbeitet sein, ehe die symbolische Übertragungs-Deutung berechtigt ist und der Individuationsprozeß zum vorrangigen Thema der Therapie werden kann.

Die Conjunctio ist zunächst gedacht als Vereinigung der Gegensätze überhaupt: „Die in der Conjunctio sich verbindenden Faktoren sind als Gegensätze gedacht, die sich entweder feindlich gegenüberstehen oder sich liebend gegenseitig anziehen" (JGW XIV/I, 1). Im Kontext des Übertragungsgeschehens bedeutet sie jedoch besonders die Vereinigung des Bewußtseins mit gegensätzlichen Positionen des Unbewußten. Dabei tritt dem Bewußtsein das Unbewußte zunächst in personifizierter Gestalt als Anima (Animus) gegenüber*. Die *Anima* (das Seelenbild) stellt eine Personifikation des kollektiven Unbewußten dar. In ihrer Gegengeschlechtlichkeit zur bewußten Persönlichkeit drückt sich die Gegensatzposition des Unbewußten aus. Andererseits ist die Anima: „ein bestimmter Fall unter den psychischen Bildern, die das Unbewußte produziert. Wie die Persona, die äußere Einstellung, in den Träumen durch die Bilder gewisser Personen, welche die betreffenden Eigenschaften in besonders ausgeprägter Form besitzen, dargestellt wird, so wird auch die Seele, die innere Einstellung, vom Unbewußten durch bestimmte Personen, welche die der Seele entsprechenden Eigenschaften besitzen, dargestellt. Ein solches Bild heißt Seelenbild" (JGW VI, 510). Wie alle unbewußten Inhalte wird auch die Anima auf objektive Personen projiziert und an diesen sichtbar, jedoch vom Subjekt zunächst als reale Eigenschaft der objektiven Person erlebt. Erst durch die Bewußtmachung dieser Projektionen eben als Projektionen wird die Anima als solche bewußt und kann dem Bewußtsein integriert werden. Sie verwandelt damit ihren Charakter und wird aus einem Seelenbild, welches zwischen dem Ich und der Realität steht und die letztere verstellt, zu einer mehr oder weniger bewußten Beziehungsfunktion des Bewußtseins zum Unbewußten. Das heißt, sie wird erkannt als das Insgesamt der Ein-

---

* Im Folgenden handelt es sich bei der Beschreibung des Übertragungsgeschehens immer um Konfigurationen des kollektiven Unbewußten.

stellungen zum eigenen Unbewußten, aber auch als Insgesamt der Charaktere derjenigen Inhalte des kollektiven Unbewußten, die dem Bewußtsein relativ benachbart sind und im allgemeinen in einem komplementären Verhältnis zu diesem stehen: „Das Unbewußte des Mannes hat ein weibliches Vorzeichen; es birgt sich sozusagen in seiner weiblichen Seite, die er als solche nicht sieht, sondern natürlicherweise in jener Frau findet, die ihn irgendwie fasziniert" (JGW XVI, 278). (Und umgekehrt bei der Frau: Anima und Animus können auch als je gegengeschlechtliche Persönlichkeitskomponenten aufgefaßt werden, s. ebd. 245).*
Ebenso wie die Übertragung bei Freud die Wirklichkeit verzerrt, so tut dies auch die Projektion der Anima. Aber während die Übertragung in der Psychoanalyse als Neuauflage einer infantilen Beziehung aufgedeckt und schließlich aufgelöst wird, so wird durch die Zurücknahme der Animaprojektion ein konstituierender Teil der eigenen Persönlichkeit entdeckt und integriert und diese Integration verändert grundlegend die Einstellung zum eigenen Unbewußten bzw. zu sich selbst: „Wenn aber durch eine lange und gründliche Kritik und Auflösung der Projektionen eine Unterscheidung zwischen dem Ich und dem Unbewußten durchgeführt worden ist, dann hört die Anima allmählich auf, eine autonome Persönlichkeit zu sein. Sie wird nunmehr zur Beziehungsfunktion zwischen dem Bewußtsein und dem Unbewußten. Solange sie projiziert ist, veranlaßt sie durch Illusionen aller Art endlose Verwicklungen in Menschen und Dinge. Durch die Zurücknahme ihrer Projektion wird sie wieder zu dem, was sie vorher war, nämlich zu einem archetypischen Bild, welches an der richtigen Stelle zum Vorteil des Individuums funktioniert. Zwischen Ich und Welt ist sie eine schillernde Shakti, die den Schleier der Maya wirkt und tanzend die Verblendung alles Seins erzeugt. Zwischen dem Ich und dem Unbewußten aber wird die Anima zur Grundlage göttlicher und halbgöttlicher Figuren von der antiken Göttin bis zu Maria, von der Gralsbotin bis zur Heiligen" (ebd., 314).

---

* Siehe zur unterschiedlichen Artung und Funktion von Anima und Animus auch JGW XVI, 315 und 323: Die Anima als eine Beziehungsfunktion, der Animus als eine unterscheidende differenzierende Funktion, die Anima als „spontane Gefühlsbildung mit nachfolgender Beeinflussung respektive Distorsion des Verstandes", der Animus als „spontane, unbeabsichtigte Meinungsbildung, die einen beherrschenden Einfluß auf das Gefühlsleben ausübt".

In der ständigen kritischen Auseinandersetzung mit den Projektionen des Unbewußten, welche unterstützt wird durch die bildhaften Darstellungen der Träume – und gegebenenfalls der aktiven Imagination –, kommt es mit der Integration der Anima nicht nur zu einer Erweiterung der bewußten Persönlichkeit und zu einer Erneuerung der Einstellung zum eigenen Innen, sondern es findet eine Umzentrierung der Persönlichkeit statt. Ihr Schwerpunkt verlagert sich vom Ich weg in einen Bereich zwischen Ich und Unbewußtem, ohne dabei der Gefahr erliegen zu dürfen, sich mit den unbewußten Inhalten zu identifizieren. Das Ich lernt, sich als uneigentlich zu begreifen, als einen kleinen bewußten Bezirk in einem unendlich viel größeren Umkreis, welcher durch die hypothetischen Grenzen des kollektiven Unbewußten bezeichnet wird, und der letzten Endes einem Mikrokosmos als Gleichnis und Abbild des Makrokosmos entspricht. Das heißt, der Schwerpunkt der Persönlichkeit hat sich vom Ich weg zum Selbst hin verlagert: „Die Vereinigung des Bewußtseins oder der Ich-Persönlichkeit mit dem als Anima personifizierten Unbewußten erzeugt eine neue Persönlichkeit, welche beide Komponenten umfaßt . . . Die neue Persönlichkeit ist keineswegs ein Drittes zwischen bewußt und unbewußt, sondern beides. Sie ist bewußtseinstranszendent und daher nicht mehr als *Ich*, sondern als *Selbst* zu bezeichnen. Bei diesem Begriff muß auf den indischen Atman hingewiesen werden, dessen Phänomenologie, nämlich dessen persönliche und kosmische Existenz, eine genaue Parallele zum psychologischen Begriff des Selbst und des filius philosophorum ist: das Selbst ist Ich und Nicht-Ich, subjektiv und objektiv, individuell und kollektiv. Es ist als Inbegriff der totalen Gegensatzvereinigung das *vereinigende Symbol*" (JGW XVI, 282/283). „Das Selbst", schreibt Jung an anderer Stelle „ist eine Vereinigung der Gegensätze kat exochen" (JGW XII, 34), und „Aus gewissen . . . Gründen bezeichne ich dieses Zentrum auch als das Selbst, worunter die Totalität des Psychischen überhaupt verstanden sein soll. Das Selbst ist nicht nur der Mittelpunkt, sondern auch jener Umfang, der Bewußtsein und Unbewußtes einschließt; es ist das Zentrum dieser Totalität, wie das Ich das Bewußtseinszentrum ist" (ebd. 59).*

Der Weg zum Selbst geht über die sogenannte *transcendente Funktion*,

---

* Man beachte, daß die Begriffe Ich und Selbst bei Jung eine völlig andere Bedeutung haben als in der Psychoanalyse Freuds (s. auch Vierter Teil A 5, S. 178, Fußnote).

welche Jung so beschreibt: „Die fortlaufende Auseinandersetzung mit der jeweiligen Gegensatzposition des Unbewußten habe ich seinerzeit als *transcendente Funktion* bezeichnet, indem die Konfrontation bewußter (rationaler) mit bis dahin unbewußten (irrationalen) Daten notwendigerweise eine Modifikation des Standpunktes überhaupt ergibt" (JGW XIV/I, 218). *In Hinsicht auf das Außen* geschieht dieser Weg durch die oben erwähnte fortlaufende Kritik der eigenen Sicht, des eigenen Verhaltens und in der daraus resultierenden Erkenntnis der eigenen Projektionen und in ihrer Zurücknahme vom Objekt. Daraus resultiert die Freistellung des Blickes auf die äußere Wirklichkeit, sowie die Vertiefung der Sicht auf sich selbst. Realitätserkenntnis und Selbsterkenntnis gehen zusammen. *In Hinsicht auf das Innen* vollzieht sich der Weg über die „sorgfältige Beachtung" jener Bilder, die das Unbewußte in den Träumen produziert und die Jung als ein Stück persönlich-überpersönlicher Wirklichkeit erkennt. Das Verständnis dieser Bilder gelingt durch das Wissen um ihre archetypische, allgemeingültige Struktur, die Jung in seiner vergleichenden Arbeit in Märchen, Mythologie und Religion nachgewiesen hat. In dieser nach innen gewandten Schau erschließt sich die Seele als ein Mikrokosmos, der Höchstes und Tiefstes in seinem Bildern umfaßt, die deswegen auch an Erhabenheit einerseits und Abgründigkeit andererseits die Vorstellungskraft des bewußten Denkens ins Ungemessene übersteigen. Letzten Endes heißt das, daß nichts außen ist, was nicht auch innen ist und dies nicht im Sinne einer solipsistischen Philosophie, in der das Ich sich die Welt erbaut, sondern im Sinne einer großartigen Analogia entis. (Jung zitiert hier Origenes: „Intellige te alium mundum esse in parvo et esse intra te Solem, esse Lunam, esse etiam stellas" (JGW XVI, 209).
So sehr jedoch in diesem Prozeß die kollektiven Inhalte des Unbewußten, die den ganzen Umfang menschlicher Seins-Möglichkeiten beinhalten, sichtbar werden, so wichtig ist es für das Ich, sich nicht mit diesen kollektiven Bildern zu identifizieren, sondern sich ihnen gegenüber zu stellen, um desto differenzierter die Einmaligkeit und Besonderheit des eigenen Seins zu erfahren. Es ist nämlich „als eine psychische Katastrophe zu werten, wenn das Ich vom Selbst assimiliert wird" (JGW IX/II,

---

* „Erkenne, daß du eine (andere) Welt im Kleinen bist und in dir die Sonne ist, der Mond und sogar die Sterne."

33), das heißt, wenn es in den Sog der unbewußten Bilder aus dem weiten Umkreis des Selbst gerät.

Am Ende dieses Abschnittes möchte ich noch einmal darauf hinweisen, daß der geschilderte Prozeß in der Therapie zwar mit Hilfe und in Ausrichtung auf ein Du sich vollzieht, daß er aber wesenhaft ein im Innen sich abspielendes und aus den Bildern des eigenen Unbewußten sich nährendes Geschehen ist.

2. Die Jungsche Darstellung der Übertragung an der symbolischen Bildersprache eines alchemistischen Textes: des Rosarium Philosophorum

Jung hat den Individuationsprozeß, wie er sich gleichzeitig in den Projektionen des Übertragungsgeschehens abspielt, an einem alchemistischen Text und seiner Bilderfolge dargestellt (JGW XVI, 173ff, „Die Psychologie der Übertragung"). Ich möchte hier nur einen Hinweis auf diese Schrift geben. Es ist in diesem Rahmen nicht möglich, im Einzelnen auf das in ihr vorgelegte Material und seine psychologische Interpretation einzugehen. Ich möchte deswegen dem Leser empfehlen, den Jungschen Text selbst zu studieren. Allerdings ist sein Verständnis nicht einfach und setzt bereits eine gewisse Vertrautheit mit der Gedankenwelt Jungs und dem von ihm herangezogenen sehr umfangreichen und weitläufigen symbolischen Material aus Mythologie, Gnosis und Alchemie voraus."*

Die Voraussetzung dafür, in einem „pseudo-wissenschaftlichen" Bildmaterial und seinen dunklen Begleittexten eine Entsprechung zu kollektiv-seelischen Inhalten zu finden war die Überzeugung Jungs, daß der Alchemist, verführt durch die völlige Unbekanntheit der Materie mit der er arbeitete, seine eigenen unbewußten Inhalte in die Materie projizierte und die Wandlungen seiner chemischen Substanzen so zu Symbolen der Wandlungen seiner eigenen Seele wurden. Tatsächlich be-

---

* Zur Einführung sind vor allem empfehlenswert „Über die Psychologie des Unbewußten" und „Die Beziehungen zwischen dem Ich und dem Unbewußten" (JGW VII), sowie „Psychologie und Alchemie" (JGW XII).

schrieben die Alchemisten die Substanzen und ihre Verwandlung in einer symbolischen Bildersprache, die jener der Mythologie und des Traumes entspricht und die niemals aus den Eigenheiten der Substanzen selbst, sondern nur aus den Tiefen der menschlichen Seele kommen konnten. Der ungeheure Reichtum der Bilderwelt des Unbewußten und die schillernde Vielfalt und Widersprüchlichkeit seiner Symbole erschwert die Interpretation und gibt ihr nur durch die Kenntnis eines großen und aus verschiedenen Bereichen gesammelten Materials und seiner vergleichenden Bearbeitung eine gewisse Sicherheit. Andererseits ist das Übertragungsgeschehen selbst in der Jungschen Sicht so vielschichtig und komplex, daß es sich einer „geradlinigen" Darstellung entzieht. Jung bemerkt dazu: „Die Darstellung der Übertragungsphänomene ist eine ebenso schwierige wie delikate Aufgabe, die ich nicht anders anzugehen wußte, als daß ich mich an die Symbolik des alchemistischen Opus anlehnte" (ebd., 343). Es ist auch dies wieder eine Konsequenz aus der Blickrichtung Jungs, die sich unmittelbar den seelischen Inhalten zuwendet und die ihn so gewissermaßen in jedem Augenblick mit der ganzen Komplexität der Seele konfrontiert.

In den Prozessen des Unbewußten gibt es keine geordnete Bilderfolge. Das Unbewußte kennt weder Raum noch Zeit als Ordnungsfaktoren. Wenn ein zielgerichteter Prozeß in ihm abläuft, dann sind alle seine inneren Bedingungen und Bilder ab origine gegeben und die Bewegung, in welcher dieser Prozeß verläuft, erscheint ungeordnet.

Es ist, wie wenn im Unbewußten das Muster und alle Steine eines Mosaiks verborgen wären. Dann, im Entwicklungsprozeß der Individuation, erscheint Stein für Stein im Bewußtsein. Aber erst ganz zum Schluß fügen sich alle Elemente zu dem geordneten und sinnvollen Bild zusammen, welches man über eine lange Wegstrecke nur erahnen konnte. Jung vergleicht den Prozeß auch mit einer „Circumambulation" des Zieles, einer spiraligen Umkreisung: „Das zeitliche Nacheinander der Phasen des opus ist eine sehr unsichere Sache. Wir begegnen derselben Unsicherheit auch beim Individuationsprozeß, wo man eine typische Abfolge der Stufen nur ganz im allgemeinen konstruieren kann. Der tiefere Grund für diese ‚Unordnung' ist wohl die ‚Zeitlosigkeit' des Unbewußten, in dem das bewußte Nacheinander dort ein Beieinander, ein Zugleichsein ist" (ebd., 277 Fußnote 10).

Die Bilderfolge des Rosarium Philosophorum interpretiert Jung als alchemistische symbolische Darstellung des Individuationsprozesses, in dem die unbewußten Inhalte des Alchemisten auf die chemischen Substanzen und ihre Wandlungen projiziert werden. Gleichzeitig versucht der Alchemist aber, die Verwandlungen der Elemente zu interpretieren. Er tut dies in einer Folge symbolischer Bilder, die man aber nicht auffassen kann als dem sich wandelnden chemischen Substrat zugehörig, sondern nur als bildhafte Gestaltungen seelischer Inhalte des Alchemisten.

In der Bilderfolge selbst stellen der König oder die Sonne das Bewußtsein (als männliches Prinzip) dar. Die Königin oder der Mond symbolisieren die Anima, die Personifikation des Unbewußten (als weibliches Prinzip).

Zwischen König und Königin vollzieht sich nun in Stufen die Conjunctio, die Vereinigung des Bewußtseins mit Inhalten des Unbewußten. (Es können dies natürlich unmöglich alle Inhalte des Unbewußten sein. Es sind vielmehr solche wesentlichen Gegensatzpositionen des Unbewußten, deren Integration zur „Vollständigkeit" der Persönlichkeit erforderlich ist. „Vollständigkeit der Persönlichkeit" beschreibt in diesem Zusammenhang die Fähigkeit des Subjekts, sich den Umkreis innerer menschlicher Seins- und Erlebensmöglichkeiten in eben ihren Gegensätzlichkeiten, annäherungsweise und gewissermaßen vom Prinzip her anzueignen).

Das Geschehen in der Bilderfolge führt über Zustände der Dunkelheit und Desorientiertheit als Folge einer Überschwemmung des Bewußtseins mit unbewußten Inhalten oder seines „Eintauchens" ins Unbewußte, und über die Darstellung des Todes als symbolisches Bild der Auflösung der „Ich-Persönlichkeit" bzw. des Zurücktretens der Ich-zentrierten Einstellung, schließlich zur Vereinigung der Gegensätze von bewußter Ich-Persönlichkeit und unbewußtem Seelenbild und zur „neuen Geburt", zur „Selbstwerdung". Jung erkennt in dieser Bilderfolge die Stufen des Individuationsprozesses, die er im einzelnen mit dem Übertragungsgeschehen aus seiner psychotherapeutischen Erfahrung vergleichen kann und in welcher er eine Bestätigung seiner symbolischen Auffassung der Übertragung sieht.

Im letzten Bild der Folge ist der neue Mensch auferstanden. Er ist ein hermaphroditisches Wesen, worin sich zugleich seine Geeintheit und Zweiheit ausdrückt, das heißt, die Gegensatzstruktur und Paradoxie des

Unbewußten und der Seele werden auch im „vereinigenden Symbol des Selbst" (siehe JGW XVI, 283) nicht aufgehoben. „Das Selbst als der umfänglichere und ins Zeitlose ragende Mensch entspricht der Idee des Urmenschen, der vollkommen rund und zwiegeschlechtig ist, vermöge der Tatsache, daß er eine wechselseitige Integration von Bewußtem und Unbewußtem darstellt" (ebd., 334).

Von praktischer Bedeutung ist folgende Bemerkung Jungs: „Den Hermaphroditus habe ich nie als Gestalt des Zieles beobachtet, wohl aber als Symbol des Anfangszustandes, nämlich als Ausdruck einer Identität mit Anima oder Animus. Diese Bilder sind natürlich Antizipationen einer im Prinzip nur annähernd erreichbaren Ganzheit. Sie sind auch durchaus nicht immer als subliminale Bereitschaft zu einer nachfolgenden, bewußten Verwirklichung der Ganzheit zu verstehen, sondern vielmehr bedeuten sie oft nur eine Kompensation vorübergehender Natur für chaotisches Durcheinander und für Mangel an Orientierung. Im Grunde genommen meinen sie natürlich stets einen Hinweis auf das *Selbst*, das alle Gegensätze in sich enthält und ordnet. Aber im Augenblick wollen sie nicht mehr besagen als eine Hindeutung auf eine mögliche Ordnung in der Ganzheit" (ebd., 340).

Die „Bilder des Zieles", die das Unbewußte im Verlaufe des (therapeutischen) Individuationsprozesses produziert, sind abstrakter und vermeiden so die schmerzhafte Berührung mit der paradoxen und antinomischen Natur der geeinten Gegensätze. Sie stellen vielmehr Symbole der Ganzheit und Einheit an sich dar: „Es handelt sich ... hauptsächlich um Vorstellungen von Mandalacharakter, das heißt, *Kreis* und *Quaternität*. Letztere sind die häufigsten und deutlichsten Charakteristika der Zielvorstellung. Solche Bilder vereinigen die Gegensätze in der Gestalt des quaternio, nämlich als Verbindung übers Kreuz, oder sie drücken durch die Kreis- oder auch Kugelform die Ganzheit überhaupt aus" (ebd., 339).

Zum Schluß eine Bemerkung Jungs, die zur Bescheidenheit mahnt: „Das Ziel ist nur als Idee wichtig, wesentlich aber ist das *opus*, das zum Ziel hinführt: es erfüllt die Dauer des Lebens mit einem Sinn. Dazu vereinigen sich ‚rechte und linke' Ströme und Bewußtes und Unbewußtes kooperieren" (ebd., 213).

3. Rückblick und Schlußbetrachtung

Bei Freud gewinnt, wie wir gesehen haben, die Übertragung ihre Inhalte aus dem Erleben an den ersten Objekten. Diese Übertragungsinhalte sind also persönliche Erwerbungen aus der frühen Kindheit, die verdrängt wurden und dem persönlichen Unbewußten angehören. Der Arzt wird in der therapeutischen Beziehung unmittelbar eingesetzt in die Rolle der ersten Beziehungspersonen und jede Übertragungsdeutung zielt darauf ab, die Irrealität dieser Rolle, in die der Patient ihn drängt, aufzuweisen, sie aufzudecken als eine Neuauflage einer alten infantilen Beziehung. Dies geschieht in einem unmittelbar zwischen Arzt und Patient spielenden dialogischen Prozeß (s. Vierter Teil A 2.5/2.6).

Die Auflösung der Übertragung hat zur Folge, daß die Realitätswahrnehmung des Patienten gestärkt, sein Ich gefestigt wird, aber auch, daß er das Du des anderen als solches in dessen eigener Wirklichkeit besser erkennen kann. Was die Übertragung bei Freud motiviert, ist der unbewußte Wunsch, den ungelösten infantilen Konflikt an ein neues Objekt heranzutragen und so zur Lösung bringen zu können. Der Motor der Übertragung wie des Traumes ist bei Freud ein infantiler Wunsch bzw. ein infantiler Konflikt. Die Bearbeitung der Übertragung sieht also gleichsam nach rückwärts, versucht etwas zu korrigieren, was in der persönlichen Entwicklung verfehlt wurde, natürlich letzten Endes, um den Weg nach vorn freizumachen, ohne jedoch eine besondere Leitlinie oder einen Sinn dieses Weges aus sich heraus zu sehen. Die Libido wird in der Auflösung der Übertragung vom Arzt und zugleich (infolge der dynamischen Koppelung von Analytiker und erstem Objekt) von den ersten Beziehungspersonen abgelöst und kann nun in die Beziehung zu neuen, real wahrgenommenen Objekten einfließen oder im Vorgang der Sublimierung ihren erotisch-sexuellen Charakter verlieren und in geistig-kulturelle Bahnen einfließen.

Innere Strukturbildung erfolgt bei Freud ebenfalls wesentlich in der direkten Auseinandersetzung mit den Beziehungspersonen. Über Identifizierungen werden die in den Beziehungspersonen vorgegebenen Formen ganz oder teilweise introjiziert und bauen im sich entwickelnden Subjekt die Strukturen des Ich (Selbst) auf.

Der Blick ist also immer ausgerichtet auf die direkte Auseinandersetzung von Subjekt und Objekt und auf die Ausdifferenzierung von Strukturen, Imagines und Beziehungsgrundformen, die in diesem dialogischen Prozeß persönlich und individuell erworben wurden. Der analytische Prozeß und insbesondere die Übertragung und ihre Bearbeitung in der Analyse ist eine Rekapitulation dieses ursprünglichen, individuellen Prozesses mit dem Ziel der Korrektur *erworbener* Fehleinstellungen.

Für Jung hat die Freudsche Auffassung der Übertragung durchaus Gültigkeit. Der Bearbeitung der Konflikte im persönlichen Unbewußten, mit welcher die Freudsche Analyse sich beschäftigt, entspricht bei Jung in etwa die Integration des Schattens. Nur ist der Freudsche Aspekt für ihn nicht allein gültig. Welcher Aspekt im jeweils gegebenen Fall wesentlich ist und die Bearbeitung des therapeutischen Problemes vorwärtsbringt, entscheidet sich an der Besonderheit des Falles und am Stadium des analytischen Prozesses. In bezug auf die zunächst erotisch-sexuell getönten Übertragungsinhalte schreibt Jung: „Er [der Arzt] wird durch die Projektion in diese eigentümlich familiär-inzestuöse Atmosphäre einbezogen ... Die Bewertung der Tatsache ist allerdings, der Natur des Gegenstandes entsprechend, über alle Maßen kontrovers. Handelt es sich um einen genuinen Inzesttrieb oder um eine pathologische Variation? Oder ist der Inzest eines der *Arrangements* (Adler) des Machtwillens? Oder handelt es sich um eine Regression normaler Libido auf infantile Vorstufen aus Furcht vor einer unmöglich scheinenden Lebensaufgabe? Oder ist die Inzestphantasie überhaupt nur symbolisch und handelt es sich dabei um die Reaktivierung des Inzest-Archetypus, der in der Geistesgeschichte eine so bedeutende Rolle spielt? ... Meines Erachtens kommt jeder dieser Auffassungen ein bestimmtes Maß an Berechtigung zu, insofern im konkreten Falle sozusagen alle entsprechenden Bedeutungsnuancen vorhanden sind, in allerdings wechselnder Intensität ... Die Erklärung wird variieren nach Art des Falles, des Stadiums der Behandlung und der Auffassungsgabe, respektive der Urteilsreife des Patienten" (JGW XVI, 190/191).

Daraus geht auch hervor, daß Jung der Freudschen Methode durchaus ihre Berechtigung zuerkennt. Vor allem bei der Behandlung junger Menschen (und ich würde meinen, überhaupt bei den klassischen Neurosen, deren Zustandekommen vorwiegend aus einer gestörten Beziehung zu den ersten realen Objekten resultiert) tritt die Psychoanalyse in ihr

Recht: „Die Neurosen junger Leute entstehen in der Regel aus einem Zusammenstoß zwischen den Mächten der Realität und einer ungenügenden, infantilen Einstellung, welche kausal durch eine abnorme Abhängigkeit von den realen oder imaginären Eltern, final durch unzulängliche Fiktionen, das heißt Zweckabsichten und Strebungen, charakterisiert ist. Hier sind FREUDsche oder ADLERsche Reduktionen durchaus am Platz" (JGW VII, 64). Und an anderer Stelle schreibt Jung: „Sobald wir vom kollektiven Unbewußten reden, befinden wir uns in einer Sphäre und auf einer Problemstufe, welche für die praktische Analyse jugendlicher Personen oder solcher, die allzu lange infantil geblieben sind, zunächst außer Betracht fällt. Wo noch Vater- und Mutterbild überwunden werden sollten, wo noch ein Stück äußeres Leben, das der Durchschnittsmensch natürlicherweise besitzt, zu erobern wäre, da sprechen wir besser gar nicht vom kollektiven Unbewußten und vom Gegensatzproblem" (ebd., 79).

Tatsächlich beschreibt und bewirkt die Jungsche Psychologie weniger die Behandlung von bestimmten Neurosen als den allgemeinen Prozeß der sinnvollen Entfaltung und Realisierung der menschlichen Persönlichkeit: „Dem Menschen der zweiten Lebenshälfte bedeutet die Entwicklung der im Unbewußten schlummernden Gegensatzfunktion eine Erneuerung des Lebens. *Diese Entwicklung geht aber nicht mehr über die Lösung von infantilen Bindungen,* Zerstörung von infantilen Illusionen und Übertragung der alten Bilder auf neue Figuren, sondern sie geht über das *Gegensatzproblem"* (ebd., 66).

In bezug auf die einzelne Analyse, in der so gut wie immer zunächst die Probleme der infantilen Beziehungen im Sinne Freuds behandelt werden müssen, gibt Jung folgenden Ratschlag: „Wenn nun die analytische oder kausal-reduktive Deutung nichts Neues mehr bringt, sondern immer nur dasselbe in verschiedenen Variationen, dann ist der Moment gekommen, wo man auf etwa auftauchende archetypische Motive achten muß" (ebd., 91). Nach Jung hat sich jetzt Sinn und Wirkung der reduktiven Deutung erschöpft. Vielleicht unbemerkt ist die Lösung der Libido von den infantilen Verknüpfungen bereits geschehen und das Auftauchen archetypischer Bilder lenkt sie in den autonomen Prozeß der Individuation ein.

Jung hat nie einen unversöhnlichen Gegensatz zwischen seiner und der Tiefenpsychologie Freuds gesehen*. Unter gewissen Aspekten sah er

seine Arbeit sogar als eine Weiterführung der Freudschen Gedanken an. In „Erinnerungen, Träumen, Gedanken" (Hsg. A. Jaffe 1967, 172) sagt er: „Rückschauend kann ich sagen, daß ich der einzige bin, der die zwei Probleme, die Freud am meisten interessiert haben, sinngemäß weitergeführt hat: das der ‚archaischen Reste' und das der Sexualität. Es ist ein weitverbreiteter Irrtum zu meinen, ich sehe den Wert der Sexualität nicht. Im Gegenteil, sie spielt in meiner Psychologie eine große Rolle, nämlich als wesentlicher – wenn auch nicht einziger – Ausdruck der psychischen Ganzheit. Es war aber mein Hauptanliegen, über ihre persönliche Bedeutung und die einer biologischen Funktion hinaus ihre geistige Seite und ihren numinosen Sinn zu erforschen und zu erklären; also das auszudrücken, wovon Freud fasziniert war, was er aber nicht fassen konnte . . . Als Ausdruck eines chthonischen Geistes ist die Sexualität von größter Bedeutung. Denn jener Geist ist das ‚andere Gesicht Gottes', die dunkle Seite des Gottesbildes. Die Fragen des chthonischen Geistes beschäftigten mich, seit ich mit der Gedankenwelt der Alchemie in Berührung gekommen war. Im Grunde genommen wurden sie in jenem frühen Gespräch mit Freud geweckt, als ich seine Ergriffenheit durch die Sexualität fühlte, ohne sie mir jedoch erklären zu können."
Ein interessantes und ich glaube auch bewegendes Bekenntnis des großen Antipoden Freuds!
Der Blick Jungs richtet sich, wie wir gesehen haben, auf einen autonomen, archetypisch gesteuerten Entwicklungsprozeß, der sich von innen heraus wachstumsartig und eigengesetzlich zu entfalten trachtet und der im Grunde den Lebensprozeß selbst und dessen Sinn beinhaltet. Diese Sicht geht weit hinaus über die individuellen Fehlentwicklungen der erworbenen Neurose ohne indessen die Wichtigkeit dieser Faktoren zu verkennen.
Der Übertragungsprozeß ist bei Jung daher seiner Natur nach ein wesentlich autonomer Prozeß und die Übertragungsinhalte sind nicht die erworbenen Imagines der ersten Beziehungspersonen, sondern archetypische Bilder des kollektiven Unbewußten – zunächst vor allem die

---

* Er betonte dagegen die Abhängigkeit der jeweiligen Theoriebildung von persönlichen Voraussetzungen: „Die Einsicht in den subjektiven Charakter jeder Psychologie, die von einem einzelnen erzeugt ist, dürfte das Merkmal sein, welches mich von Freud am strengsten sondert" (JGW IV, 388).

Anima (Animus) als Personifikation des Unbewußten. Diese Imagines selbst wurden früher auf die Eltern und werden jetzt auf den Arzt übertragen. Sie stammen also in erster Linie nicht aus dem Erleben an den Eltern, sondern aus dem Innern des Patienten und werden vom persönlichen Erleben lediglich überformt. Der Sinn der Übertragung dieser aus dem eigenen Unbewußten stammenden Inhalte ist, uns über die Beziehung zu einem Du wieder zu unserem eigenen Selbst hinzuführen. *Die Übertragungsinhalte sind bei Jung letzten Endes keine Illusionen, sondern Realitäten des kollektiven Unbewußten, die nur insofern illusionserzeugend wirken, als sie auf ein Du projiziert sind und solange sie nicht erkannt werden als zur eigenen Psyche gehörig.* Insofern wird der Übertragungsprozeß bei Jung also gespeist durch die archetypischen Bilder der Seele, die dieser ab origine zu eigen waren und die aus einer eigenen Kraft, die dem Lebensprozeß als solchem entspricht, zur Entfaltung drängen mit dem ihnen eigenen Ziel: der Selbstwerdung.

4. Anhang

Ich möchte jetzt noch auf einige Stellen aus dem Werke Jungs hinweisen, in denen er sich über die Natur des analytischen Prozesses ausspricht: In „Psychologie und Alchemie" schreibt er: „Im analytischen Prozeß, das heißt in der dialektischen Auseinandersetzung zwischen dem Bewußtsein und dem Unbewußten, gibt es eine Entwicklung, ein Fortschreiten zu einem Ziel oder Ende, dessen schwer zu enträtselnde Natur mich während vieler Jahre beschäftigt hat." Und an derselben Stelle weiter unten: „Solche Erfahrungen haben mich zuerst in der Annahme bestärkt, daß es in der Seele einen von äußeren Bedingungen sozusagen unabhängigen, zielsuchenden Prozeß gebe, und mich von der Besorgnis, ich selber könnte die alleinige Ursache eines uneigentlichen (und darum vielleicht naturwidrigen) psychischen Vorganges sein, befreit" (JGW XII, 18 und 19). Hier spricht er also eindeutig von der Autonomie des psychischen Prozesses und bezeichnet den analytischen Prozeß als eine Auseinandersetzung nicht zwischen dem Arzt und dem Patienten, sondern zwischen dem Bewußtsein und dem Unbewußten des Patienten. Der Prozeß ist also ganz am Patienten zentriert. An anderer Stelle schreibt er: „Es gibt keine Beweise für die Behauptung einer bloß reaktiven (reflexartigen) Tätigkeit der Psyche. Dies ist bestenfalls eine biologische Arbeitshypothese von beschränkter Gültigkeit. Zur allgemeinen Wahrheit erhoben ist sie nichts als ein materialistischer Mythos; denn sie übersieht die nun einmal vorhandene schöpferische Fähigkeit der Seele, welcher gegenüber alle ‚causae‘ zu bloßen Anlässen werden" (ebd., 216). Das heißt, die Seele ist in seiner Sicht keine tabula rasa, in die sich die Bilder erst durch die Sinneswahrnehmungen von außen eingraben und die erst durch das Erleben der Außenwelt Gestalt und Bilderfülle erhält, sondern sie ist ihr eigener Urgrund, der von Anfang an in potentia den Reichtum des Makrokosmos wiederspiegelt oder besser: enthält. Demgegenüber soll aber noch einmal gesagt werden, daß der analytische Prozeß natürlich auch die andere Seite des dialogischen Prozesses mit dem Partner, dem Arzt, hat: „Der Individuationsprozeß hat zwei prinzipielle Aspekte: einerseits ist er ein interner, subjektiver Integrationsvorgang, andererseits aber ein ebenso unerläßlicher, objektiver Beziehungsvorgang. Das eine kann ohne das andere nicht sein, wennschon bald das eine, bald das andere mehr im Vordergrund steht" (JGW XVI, 249). Um sich selbst zu erkennen, bedarf der Mensch des Partners, an dem er allmählich und oft erst in schwieriger Auseinandersetzung lernt, sich selbst zu erkennen und zugleich den anderen in dessen Wirklichkeit zu sehen. Der Grund dafür ist, daß das Unbewußte zunächst nur in seiner Projektion auf den Anderen sichtbar wird. Erst in einem zweiten Schritt wird diese Projektion als Projektion erkannt und kann als Teil des eigenen Selbst integriert werden. Mit dieser Ablösung der Projektionen und ihrer Integration in die eigene Persönlichkeit, erfährt diese eine Erweiterung und wird der Blick auf den Partner freier. Zur Gewahrwerdung seiner selbst und seiner Grenzen bedarf das Subjekt eines Objektes, das Ich braucht, um sich als Ich fühlen zu können, ein Du. Insofern ist „die Psychotherapie, im Grunde genommen, eine dialektische Beziehung zwischen Arzt und Patient. Es ist eine Auseinandersetzung zwischen zwei seelischen Ganzheiten, in welcher alles Wissen nur Werkzeug ist. Das Ziel ist die Wandlung, und zwar eine nicht vorausbestimmte, sondern vielmehr unbestimmbare Veränderung, deren einziges Kriterium das Verschwinden der Ichhaftigkeit ist" (Geleitwort von Jung in D. T. Suzuki 1972, 33). Nichtsdestoweniger besitzt der autonome Prozeß ein immanentes Ziel, die Selbstwerdung. Sie ist eine Ganzwerdung, die sich vollzieht durch die Integration seelischer Inhalte, die von allem Anfang an Besitz der eigenen Seele waren, insofern diese Teil hat an der „objektiven Psyche", dem kollektiven Unbewußten. Das Individuum entdeckt sich so als einen Mikrokosmos. Es verlagert seine Zentrierung vom Ich weg und hin auf ein Selbst, das zwischen Ich-Persönlichkeit und dem objektiven Seelischen steht: *„Es ist die Tatsache des Selbst,* jene unbeschreibliche Ganzheit des Menschen, die zwar nicht anschaulich gemacht werden kann, aber als intuitiver [und heuristischer] Begriff unerläßlich ist" (JGW XIV/I, 169).

Fünfter Teil

Traum und Traumdeutung

„Der Traum ist ein großes Mysterium, aber ein Mysterium der Komplexität . . .
Es gibt nicht nur einen sondern mehrere Schlüssel zum Traum, und der Schlüssel aller dieser Schlüssel liegt nach unserer Meinung in der umfassenden wechselseitigen Verknüpfung dessen, was im Wachzustand mehr oder weniger gegeneinander abgeschlossen, voneinander getrennt ist, in einer phantastischen Vermischung des Soziokulturellen, Intellektuellen, Affektiven, Genetischen, Umwelthaften, Ereignishaften, vergrabener Erinnerungen und unerfüllter Wünsche – in einem wahren Hexensabbat der negentropischen Hyperkomplexität."

Edgar Morin[*]

A   Sigmund Freud

1. Einleitung

Mit dem Zeitalter der Aufklärung und dem Vordringen rationalen wissenschaftlichen Denkens hatte der Traum sein Ansehen, das er in der Antike und bis ins Mittelalter genossen hatte, eingebüßt. Damals war er als glückliche Eingebung oder als Botschaft aus einer jenseitigen Welt geschätzt worden, jetzt galt er eher als minderwertiger und sinnloser Ausfluß einer im Schlafe herabgesetzten, unkoordinierten seelischen Tätigkeit bzw. als Restfunktion isolierter cerebraler Zellgruppen, die im Schlafe ihre Tätigkeit noch nicht eingestellt hatten, oder als Ausdruck einer schlafbedingten psychischen Minderfunktion, die jedenfalls nicht in der Lage schien, eine sinnvolle und integrierte Leistung zu vollbringen. Freud gebührt das Verdienst, den Traum als „vollgültiges psychisches Phänomen" (FGW II/III, 127) erkannt und zu einem Objekt wissenschaftlicher Untersuchung aufgewertet zu haben. Zugleich konnte Freud versprechen, jene „Vorgänge klarzulegen, von denen die Fremdartigkeit und Unkenntlichkeit des Traumes herrührt" und schließlich „einen Rückschluß auf die Natur der psychischen Kräfte [zu] ziehen, aus deren Zusammen- oder Gegeneinanderwirken der Traum hervorgeht" (ebd., 1).
Freud war durch die Arbeit mit seinen neurotischen Patienten zu seiner Auffassung vom Traum gekommen. Er schreibt selbst dazu: „Die Patienten, die ich verpflichtet hatte, mir alle Einfälle und Gedanken mitzuteilen, die sich ihnen zu einem bestimmten Thema aufdrängten, erzählten mir ihre Träume und lehrten mich so, daß ein Traum in die psychische Verkettung eingeschoben sein kann, die von einer pathologischen Idee her nach rückwärts in der Erinnerung zu verfolgen ist. Es lag nun nahe, den Traum selbst wie ein Symptom zu behandeln und die für letztere ausgearbeitete Methode der Deutung auf ihn anzuwenden" (ebd., 105).
Durch diese Art des Zuganges wurde der Traum von vornherein eng in

die Bildung der Neurosentheorie Freuds einbezogen. Einerseits befruchteten die Erkenntnisse der Neurosenforschung die Aufhellung der Traum-Phänomene, andererseits wirkte die Traumforschung Freuds wesentlich auf seine Theorie der Neurose zurück. Der Traum wird zum „nächsten Verwandten des neurotischen Symptomes" (s. FGW XI, 230). In der psychoanalytischen Arbeit wird *die Traumdeutung die via regia zur Kenntnis des Unbewußten im Seelenleben"* (FGW II/III, 613). Infolge dieses Ausgangspunktes bei den Neurosen und dieser Art der Betrachtung, wertet Freud den Traum zwar einerseits auf zu einem „vollgültigen psychischen Phänomen", zugleich aber rückt er ihn in unmittelbare Nähe zum neurotischen Symptom: er sieht ihn als „ein pathologisches Produkt, das erste Glied der Reihe, die das hysterische Symptom, die Zwangsvorstellung, die Wahnidee umfaßt, aber vor den anderen ausgezeichnet durch seine Flüchtigkeit und seine Entstehung unter Verhältnissen, die dem normalen Leben angehören" (FGW XV, 15/16).

2. Die Auffassung des Traumes im Sinne eines neurotischen Symptomes

2.1 Das neurotische Symptom

Für Freud stellt das neurotische Symptom, verkürzt ausgedrückt, einen Kompromiß zwischen einem Wunsch (einer Triebregung) und der abwehrenden Instanz (Zensur, Überich) dar. Je nach dem Kräfteverhältnis der beiden Gegenspieler wird sich der Trieb-Wunsch mehr oder weniger verstellt durchsetzen, oder aber wird vorwiegend die Abwehrseite das Symptom prägen (wie z. B. bei den Reaktionsbildungen; s. S. 50 Fußnote). Das Symptom entspringt damit einem innerpsychischen Konflikt, dessen Wurzel in einer verpönten, infantilen Triebregung zu sehen ist, welche der moralischen Norm des Ich bzw. Überich widerspricht und daher der Verdrängung anheimfällt. Diese Verdrängung bedeutet den Ausschluß vom Bewußtsein. Im Unbewußten bleiben die infantilen Inhalte jedoch erhalten: es ist nämlich „eine hervorragende Besonderheit unbewußter Vorgänge, daß sie unzerstörbar bleiben. Im Unbewußten ist nichts zu Ende zu bringen, ist nichts vergangen oder vergessen" (FGW II/III, 583). Freuds Auffassung vom Traum fügt sich ein in den Rahmen des Konzeptes, daß alles psychische Geschehen von Triebregungen in Gang gebracht werde, daß es die Aufgabe des „psychischen Apparates" sei, Triebregungen zur Abfuhr zu bringen bzw. zu regulieren („in der psychoanalytischen Theorie nehmen wir unbedenklich an, daß der Ablauf der seelischen Vorgänge automatisch durch das Lustprinzip reguliert wird . . ." FGW XIII, 3), sowie der Lehre von der Verdrängung und eines Unbewußten, welches vorwiegend solche verpönten und verdrängten Wunschregungen enthalte.

2.2 Der infantile sexuelle Wunsch als Triebfeder des Traumes

Die verdrängten infantilen Triebregungen sind nach Freud sexuelle Wünsche. Deswegen ist das entscheidende Traummotiv im allgemeinen ein infantiler, verdrängter sexueller Wunsch. „Die verdrängten infantilen Sexualwünsche ergeben die häufigsten und stärksten Triebkräfte für die Bildung der Träume" (FGW II/III, 696).
Infolge der auch im Schlaf wirksamen verdrängenden Instanz, die Freud Zensur nennt und die er später als eine Funktion des Überich erkennt, gelangt der infantile Trieb-Wunsch nicht unverstellt in das Traumbewußtsein*.
Wie das neurotische Symptom, so entsteht der Traum als Kompromiß aus dem Gegeneinander zweier innerpsychischer Mächte. Die eine Macht ist der unerledigte infantile Trieb-Wunsch, der im Unbewußten seine Wirksamkeit erhalten hat und nach Erledigung drängt. Die andere Instanz ist die Zensur, welche den infantilen Anspruch auch im Schlafe zurückzudrängen sucht, wenigstens ihn nicht unverstellt zur Darstellung kommen läßt.

* Mit der Einführung der Strukturtheorie („Das Ich und das Es", FGW, XIII) erkannte Freud die Traumzensur als eine Leistung des Überich. In „Neue Folge der Vorlesungen . . ." schreibt er im Kapitel „Revision der Traumlehre" dazu: „Wie Sie hören werden, haben wir uns genötigt gesehen, im Seelenleben eine besondere kritisierende und verbietende Instanz anzunehmen, die wir das Über-Ich heißen. Indem wir nun auch die Traumzensur als eine Leistung dieser Instanz erkannten, wurden wir angeleitet, den Anteil des Über-Ichs an der Traumbildung sorgfältiger zu beachten" (FGW XV, 29).

Durch zwei Beobachtungen sieht Freud seine Traumlehre wesentlich gestützt: „Die *Hypermnesie* des Traumes und die *Verfügung über das Kindheitsmaterial* sind zu Grundpfeilern unserer Lehre geworden" (FGW II/III, 594; Hervorhebungen vom Verf.). Als „Kern seiner Traumauffassung" bezeichnet er „die Zurückführung der Traumentstellung auf die Zensur" (ebd., 314, Fußnote). Den Sinn der Zensur sieht Freud in der Vermeidung von Angst, welche durch den Einbruch der unbewußten Triebregungen ins Bewußtsein ausgelöst würde: „Es wird so handgreiflich, in welcher Tendenz die Zensur ihres Amtes waltet, die Traumentstellung ausübt; es geschieht, *um die Entwicklung von Angst oder anderen Formen peinlichen Affekts zu verhüten"* (ebd., 274).

Für die meisten Träume ist die Traumentstellung charakteristisch. Sie ist jedoch keine notwendige Bedingung des Traumes, wie manche Kinderträume am besten zeigen (s. Traumbeispiele bei Freud FGW XI, 125: „Ein Knabe von 22 Monaten soll als Gratulant einen Korb mit Kirschen verschenken. Er tut es offenbar sehr ungern, obwohl man ihm verspricht, daß er einige davon selbst bekommen wird. Am nächsten Morgen erzählt er als seinen Traum: *He(r)mann alle Kirschen aufgessen"*).

Dieser Traum und einige folgende von Freud aufgeführte unterscheiden sich in zwei Punkten von den obigen Ausführungen: der Wunsch, nämlich die Kirschen selbst zu essen, kommt unverstellt zur Darstellung, und es handelt sich um keinen sexuellen Wunsch. Trotzdem bleibt Freud im ganzen bei seiner Auffassung vom infantilen Sexual-Wunsch als Triebfeder der Träume, weil er annimmt, daß sexuelle Triebe letzten Endes alles seelische Geschehen in Gang halten, daß die verdrängten sexuellen Impulse der Kindheit im Unbewußten ihre Wirksamkeit behalten und jede Möglichkeit nützen, um zum Bewußtsein vorzudringen und womöglich zur Abfuhr zu gelangen. „Wir haben die Aufklärung entgegengenommen, daß der Traum . . . jedesmal eine Wunscherfüllung ist, weil er eine Leistung des Systems Ubw ist, welches kein anderes Ziel seiner Arbeit als Wunscherfüllung kennt und über keine anderen Kräfte als die der Wunschregungen verfügt" (FGW II/III, 574). Der Schlafzustand schafft nun eine Bedingung, die den unbewußten Triebregungen ihre Absicht erleichtert: der Verdrängungswiderstand läßt nach, die Schlafzensur ist nicht so streng wie die im Wachen: „*der Schlafzustand ermöglicht die Traumbildung, indem er die endopsychische Zensur herabsetzt"* (ebd., 531). Den Grund dafür sieht Freud darin, daß im

Schlaf die Zugänge zur Motilität versperrt sind, der Triebanspruch kann also nicht bis zur motorischen Aktion vordringen, sich nicht realisieren, sondern findet eine teilweise regressive Befriedigung im Sinne einer halluzinatorischen Wuncherfüllung. „Die unbewußten Wunschregungen streben offenbar auch bei Tag sich geltend zu machen, und die Tatsache der Übertragung sowie die Psychosen belehren uns, daß sie auf dem Wege durch das System des Vorbewußten zum Bewußtsein und zur Beherrschung der Motilität durchdringen möchten. In der Zensur zwischen Unbewußt und Vorbewußt, deren Annahme uns der Traum geradezu aufnötigt, haben wir also den Wächter unserer geistigen Gesundheit zu erkennen und zu ehren. Ist es nun nicht eine Unvorsichtigkeit des Wächters, daß er zur Nachtzeit seine Tätigkeit verringert, die unterdrückten Regungen des Unbewußten zum Ausdrucke kommen läßt, die halluzinatorische Regression wieder ermöglicht? Ich denke nicht, denn wenn sich der kritische Wächter zur Ruhe begibt . . . so schließt er auch das Tor zur Motilität" (ebd., 573).

2.3 Der manifeste Traum und die latenten Traumgedanken

Aus dem bisher Gesagten ergibt sich eine sehr wichtige Eigenheit der Traumlehre Freuds, nämlich die Unterscheidung in den *manifesten Traum* einerseits und die *latenten Traumgedanken* andererseits. Diese Unterscheidung ist im Vergleich zur Jungschen Auffassung von eminenter Bedeutung, weil sie eine Abwertung des manifesten Traumes bedeutet. Der manifeste Traum ist eine verschlüsselte Botschaft des Unbewußten, deren Elemente zurückübersetzt werden müssen in die Bedeutung der latenten Traumgedanken, die hinter dem Traum stehen, aber durch die Überwachung der Zensur sich nur entstellt und unerkannt ins Traumbewußtsein einschleichen können. Für Freud ist der manifeste Traum nicht das Eigentliche, er hinterfragt ihn, um zu erfahren, was seine Bilder „eigentlich" sagen wollen. „Traumgedanken und Trauminhalt liegen vor uns wie zwei Darstellungen desselben Inhaltes in zwei verschiedenen Sprachen . . . Der Trauminhalt ist gleichsam in einer Bilderschrift gegeben, deren Zeichen einzeln in die Sprache der Traumgedanken zu übertragen sind" (FGW II/III, 283/284). Bei dieser Übersetzung oder Rückübersetzung des manifesten Traumes in die latenten Traumgedanken vollzieht sich im allgemeinen ein völliger Bedeutungswandel; das heißt aber, daß man sich auf keinen Fall von der Oberfläche des manifesten Traumes zu einer anscheinend offenliegenden Deutung verleiten lassen darf. „So ergibt sich also, daß der Traum als Ganzes der entstellte Ersatz für etwas anderes, Unbewußtes, ist, und als die Aufgabe der Traumdeutung, dieses Unbewußte zu finden" (FGW XI, 112). Dem entspricht die Anweisung Freuds „uns um das, was wir gehört haben, um den *manifesten* Traum möglichst wenig zu kümmern" (FGW XV, 10), denn „was in dem Traum breit und deutlich als der wesentliche Inhalt hingestellt war, das muß sich nach der Analyse mit einer höchst untergeordneten Rolle unter den Traumgedanken begnügen, und was nach der Aussage meiner Gefühle unter den Traumgedanken auf die größte Beachtung Anspruch hat, dessen Vorstellungsmaterial findet sich im Trauminhalt entweder gar nicht vor oder ist durch eine entfernte Anspielung in einer undeutlichen Region des Traumes vertreten" (FGW II/III, 667).

Ich möchte darauf aufmerksam machen, daß Frend hier der Gefühlsbetonung eines Traumelementes geradezu eine irreführende Bedeutung beimißt, während für Jung die starke Gefühlsbetonung eines Traumelementes ein Indiz für dessen Wichtigkeit ist, auch wenn es in seiner Bedeutung ebenfalls unter Umständen nicht unmittelbar erkannt werden kann. Bei Freud ist dieses Nicht-Erkennen-Können jedoch gewissermaßen eine Absicht der Zensur, bei Jung ergibt es sich aus der Fähigkeit des Traumes in Bildern (Symbolen) zu sprechen, die ein unmittelbares intellektuelles Verstehen übersteigen.

2.4 Die Traumquellen

2.41 Die infantilen Triebwünsche

Das wesentliche *Material* des Traumes liefern bei Freud die unbewußten infantilen Triebwünsche. Ich zitiere wieder: „Als dritte unter den Eigentümlichkeiten des Trauminhaltes haben wir ... angeführt, daß im Traume Eindrücke aus den frühesten Lebensaltern erscheinen können, über welche das Gedächtnis im Wachen nicht zu verfügen scheint" (FGW II/III, 194). Freilich hängt die Häufigkeit dieser Erfahrung davon ab, wie weit zurück die Kette der latenten Traumgedanken verfolgt,

wie „tief" die Traumanalyse geführt wird: „Je tiefer man sich in die
Analyse der Träume einläßt, desto häufiger wird man auf die Spur von
Kindheitserlebnissen geführt, welche im latenten Trauminhalt eine Rolle
als Traumquellen spielen" (ebd., 204). Freud verweist also hier auf die
Hypermnesie des Traumes, der über Erinnerungsmaterial verfügt, welches dem Bewußtsein nicht zugänglich ist. Da die infantil-sexuellen
Wünsche – die wichtigste Quelle des Traumes – sich nicht unverhüllt zeigen dürfen, müssen sie sich gewissermaßen in anderes Material einkleiden. Damit kommen wir zu den zwei anderen Traumquellen, den somatischen Reizen und den Tagesresten.

2.42 Die somatischen Reize
Den somatischen Reizen wurde von Freud keine sehr große Bedeutung
für die Entstehung und die Ausformung der Träume zugemessen. Freud
konnte jedoch zeigen, daß der Reiz von innen (Leibreize, entoptische
Wahrnehmungen etc.) und der von außen (Nervenreiz), so in den Traum
eingebaut werden, daß dieser seinen Charakter als Wunscherfüllung bei-
behält. „Das Wesen des Traumes wird nicht verändert, wenn zu den psychischen Traumquellen somatisches Material hinzutritt; er bleibt eine
Wunscherfüllung, gleichgültig wie deren Ausdruck durch das aktuelle
Material bestimmt wird" (FGW II/III, 234).

2.43 Die Tagesreste
Gelegentlich können Tagesreste als Bestandteile des manifesten Traumes
auftauchen. Im allgemeinen gehören sie jedoch zum Material der latenten
Traumgedanken, so daß Freud latente Traumgedanken und Tagesreste
gleichsetzt. „Diese Tagesreste deckt man auf, indem man den manifesten
Traum auf die latenten Traumgedanken zurückführt; sie sind Stücke dieser letzteren, gehören also den – bewußt oder unbewußt gebliebenen –
Tätigkeiten des Wachens an, die sich in die Zeit des Schlafens fortsetzen
mögen" (FGW X, 17/18). Es ist dabei wichtig, sich darüber klar zu sein,
daß unter Tagesresten nicht nur die bewußten Inhalte des Tagesdenkens
gemeint sind, sondern auch die ganze Reihe unbewußter Vorstellungen
und Affekte, welche sich an das bewußte Tageserleben anschließen. An
einer anderen Stelle legt deswegen Freud den Akzent vor allem auf die
Unbewußtheit der Tagesreste bzw. der latenten Traumgedanken: Die
latenten Traumgedanken sind „dem Träumer unbewußt, zweitens

vollkommen verständig und zusammenhängend . . . Ich werde diese Gedanken jetzt strenger als vorher ‚Tagesreste' heißen, der Träumer mag sich zu ihnen bekennen oder nicht. Ich sondere jetzt Tagesreste und latente Traumgedanken, indem ich im Einklang mit unserem früheren Gebrauch als latente Traumgedanken alles bezeichne, was wir bei der Deutung des Traumes erfahren, während die Tagesreste nur ein Teil der latenten Traumgedanken sind. Dann geht unsere Auffassung eben dahin, zu den Tagesresten ist etwas hinzugekommen, etwas, was auch dem Unbewußten angehörte, eine starke, aber verdrängte Wunschregung, und diese allein ist es, die die Traumbildung ermöglicht hat. Die Einwirkung dieser Wunschregung auf die Tagesreste schafft den weiteren Anteil der latenten Traumgedanken, jenen, der nicht mehr rationell und aus dem Wachleben begreiflich erscheinen muß" (FGW XI, 232). Die latenten Traumgedanken setzen sich also zusammen aus den Tagesresten und aus dem unbewußten infantilen Material, welche die Triebkraft für die Entstehung des Traumes bereitstellt.

An anderer Stelle allerdings bezeichnet Freud die Tagesreste als vorbewußt: „Diese Tagesreste lernen wir in der Analyse als latente Traumgedanken kennen und müssen sie nach ihrer Natur wie zufolge der ganzen Situation als vorbewußte Vorstellungen, als Angehörige des Systems Vorbewußt gelten lassen" (FGW X, 414/415). Man muß dabei berücksichtigen, daß die bewußten bzw. vorbewußten Vorstellungen des Vortages nicht isoliert, sondern mit allen unbewußten Vorstellungsreihen, mit denen sie verknüpft sind, in den Traum eingewoben werden, und daß gerade sehr häufig der unbewußten Vorstellungsreihe das affektiv größere Gewicht zukommt. Naturgemäß erscheinen jedoch an der Oberfläche des Traumes die Vorstellungen, die dem System Bewußt-Vorbewußt angehören.

Freud nimmt an, daß im allgemeinen Ereignisse des unmittelbar dem Traum vorangegangenen Tages herangezogen werden. „Ich meine also" schreibt er, „es gibt für jeden Traum einen Traumerreger aus jenen Erlebnissen, über die ‚man noch keine Nacht geschlafen hat'" (FGW II/III, 174). Nur was uns am Tage affektiv beschäftigt hat, führt zur Beschäftigung im Traume. Es gibt „keine indifferenten Traumerreger, also auch keine harmlosen Träume" (ebd., 189). Demnach wird der Traum nicht in Gang gesetzt durch etwas Gleichgültiges, sondern durch Gedanken und Affekte, die uns beschäftigen, die im wachen Denken nicht genügend erledigt werden konnten und die sich mit einem unbewußten infantilen Triebwunsch verbinden, um die für die Traumbildung notwendige Intensität zu gewinnen.

Es muß hier allerdings noch eine Einschränkung gemacht werden. Es fällt auf, daß viele Tagesreste belanglos und indifferent erscheinen. Dies kann das Ergebnis der Verschiebungsarbeit (siehe Fünfter Teil A 4.31) sein, der die Tagesreste wie alle latenten Traumgedanken unterliegen. Andererseits kann es aber auch sein, daß der unbewußte infantile Triebwunsch sich an tatsächlich gleichgültige Tagesereignisse und -gedanken angeheftet hat, die durch assoziative Brücken sich für diese Verknüpfung anboten. Dann fungieren die Tagesreste tatsächlich nur als „Elemente und Zeichen, die der unbewußte Wunsch benutzt" (Laplanche/Pontalis 1972, 492), ohne daß sie eine nennenswerte eigene affektive Bedeutung besäßen. Der unbewußte infantile Triebwunsch, der sich verhüllt durch sie ausdrückt, bedarf ihrer aber doch, da „die unbewußte Vorstellung als solche überhaupt unfähig ist, ins Vorbewußte einzutreten, und . . . dort nur eine Wirkung zu äußern vermag, indem sie sich mit einer harmlosen, dem Vorbewußten bereits angehörigen Vorstellung in Verbindung setzt, auf sie ihre Intensität überträgt und sich durch sie decken läßt. Es ist dies die Tatsache der Übertragung, welche für so viele auffällige Vorfälle im Seelenleben des Neurotikers die Aufklärung enthält" (FGW II/III, 568). Die unbewußten Triebwünsche brauchen also die rezenten Tagesreste, um über sie den Zugang zum Vorbewußten bzw. zum Traumbewußtsein zu erlangen. Andererseits glaubt Freud jedoch, daß umgekehrt die Tagesreste „eine Verstärkung aus den Quellen unbewußter Triebregungen bekommen müssen, wenn sie als Traumbilder auftreten sollen" (FGW X, 415). Dies gilt auch dann, wenn den Tagesresten ein unerledigter Affektbetrag anhaftet, der es verständlich erscheinen ließe, daß sich der Traum weiter mit ihnen beschäftigt.

In vielen Fällen wird gelten, daß der Traum gewissermaßen eine doppelte affektive Ladung enthält: jene, die aus dem rezenten und noch unerledigten Erleben des Vortages oder der Vortage resultiert und jene andere, die ihm aus dem ebenfalls unerledigten und nach Abfuhr drängenden infantilen Triebwunsch zufließt. Wenn es dem Traum gelingt, beide Ansprüche zu erfüllen, dann hat er zwei Fliegen auf einen Schlag getroffen. Während er „der Hüter des Schlafes ist" erledigt er zugleich in doppelter Hinsicht eine Aufgabe, die in Freuds Augen die grundlegende des seelischen Apparates ist: nämlich Triebspannung zu regulieren und abzuführen. Dies kann er aber nur, wenn er in irgendeiner Form und in zureichendem Maße den Triebwunsch erfüllt. Der Traum erweist sich so als eine Wunscherfüllung (siehe Fünfter Teil A 3.2). Damit kommen wir zur Funktion des Traumes und anschließend zu den Methoden, mit denen er seine Aufgabe erfüllt.

Zuvor möchte ich jedoch rekapitulieren was wir über die *Quellen* und das *Material* erfahren haben, aus denen nach Freud der Traum gespeist wird bzw. aus dem er sich zusammensetzt. Wenn wir die an Bedeutung zurücktretenden somatischen Quellen hintanstellen sind es erstens die Tagesreste und zweitens die unbewußten infantilen Wunschregungen.

Ein Teil der Tagesreste leitet sich von den bewußten oder vorbewußten Gedanken und Gefühlen des Vortages her. Diese können z. T. unverstellt im Traum erscheinen und bilden dann Anknüpfpunkte für die Traumdeutung. Ein weiterer Teil der latenten Traumgedanken rekrutiert sich aus Vorstellungen, die sich assoziativ an die bewußten Ereignisse des Vortages anschließen, dem Träumer aber unbewußt waren. Der dritte Teil der latenten Traumgedanken wird schließlich gestellt von Seiten der unbewußten, infantilen Triebwünsche, deren Anteil an der Traumbildung diesem erst den Charakter der Wunscherfüllung verleiht.

Infantiler Triebwunsch einerseits und Tagesreste andererseits sind die wesentlichen Komponenten des Traumes, deren Bedeutung je nach dem ihnen zukommenden affektiven Wert von Traum zu Traum variiert. Der Anlaß zur Traumbildung kann deswegen vorwiegend durch den unbewußten infantilen Wunsch gegeben sein, oder vorwiegend durch ein im Wachleben nicht genügend verarbeitetes und erledigtes emotionales Erlebnis, welches dann allerdings zur Traumbildung der Verstärkung durch einen infantilen Wunsch bedarf. Freud unterscheidet deswegen „Träume vom Es her" von Träumen „ vom Ich her" (FGW XVII, 88).

Zur Verdeutlichung möchte ich einen von Freud geschilderten Traum und dessen Interpretation (FGW II/III, 191/192) besprechen:

Freud berichtet und kommentiert folgenden Traum einer Patientin: *„Ihr Mann fragt: Soll man das Klavier nicht stimmen lassen? Sie: Es lohnt nicht, es muß ohnedies neu beledert werden."* Dazu Freuds Interpretation: „Wiederum die Wiederholung eines realen Ereignisses vom Vortag. Ihr Mann hat so gefragt und sie so ähnlich geantwortet. Aber was bedeutet es, daß sie es träumt? Sie erzählt zwar vom Klavier, es sei ein *ekelhafter* Kasten, der einen *schlechten Ton* gibt, ein Ding, das ihr Mann schon vor der Ehe besessen hat usw., aber den Schlüssel zur Lösung ergibt doch erst die Rede: *Es lohnt nicht.* Diese stammt von einem gestern gemachten Besuch bei ihrer Freundin. Dort wurde sie aufgefordert, ihre Jacke abzulegen und weigerte sich mit den Worten: Danke, *es lohnt nicht*, ich muß gleich gehen. Bei dieser Erzählung muß mir [Freud] einfallen, daß sie gestern während der Analysenarbeit plötzlich an ihre Jacke griff, an der sich ein Knopf geöffnet hatte. Es ist also, als wollte sie sagen: Bitte, sehen Sie nicht hin, *es lohnt nicht.* So ergänzt sich der *Kasten zum Brustkasten* und die Deutung des Traumes führt direkt in die Zeit ihrer körperlichen Entwicklung, da sie anfing, mit ihren Körperformen unzufrieden zu sein. Es führt auch wohl in frühere Zeiten, wenn wir auf das ‚*Ekelhaft*‘ und den ‚*schlechten Ton*‘ Rücksicht nehmen und uns daran erinnern, wie häufig die kleinen Hemisphären des weiblichen Körpers – als Gegensatz und als Ersatz – für die großen eintreten, – in der Anspielung und im Traum.“

In diesem Traum finden sich *erstens* die Anknüpfung an ein bewußtes Erlebnis des Vortages. Der manifeste Traum wiederholt eine tatsächliche Situation des Vortages. *Zweitens*: Dahinter stecken aber unbewußte latente Gedanken, die sich auf die eigene Körperlichkeit, den Brustkasten beziehen und *drittens* (dies wird von Freud nur angedeutet) fließen latente Traumgedanken ein, die einem infantilen Sexualwunsch entsprechen.

Dafür spricht die von Freud angeführte Verknüpfung der kleinen mit den großen Hemisphären des weiblichen Körpers, noch mehr jedoch die Erwägung, daß der Traum und das von Freud geschilderte Verhalten der Patientin in der Analysenstunde sich im Rahmen einer Übertragungssituation abspielen, in welcher die Patientin Freud an Stelle ihres Vaters eingesetzt hat. Dann bedeutet die Geste, mit der sie zur Jacke greift als wolle sie sagen: „es lohnt nicht“, ein Stück (infantiler) Resignation, die sie einst dem Vater gegenüber empfand: „ich bin nicht groß und schön genug für Dich!“ Gleichzeitig äußert sich aber auch die Abwehr der verpönten infantilen sexuellen Wünsche, die in der Übertragungsbeziehung zum Analytiker wiedererweckt werden, in den Traumgedanken „ekelhaft“ und „schlechter Ton“. Beide Gedanken beziehen sich im Traum auf das Klavier, aber der Kontext des Traumes – nämlich die Assoziationen und das Verhalten der Träumerin – führt weiter zu den latenten Traumgedanken und schließlich zur Triebquelle des Traumes. Es ergibt sich die Reihe: Klavier – ekelhafter Kasten – Brustkasten – kleine Hemisphären – große Hemisphären – Anal- und Sexualbereich – infantiler Sexualwunsch; und diesem letzteren gelten eigentlich die abwehrenden Gedanken „ekelhaft" und „schlechter Ton", die im manifesten Traum der harmlosen Vorstellung des alten Klavieres zugeordnet erschienen.

3. Die Funktionen des Traumes

3.1 Der Traum als Wächter des Schlafes

„Der Traum ist der Wächter des Schlafes, nicht sein Störer" (FGW II/III, 239). Den Schlaf zu erhalten, und Reize, seien es somatische oder psychische, so zu verarbeiten, daß der Schlaf nach Möglichkeit gewahrt bleibt, ist nach Freud seine eigentliche Aufgabe. „In gewissem Sinne", sagt er, „sind alle Träume – Bequemlichkeitsträume, sie dienen der Absicht, den Schlaf fortzusetzen anstatt zu erwachen" (ebd., 239). Sie sind „Beseitigungen schlafstörender (psychischer) Reize auf dem Wege der halluzinierten Befriedigung" (FGW XI, 136). Dagegen sind die eigentlichen Störer des Schlafes die Tagesreste (FGW II/III, 570) mit Unterstützung – kann man hinzufügen – durch die infantilen Triebwünsche. Dazu noch ein Traumbeispiel von Freud: „Da ist z. B. ein Traum, den ich mir beliebig oft, gleichsam experimentell, erzeugen kann. Wenn ich am Abend Sardellen, Oliven oder sonst stark gesalzene Speisen nehme, bekomme ich in der Nacht Durst, der mich weckt. Dem Erwachen geht aber ein Traum voraus, der jedesmal den gleichen Inhalt hat, nämlich daß ich trinke. Ich schlürfe Wasser in vollen Zügen, es schmeckt mir so köstlich, wie nur ein kühler Trunk schmecken kann, wenn man verschmachtet ist, und dann erwache ich und muß wirklich trinken. Der Anlaß dieses einfachen Traumes ist der Durst, den ich ja beim Erwachen verspüre. Aus dieser Empfindung geht der Wunsch hervor zu trinken, und diesen Wunsch zeigt mir der Traum erfüllt. Er dient dabei einer Funktion, die ich bald errate. Ich bin ein guter Schläfer, nicht gewöhnt, durch ein Bedürfnis geweckt zu werden. Wenn es mir gelingt, meinen Durst durch den Traum, daß ich trinke, zu beschwichtigen, so brauche ich nicht aufzuwachen, um ihn zu befriedigen. Es ist also ein Bequemlichkeitstraum" (FGW II/III, 128).

An diesem Traum ist besonders leicht die Absicht zu erkennen, den Schlaf zu bewahren, zugleich aber auch die Methode, mit der er dies zu erreichen sucht: die halluzinierte Wunscherfüllung. Er weist aber auch auf die Tatsache hin, daß der Traum in seiner Funktion als Hüter des Schlafes an Grenzen stößt, worauf ich unten noch zu sprechen komme. Freud hat hier außerdem einen Traum geschildert, in dem ein einfacher Körperreiz Ursache und auslösender Faktor ist und der nicht auf einen infantilen Triebwunsch zurückgeführt werden kann und damit einer nach seinem Urteil eher seltenen Kategorie angehört.

3.2 Der Traum als Wunscherfüllung

Sie kommt im oben genannten Traum, ebenso wie in dem früher erwähnten Kindertraum klar zum Ausdruck. Im allgemeinen ist aber der wunscherfüllende Charakter des Traumes verhüllter und läßt sich nur durch eine analytische Arbeit nachweisen, die bis zu den infantilen Triebquellen des Traumes zurückführt.

Der Traum erledigt seine wunscherfüllende Funktion auf zweifache Weise, Freud nennt dies seine „Lehre von der zweifachen Wunscherfüllung durch den Traum" (FGW II/III, 596): In seiner Eigenschaft als Hüter des Schlafes kommt der Traum erstens dem Schlafwunsch des Vorbewußten entgegen. Das Ich, welches seine Besetzungen von der Außenwelt zurückgezogen hat und zu schlafen wünscht, erhält im Traum einen Bundesgenossen, der so seine Absicht unterstützt. Zweitens erfüllt der Traum eventuell einen aus dem Tagesleben zurückgebliebenen Wunsch, wie wir dies an den Kinderträumen gesehen haben. Seine wichtigste Leistung vollbringt er jedoch in der Erfüllung eines infantilen sexuellen Wunsches, der aus dem verdrängten Unbewußten stammt. Dies ist nach Freud die häufigste und die wesentliche Leistung des

Traumes und zugleich die wesentliche Bedingung seines Zustandekommens.

„Wir . . . begreifen so", schreibt er „ daß die verdrängten infantilen Sexualwünsche die häufigsten und stärksten Triebkräfte für die Bildung der Träume ergeben" (FGW II/III, 696).

Es erscheint Freud, wie bereits ausgeführt, im typischen Falle unwahrscheinlich, daß ein Wunsch aus dem rezenten Tageserleben genügt, um den Traum zu verursachen. Er stellt sich vor, *„daß der bewußte Wunsch nur dann zum Traumerreger wird, wenn es ihm gelingt, einen gleichlautenden, unbewußten zu wecken, durch den er sich verstärkt"* (FGW II/III, 558).

Die Gründe für diese Auffassung gibt Freud als aus der Beobachtung, das heißt aus der Analyse vieler Träume gewonnen, an. *„Nach vollendeter Deutungsarbeit läßt sich der Traum als eine Wunscherfüllung erkennen"* (ebd., 126). Es ist aber unverkennbar, daß er seine Deutungsarbeit innerhalb des Horizontes seiner bis dahin entwickelten Neurosentheorie vollzieht. Der Traum ist für ihn dem neurotischen Symptom eng benachbart. Er stellt für ihn ja „das erste Glied der Reihe, die das hysterische Symptom, die Zwangsvorstellung, die Wahnidee umfaßt" (FGW XV, 15) dar, und wie das neurotische Symptom wird er aus einem infantilen sexuellen Wunsch gespeist. In dieser Auffassung gelingt es Freud, ein enges Gewebe seelischer Mechanismen aufzuzeigen, in welchem infantiler Wunsch, Tagesreste und Schlafwunsch verwoben sind und sich der beherrschenden Aufgabe des „seelischen Apparates" unterwerfen, psychische Spannungen zu regulieren.

„Die *Triebkraft,* die der Traum bedurfte, mußte von einem Wunsche beigesteuert werden„ (FGW II/III, 566). Der Wunsch ist ein infantiler Wunsch. Er stellt die Erinnerung an ein Befriedigungs-Erlebnis dar und sucht dieses zu wiederholen. Seine Schubkraft bezieht er aus der kontinuierlich fließenden somatischen Reizquelle, die psychisch durch den Trieb repräsentiert wird. Die in der frühen Kindheit erwachten Bedürfnisspannungen und die aus ihnen resultierenden Wünsche mußten – weil inkompatibel mit den Normen der Erziehung – verdrängt werden, sie wurden unbewußt, blieben jedoch im Unbewußten unzerstörbar (s. ebd., 583). Sie werden jetzt im Traum (wie im neurotischen Symptom) an ein rezentes Erleben geheftet, auf dieses übertragen und gelangen zu einer halluzinierten Befriedigung in entstellter Form. Die Auffassung, daß der (im allgemeinen unbewußte infantile) Wunsch unabdingbar zur Traumbildung gehört, geht zwingend aus der Freudschen Prämisse hervor, nach welcher das letzte Bewegende des seelischen Apparates der Trieb bzw. der aus ihm abgeleitete Wunsch ist: „Wenn der Traum eine Wunscherfüllung ist, so wird das eben selbstverständlich, da nichts anderes als ein Wunsch unseren seelischen Apparat zur Arbeit anzutreiben vermag (ebd., 572). Und etwas später: „Wir haben die Aufklärung entgegengenommen, daß der Traum darum jedesmal eine Wunscherfüllung ist, weil er eine Leistung des Systems unbewußt ist, welches kein anderes Ziel seiner Arbeit als Wunscherfüllung kennt und über keine anderen Kräfte als die der Wunschregungen verfügt . . . aber es muß noch andere Formen abnormer Wunscherfüllungen geben als die Träume. Und wirklich gipfelt die Theorie aller psycho-neurotischen Symptome in dem einen Satz, *daß auch sie als Wunscherfüllung des Unbewußten aufgefaßt werden müssen*" (ebd., 574).

Wie wir gesehen haben, besteht jedoch auch von der anderen, der bewußten Seite her ein Zusammenhang. Nach Freud kann das Verdrängte, Unbewußte nicht zum Bewußtsein vordringen, es sei denn, es hefte sich an bereitliegende Inhalte des Vorbewußten an (siehe Fünfter Teil A 2.43).

Das Einfließen von infantilen Phantasien und Wunschregungen ins Traumbewußtsein bedeutet gleichzeitig eine Regression zu einem infantilen seelischen Status: „Das Träumen sei im ganzen ein Stück Regression zu den frühesten Verhältnissen des Träumers, ein Wiederbeleben seiner Kindheit, der in ihr herrschend gewesenen Triebregungen und verfügbar gewesenen Ausdrucksweisen" (ebd., 554). Indem der Traum ein Stück der im Unbewußten aufgestauten Triebspannung wenigstens in halluzinatorischer Form zur Darstellung und zur teilweisen Abfuhr bringt, leistet er eine wichtige seelische Arbeit: „Er hat die Aufgabe übernommen, die freigelassene Erregung des Unbewußten wieder unter die Herrschaft des Vorbewußten zu bringen; er führt dabei die Erregung des Unbewußten ab, dient ihm als Ventil und sichert gleichzeitig gegen einen geringen Aufwand an Wachtätigkeit den Schlaf des Vorbewußten. So stellt er sich als ein Kompromiß, ganz wie die anderen psychischen Bildungen seiner Reihe, gleichzeitig in den Dienst der beiden Systeme, indem er beider Wünsche insoweit sie miteinander verträglich sind, erfüllt" (ebd., 585).

Diese Arbeit der Abfuhr von Triebspannung aus dem Unbewußten, die nach Freud den Traum erst ermöglicht und die gleichzeitige Bearbeitung von Tagesresten muß der Traum vollbringen unter Wahrung seiner Hauptaufgabe: Hüter des Schlafes zu sein. Da es sich bei der Wunscherfüllung um verpönte und daher verdrängte infantile Wünsche handelt, an die sich Affekte der Angst und der Peinlichkeit etc. knüpfen, kann er dies nur tun, wenn er sich den Bedingungen der Zensur unterwirft. Das heißt, er muß seine Absicht verbergen, kann den Wunsch nur verstellt zur Darstellung bringen. Deswegen ist der Traum *„die (verkleidete) Erfüllung eines (unterdrückten, verdrängten) Wunsches"* (ebd., 166). Gelegentlich gelingt es ihm nicht, seine Aufgabe, den Schlaf zu hüten, zu erfüllen. Daher räumt Freud ein, daß man den Traum als *„ Versuch* einer Wunscherfüllung" (FGW XV, 30) auffassen könne.

Die Mechanismen, mit denen der Traum seine Inhalte sowohl zur Darstellung bringt, als auch unter dem Druck der Zensur entstellt, faßt Freud als *Traum-Arbeit* zusammen. Ehe ich sie bespreche, wollen wir noch kurz zwei Arten von Träumen ansehen, die scheinbar das Prinzip der Wunscherfüllung und der Schlafbehütung durchbrechen: die Angstund die Strafträume.

3.3 Der Angsttraum

Auch hier geht Freud von der Auffassung des Traumes als Symptom aus, welches zugleich einen Konflikt und einen Kompromiß zwischen zwei psychischen Instanzen darstelle, nämlich zwischen Es und Ich bzw. Überich, wobei im Traum das Überich durch die Traum-Zensur vertreten wird. Der Ausgang des Konfliktes bleibt auch im Traume ungewiß. Es kommt auf das Kräfteverhältnis der Instanzen an und auf das Maß von Ablehnung, welches einem Wunsch auferlegt wird, also auf die Strenge der Zensur. Aus der Neurosenlehre wissen wir, daß der Einbruch eines verpönten Wunsches ins Bewußtsein, ja schon seine Aktivierung im Unbewußten, Angst auslösen, die ja die wichtigste und nächste Ursache der Abwehr darstellt. Setzt sich nun eine verpönte, infantile Wunschregung aus welchen Gründen auch immer im Traumbewußtsein durch, so entsteht Angst und in vielen Fällen erwacht der Träumer. Der Traum konnte dann seine Funktion, den Schlaf zu hüten, nicht erfüllen.

Die andere Aufgabe, die der Wunscherfüllung, hat er teilweise wahrgenommen: er hat den verdrängten Wunsch zur Darstellung gebracht, und ist der Tendenz des Unbewußten nachgekommen, aber er hat gegen den Schlafwunsch des Träumers verstoßen und die Absicht der Zensur durchkreuzt. Er findet sich hier in der Lage eines, der es allen recht machen soll, was bekanntlich keiner kann. Freud sagt dazu: „Während man vom infantilen Traum aussagen kann, er sei die offene Erfüllung eines zugelassenen Wunsches, vom gemeinen entstellten Traum, er sei die verkappte Erfüllung eines verdrängten Wunsches, taugt für den Angsttraum nur die Formel, daß er die offene Erfüllung eines verdrängten Wunsches sei. Die Angst ist das Anzeichen dafür, daß der verdrängte Wunsch sich stärker gezeigt hat als die Zensur, daß er seine Wunscherfüllung gegen dieselbe durchgesetzt hat oder durchzusetzen im Begriffe war" (FGW XI, 222). Eine weitere Erklärung für peinliche Träume und für Angstträume ist die Tatsache, daß es „der Traumarbeit soviel schwerer gelingt, Affekte als Inhalte in ihrem Sinne zu verändern" (ebd., 220). Die Absicht des Traumes, den Schlaf zu hüten, bleibt jedoch vom gelegentlichen Mißlingen unberührt. „Man trägt allen Erfahrungen Rechnung, wenn man sagt, der Traum sei jedesmal ein *Versuch*, die Schlafstörung durch Wunscherfüllung zu beseitigen, er sei also der Hüter des Schlafes. Dieser Versuch kann mehr oder weniger vollkommen gelingen, er kann auch mißlingen und dann wacht der Schläfer auf, anscheinend durch eben diesen Traum geweckt. Auch dem braven Nachtwächter, der den Schlaf des Städtchens behüten soll, bleibt ja unter Umständen nichts übrig, als Lärm zu schlagen, und die schlafenden Bürger zu wecken" (FGW XVII, 93/94).

3.4 Der Straftraum

Auch der Straftraum scheint sich zunächst der Wunscherfüllungstendenz des Traumes nicht zu fügen. Aber wieder müssen wir bedenken, daß der Traum eine Kompromißbildung zwischen zwei Kontrahenten ist: dem Verdrängten und dem Verdrängenden, den unbewußten infantilen Triebwünschen und den Absichten der Zensur. „Auch die Strafträume", schreibt Freud, „sind Wunscherfüllungen, aber nicht solche der Triebregungen, sondern der kritisierenden, zensurierenden und strafenden

Instanz im Seelenleben" (FGW XV, 28). Auch hier also wäre erst als treibende Kraft ein Triebwunsch am Werke, seine Darstellung wird jedoch ganz unterbunden und die Straftendenz des Überichs gewinnt die Oberhand. „Der wesentliche Charakter der Strafträume bliebe also, daß bei ihnen nicht der unbewußte Wunsch aus dem Verdrängten (dem System Ubw) zum Traumbildner wird, sondern der gegen ihn reagierende, dem Ich angehörige, wenn auch unbewußte (das heißt vorbewußte) Strafwunsch" (FGW II/III, 564). (In einer Fußnote fügt Freud an dieser Stelle später nach Einführung der Strukturtheorie ein: „Hier ist die Stelle für die Einfügung des später von der Psychoanalyse erkannten Über-Ichs.")

Die einzige Ausnahme von der Ansicht, daß der Traum eine Wunscherfüllung sei, machen lediglich die Träume bei traumatischen Neurosen, die immer wieder das traumatisierende Ereignis wiederholen (siehe FGW XV, 29). Sie ordnen sich dem Prinzip des Wiederholungszwanges unter, welches das sonst im seelischen Apparat waltende Lustprinzip durchbricht, so daß in diesem Falle auch der Wuncherfüllungscharakter der Träume sich diesem übergeordneten Prinzip beugen muß. (Siehe zum Lustprinzip und zum Wiederholungszwang Dritter Teil A 1.2 bzw. A 2.2).

4. Die Traumarbeit

Der Traumarbeit obliegt es, die latenten Traumgedanken in den manifesten Traum überzuführen. Die entgegengesetzte Richtung schlägt die Deutungsarbeit ein, welche vom manifesten Traum ausgeht und zu den latenten Traumgedanken zu gelangen hofft. Die Traumarbeit steht unter dem Einfluß der Zensur und diese stellt sich der Deutungsarbeit als Widerstand entgegen. „Das einzig Wesentliche am Traum ist die Traumarbeit, die auf den Gedankenstoff eingewirkt hat ... Der Traum mag also alles mögliche sein, insoweit Sie nur die durch ihn vertretenen Gedanken berücksichtigen, Warnung, Vorsatz, Vorbereitung usw.; er ist immer auch die Erfüllung eines unbewußten Wunsches, und er ist nur dies, wenn sie ihn als Ergebnis der Traumarbeit betrachten" (FGW XI, 229/230).

In dieser hohen Bewertung der Traumarbeit zeigt sich erneut Freuds Bevorzugung von formalen Aspekten. Nicht der Trauminhalt als solcher ist wesentlich, er läßt sich im allgemeinen reduzieren auf die halluzinatorische Erfüllung eines infantilen Wunsches. Wesentlich sind für Freud die formalen Kriterien der Traumbildung, die Techniken, deren sich die Traumarbeit bedient.

Die Traumarbeit kennt eine Reihe von Bedingungen:

4.1 Die Rücksicht auf Darstellbarkeit

Die Traumarbeit muß Gedanken und Wünsche in bildhafte Elemente übersetzen, die der halluzinatorischen Darstellung fähig sind. Das heißt, sie ist der Rücksicht auf *plastische Darstellbarkeit* unterworfen (siehe FGW II/III, 511 und XI, 185). Es handelt sich also „um eine Umsetzung von Gedanken in visuelle Bilder" (FGW XI, 178). Dies ist eine schwierige Aufgabe. Sie erschwert natürlich auch die Rückübersetzung, welche die Deutungsarbeit vornehmen muß und die Freud in dieser Beziehung mit der Lösung eines Bilderrätsels, in dem ebenfalls Bilder für sprachliche Begriffe eingesetzt sind, vergleicht.

4.2 Die Verdichtungsarbeit

Die Deutung des Traumes zeigt, daß das Material an latenten Gedanken im allgemeinen ungleich viel größer ist als der manifeste Traum. „Jedes der Elemente des Trauminhaltes erweist sich als *überdeterminiert,* als mehrfach in den Traumgedanken vertreten" (FGW II/III, 289). Die Traumarbeit verdichtet also die Traumgedanken, verschmilzt jeweils mehrere von ihnen zu einem Element des manifesten Traumes. „Aus ihren eigenen Träumen werden Sie sich mühelos an die Verdichtung verschiedener Personen zu einer einzigen erinnern. Eine solche Mischperson sieht etwa aus wie A, ist aber gekleidet wie B, tut eine Verrichtung, wie man sie von C erinnert, und dabei ist noch ein Wissen, daß es die Person

D ist" (FGW XI, 175). Für die Verdichtung dürften verschiedene Dinge verantwortlich sein: Im Unbewußten liegt ein großes Material latenter Traumgedanken bereit, welches zur Darstellung und dessen affektiver Gehalt zur Abfuhr drängt. Die Zusammenziehung verschiedener gleichartiger Elemente zu einem einzigen verleiht diesem die nötige Intensität, um ins Traumbewußtsein vorzudringen. („Der Erfolg der Verdichtungsarbeit erzielt jene Intensitäten, die zum Durchbruch gegen die Wahrnehmungssysteme erfordert werden"; FGW II/III, 601). Andererseits braucht der Traum für die Darstellung dessen, was er will und wie er es will u. U. Charakteristika, die er an einem einzigen latenten Traumelement nicht findet, so daß er sie nur von verschiedenen Elementen des latenten Inhaltes entlehnen und zu einem neuen, ihm genehmen Gebilde zusammensetzen kann. Er benützt die Verdichtungsarbeit also einmal, um dem jeweiligen Traumelement die notwendige Intensität zu verleihen, zweitens um die von ihm gewünschten Charakteristika in einem einzigen Traumelement darstellen zu können, und drittens dazu, das eigentlich Gemeinte zu verbergen, um damit der Zensur auszuweichen.

4.3 Rücksicht auf die Zensur: Die Traumentstellung

Schließlich muß die Traumarbeit ihre Wunscherfüllung so gestalten, daß sie dem Zugriff bzw. der Unterdrückung durch die Zensur entgeht, das heißt, die Traumarbeit hat neben der Aufgabe der plastischen Darstellung zugleich die der *Traumentstellung*. In den Dienst dieser Aufgabe können sich natürlich schon die zwei ersten Besonderheiten der Traumarbeit stellen: Erstens läßt *die Übersetzung von Gedanken in visuelle Bilder* diese Gedanken nicht ohne weiteres erkennen, so z. B., wenn der Traum einen Ehebruch mit einem Beinbruch übersetzt oder das Besitzen eines Objektes durch ein körperliches Daraufsitzen (siehe FGW XI, 179). Auf diese Weise dient die bildhafte Darstellung, das wichtigste Ausdrucksmittel der Träume, zugleich der Traumentstellung und dem Zwang, der Zensur auszuweichen. Zweitens leistet auch die *Verdichtungsarbeit* ohne Zweifel einen Beitrag zur Entstellung und zum Verbergen der eigentlichen Traumgedanken. Freud glaubt zwar nicht, daß sie unmittelbar unter dem Druck der Zensur entstehe, „aber die Zensur findet jedenfalls ihre Rechnung dabei" (ebd., 176).

4.31 Die Verschiebung

Die wichtigste Methode der Traumarbeit zur Traumentstellung ist die *Verschiebung*. „Sie ist ganz das Werk der Traumzensur" (FGW XI, 177), und führt dazu, daß, „was in den Traumgedanken offenbar der wesentliche Inhalt ist, im Traum gar nicht vertreten zu sein braucht" (FGW II/III, 310). Die beiden Methoden, deren sich die Traumarbeit bei der Verschiebung bedient, sind erstens die *Ersetzung durch eine Anspielung*, in der ein Element des latenten Traumes durch ein entfernteres, aber irgendwie anklingendes ersetzt wird, wobei die äußerlichsten und entlegensten Beziehungen genügen und zweitens die *Akzentverschiebung* (s. FGW XI, 177). Bei ihr wird der affektive Gehalt eines Traumelements auf ein anderes verschoben, so daß, was im manifesten Traum bedeutungsvoll erscheint, für den Sinn der latenten Traumgedanken nebensächlich ist. „Der Traum ist gleichsam anders zentriert, sein Inhalt um andere Elemente als Mittelpunkt geordnet, als die latenten Traumgedanken" (FGW II/III, 310). Unter dem Druck der Zensur neigt die Traumarbeit dazu, gerade indifferente, gleichgültige Elemente des Vorbewußten zu wählen, die dann durch die Beladung mit dem aus dem Unbewußten stammenden Affekt im manifesten Traum eine Bedeutung erlangen, die sie fälschlich als das eigentlich Wichtige erscheinen lassen. Wie wir bereits gesehen haben, entspricht die Verschiebung einer Übertragung, wobei die rezenten Tagesreste den aktuellen Vorwand abgeben, an den sich die infantilen Phantasien in einer für das Ich unkenntlichen Form anknüpfen und unter dem sie verdeckt werden. „Nach dieser Auffassung ließe sich der Traum auch beschreiben als der durch Übertragung auf Recentes veränderte Ersatz der infantilen Szene. Die Infantilszene kann ihre Erneuerung nicht durchsetzen; sie muß sich mit der Wiederkehr als Traum begnügen" (ebd., 552).

Im oben angeführten Traumbeispiel (Klaviertraum, siehe A 2.43, S. 222f) kommen Verschiebung und Übertragung gut zum Ausdruck. Hinter der scheinbar harmlosen Szene des manifesten Traumes verbergen sich die inzestuösen infantilen Phantasien, die in der aktuellen Situation der Analyse auf den Analytiker übertragen werden. Sie verraten sich jedoch durch die mit ihnen verknüpften peinlichen Affekte („ekelhaft", „schlechter Ton"), die freilich ebenfalls von der ursprünglichen (inzestuösen) Vorstellung abgelöst und auf den harmlosen Trauminhalt ‚Klavier' verschoben sind.

4.4 Die sekundäre Bearbeitung

Die Übersetzung von Traumgedanken in visuelle Bilder, die Verdichtung der latenten Traumelemente und die Verschiebung mit der Umzentrierung der affektiven Gehalte haben ein Konglomerat von Traumelementen geschaffen, welches einerseits alle Absichten des unbewußten infantilen Wunsches enthält, andererseits dem Ich in seiner Bedeutung nicht erkennbar ist und so den Bedingungen der Zensur entspricht. Die sekundäre Bearbeitung füllt nun Lücken und schafft Verbindungen, die dem manifesten Traum einen gewissen Anschein von Logik und innerem Zusammenhang verschafft. Sie ist das „Bindemittel", welches die verschiedenen „Gesteinsbrocken" zusammenhält (s. FGW XI, 184). Freud schreibt diese Tätigkeit dem normalen (Wach-)Denken zu, welches „an den Trauminhalt mit dem Anspruch herantritt, er müsse verständlich sein, ihn einer ersten Deutung unterzieht und dadurch das volle Mißverständnis desselben herbeiführt" (FGW II/III, 504). Das heißt, die sekundäre Bearbeitung stellt in dem Bedürfnis, eine gewisse sinnvolle Abfolge in den Traum hineinzubringen, Zusammenhänge willkürlich und oft entgegen dem eigentlichen Traumsinne her. Deswegen entspricht sie ebenfalls der Absicht der Traumentstellung, die Zensur zu umgehen.

4.5 Die Darstellung durch Symbole

4.51 Vorbemerkung zu Freuds Symbolbegriff
Vor der Besprechung der Freudschen Traumsymbolik möchte ich eine kurze Vorbemerkung über die Symbol-Auffassung Freuds machen.
Wie Phillips (1962) gezeigt hat, verwendet Freud den Ausdruck „Symbol" in der „Traumdeutung" (1900) anders als in den vorhergehenden frühen Schriften („Über den psychischen Mechanismus hysterischer Phänomene" 1893, „Die Abwehr-Neuropsychosen" 1894, „Studien über Hysterie" 1895 und „Entwurf einer Psychologie" 1895). In diesen geht Freud von einer „individuellen Symbolik" aus. Das Symbol wird hier vom Patienten im Rahmen seines neurotischen Konfliktes und der Verdrängung gebildet und eingesetzt. Freud spricht erstens vom hysterischen Symptom selbst, das als ein *„Erinnerungs-Symbol"*, als „meta-

phorisch stellvertretendes Zeichen" (Phillips 1962, 15) an Stelle des ursprünglichen, verdrängten traumatischen Erlebnisses eingesetzt wird. Es handelt sich dabei um eine an sich gleichgültige oder unbedeutende Vorstellung, die jedoch in einem assoziativen Zusammenhang mit der traumatischen Vorstellung steht und, während diese verdrängt wird, sie im Bewußtsein vertritt. Zweitens spricht Freud von *„Symbolisierung"*, worunter er die bildhaft-gestische Darstellung des mit dem traumatischen Erlebnis verbundenen schmerzlichen Affektes durch ein Körpersymptom versteht (zum Beispiel wird Ekel ausgedrückt durch Erbrechen). Oder es wird eine schmerzliche seelische Empfindung durch eine körperliche Mißempfindung, die geeignet ist, jene bildhaft darzustellen, ersetzt. (Freud berichtet z. B. über eine Patientin, die als junges Mädchen von ihrer Großmutter durchdringend und, wie sie meinte, mißtrauisch angeschaut wurde und daraufhin einen bohrenden Schmerz in der Stirn zwischen den Augen fühlte, der wochenlang anhielt! Siehe FGW I, 248 ff.)

Im Gegensatz dazu stellt in der „Traumdeutung" das Symbol für Freud einen *phylogenetisch erworbenen, überindividuellen und konstanten Inhalt des Unbewußten* dar, was natürlich eine gewisse Selbständigkeit des Unbewußten impliziert und im Grunde bereits den Begriff des kollektiven Unbewußten Jungs vorwegnimmt. Freud hat in der Folge stets an dieser Symbolauffassung festgehalten und die frühere Verwendung des Begriffes verlassen.

Gegen die von Freud seit der „Traumdeutung" festgehaltenen Auffassung des Symbols als einer phylogenetisch erworbenen, überindividuellen Bildung, hat sich bereits früh innerhalb der Psychoanalyse* Kritik erhoben. E. Jones, S. Ferenczi und andere nahmen eine individuelle Genese auch der Traumsymbole an. Die (in der Freudschen Deutung) auffallende Gleichartigkeit und Übereinstimmung der Symbole erklärten sie aus der „Gleichförmigkeit . . ., welche das menschliche Seelenleben im Hinblick auf jene Strebungen beherrscht, aus denen die Symbolik entspringt . . ." (Jones, zit. nach Phillips 1962, 82). Da die Freudsche Traumsymbolik fast ausschließlich Sexualsymbole kennt, zieht diese Erklärung außerdem die Annahme einer frühkindlichen „Sexualisierung des Alls" (Ferenczi zit. nach Phillips 1962, 84) heran.

---

* Unter Psychoanalyse wird die von Freud begründete und an ihm orientierte tiefenpsychologische Schule verstanden.

Auch in neuerer Zeit richtet sich die Kritik gegen die in der „Traumdeutung" vertretene Freudsche Symbolauffassung (Phillips 1962, Lorenzer 1972, Speidel 1977). Die genannten Autoren u. a. sehen in ihr das zentrale Thema, welches zu den Abfallbewegungen von der Psychoanalyse, die sich mit den Namen Silberer, Maeder und vor allem Jung verbinden, geführt habe*. Dies, weil sie zu einer „Ontologisierung des Unbewußten" (Lorenzer 1972) führt, das heißt zu einer Auffassung des Unbewußten als seinsmäßig selbständiger Kategorie, (die in der Folge bei Jung zum „objektiv Psychischen" führt). Darüber hinaus bereitet diese Auffassung den Weg vor für die Einführung des finalen Gesichtspunktes in die Psychologie, insofern nämlich die „transzendentale Theorie" des Symbols eine final orientierte Interpretation begünstigt. Diese Theorie nimmt an, „daß Dinge in Raum und Zeit eine Beziehung oder Bedeutung über das hinaus haben, was ihnen in ihrer reinen Tatsächlichkeit oder Existenz zukommt. Ihre Methode ist deshalb nicht genetisch und regressiv, sondern prospektiv und progressiv" (Urban zit. nach Phillips 1962, 145). Im Gegensatz zu ihr versucht die „naturalistische Theorie" das Symbol „in Ausdrücken der Wirklichkeit zu erklären . . . in der Methode ist sie wesentlich genetisch und regressiv oder reduktiv . . ." (ebd.). Die naturalistische Theorie nimmt also an, daß das Symbol lediglich als ein stellvertretendes Zeichen für etwas an sich Bekanntes stehe, während in der transzendentalen Theorie die als Symbole eingesetzten ‚Dinge' mehr bedeuten als das, was sie in ihrer konkreten Realgestalt darstellen, und über sich selbst hinausweisen auf etwas, was noch unbekannt ist und zunächst weder begrifflich noch bildhaft-anschaulich formuliert werden kann.

Sofern man den finalen Gesichtspunkt, wie Freud es immer getan hat, verwirft, markieren das Symbol und seine unterschiedliche Interpretation tatsächlich eine Trennlinie zwischen den Systemen. Wenn man aber den finalen Gesichtspunkt als eine Ergänzung zum kausalen ansieht, be-

---

* Auch D. Wyss sieht den „fundamentalen Gegensatz zwischen Jung und Freud" in der verschiedenen Auffassung des Symbols. (Er lehnt dabei die positivistische, begriffliche Freudsche Auffassung ab.) Diese zentrale Bewertung der verschiedenen Symbol-Konzepte, welche „die beiden Systeme weitgehend inkommensurabel machen" (Wyss 1972, 395 u. 397), scheint jedoch deren praktische Bedeutung – mindestens für die Freudsche Psychoanalyse – zu überschätzen. Dies, auch wenn das jeweilige Symbolverständnis für die Denkweise Freuds und Jungs kennzeichnend ist.

zeichnet die Symbolauffassung ebensowohl eine Nahtlinie, umsomehr, als die von Freud in der „Traumdeutung" vertretene, überindividuelle und genetisch festgelegte Bedeutung des Symbols zugleich die Grundlage für die Jungsche Symbolauffassung abgibt.

Die Abwendung von der endgültigen Symbolauffassung Freuds hat jedoch noch andere Gründe:

Erstens wird die soziologisch-kommunikative Funktion des (bewußten) Symbols betont, in der Absicht, Anschluß an philosophische und sprachwissenschaftliche Bedeutungen und Interpretationen des Begriffes zu gewinnen. Lorenzer u. a. fassen dabei die Symbolbildung als eine Leistung des Ichs auf und lockern bzw. verändern ihre Beziehung zum Unbewußten. Es fragt sich jedoch, ob dabei nicht wesentliche Positionen der Psychoanalyse geopfert werden (siehe Moersch, 1976).

Zweitens hofft man, durch die Weiterentwicklung der früheren Freudschen Symbolauffassung – insbesondere i. S. der Symbolisierung – eine Ausgangsposition für eine neue Theorie psychosomatischer Phänomene zu schaffen (Speidel 1977, 698).

Am Ende dieser kurzen Ausführung möchte ich noch darauf hinweisen, daß Freuds Symbolbegriff in seiner frühen und in seiner endgültigen Form, ob er nun ein individuell erworbenes oder ein überindividuelles, phylogenetisches Symbol meint, immer Zeichencharakter behält. Grundsätzlich läßt sich das Freudsche Symbol vollständig auflösen und auf etwas an sich Bekanntes zurückführen, welches es im Sinne eines metaphorischen Zeichens substituiert. Oder das Symbol verbildlicht einen sprachlichen Ausdruck, dessen Bedeutung ebenfalls allgemein bekannt ist (z. B. „es gibt mir einen Stich in's Herz"). Freud vertritt also wenn man so will eine „naturalistische Theorie" des Symbols (siehe oben).

4.52 Das Symbol in der Traumdeutung

Ich kehre jetzt zur Besprechung der Traumlehre zurück. In der Freudschen Auffassung dient das Symbol – wie die zuvorgenannten Methoden der Traumarbeit – ebensosehr der Darstellung beziehungsweise der plastischen Darstellbarkeit eines Traumgedankens, wie dessen Entstellung. Da jedoch dem Träumer in den meisten Fällen die Bedeutung des Symbols nicht bekannt ist, stellt „die Symbolik ein zweites und unabhängiges Moment der Traumentstellung neben der Traumzensur" (FGW XI,

171) dar. „Eine . . . konstante Beziehung zwischen einem Traumelement und seiner Übersetzung heißen wir eine *symbolische,* das Traumelement selbst ein *Symbol* des unbewußten Traumgedankens" (ebd., 152).

Die feste Symbolbedeutung eines Traumelementes wird kenntlich durch das gänzliche Fehlen von Assoziationen des Träumers zu diesem symbolischen Element. Die Richtigkeit der Auffassung als Symbol bestätigt sich, insofern die Einsetzung der Symbolbedeutung in den Traum jeweils eine sinnvolle Deutung ermöglicht. Die Symboldeutung kann im gegebenen Falle die Erarbeitung des latenten Traumsinnes über die assoziativen Brücken, die der Träumer liefert, ersetzen. Doch ist „die auf Symbolkenntnis beruhende Deutung keine Technik, welche die assoziative ersetzen oder sich mit ihr messen kann. Sie ist eine Ergänzung zu ihr und liefert nur in sie eingefügt brauchbare Resultate" (ebd., 152). Die allzu freie Einsetzung von Symbolbedeutungen in die Traumdeutung ist gefährlich und verleitet zur Willkür.

„Die beiden Techniken der Traumdeutung müssen einander ergänzen; praktisch wie theoretisch verbleibt aber der Vorrang dem zuerst beschriebenen Verfahren, das den Äußerungen des Träumers die entscheidende Bedeutung beilegt, während die von uns vorgenommene Symbol-Übersetzung als Hilfsmittel hinzutritt" (FGW II/III, 365).

Wie bei C. G. Jung verfügt der Träumer von Anfang an über die *unbewußte* „Kenntnis" des Symbols. Es ist eine Kenntnis, die das Unbewußte auch bei Freud mit den objektiven Zeugnissen der Volksseele, den Märchen und Mythen teilt. „Die Kenntnis der Symbolik ist dem Träumer unbewußt, sie gehört seinem unbewußten Geistesleben an" (FGW XI, 168).

Im Unterschied zu Jung ist jedoch die Symbolbedeutung feststehend, das Symbol bezeichnet in bildhafter Form etwas ganz Bestimmtes und an sich Bekanntes. „Das Wesen der Symbolbeziehung ist ein Vergleich" (ebd., 153). Jung bezeichnet diese Symbolauffassung Freuds als semantisch: das Symbol ist ein Zeichen für etwas Bekanntes.

Nach Freud ist „der Umfang der Dinge, die im Traume symbolische Darstellung finden, nicht groß. Der menschliche Leib als Ganzes, die Eltern, Kinder, Geschwister, Geburt, Tod, Nacktheit . . . die übergroße Mehrzahl der Symbole im Traum sind Sexual-Symbole" (ebd., 154/155). Freud fällt dabei selbst die Monotonie auf, die sich bei dieser Art der Symbolauslegung ergibt, welche das Symbol letzten Endes immer auf eine Bedeutung innerhalb des Rahmens der sexuellen Infantilszene reduziert. Er schreibt an derselben Stelle weiter: „Es stellt sich dabei ein merkwürdiges Mißverhältnis heraus. Der bezeichneten Inhalte sind nur wenige, der Symbole für sie ungemein viele, so daß jedes dieser Dinge durch zahlreiche, nahezu gleichwertige Symbole ausgedrückt werden kann. Bei der Deutung ergibt sich dann etwas, was allgemein Anstoß erregt. Die Symboldeutungen sind im Gegensatz zur Mannigfaltigkeit der Traumdarstellungen sehr monoton."

Der Anschaulichkeit halber möchte ich noch einige der wichtigsten Symbole aufzählen: Das männliche Genitale wird vertreten „durch Dinge, die ihm in der Form ähnlich, also lang und hochragend sind, wie: *Stöcke*, *Schirme*, *Stangen*, *Bäume* und dergleichen. Ferner durch Gegenstände, die die Eigenschaft des In-den-Körper-Eindringens und Verletzens mit dem Bezeichneten gemein haben, also spitzige *Waffen* jeder Art, *Messer*, *Dolche*, *Lanzen*, *Säbel*, aber ebenso durch Schießwaffen: *Gewehre*, *Pistolen* und den durch seine Form so sehr dazu tauglichen *Revolver* ... ohne weiteres verständlich ist auch der Ersatz des männlichen Gliedes durch Gegenstände, aus denen Wasser fließt: *Wasserhähne*, *Gießkannen*, *Springbrunnen*, und durch andere Objekte, die einer Verlängerung fähig sind, wie *Hängelampen*, vorschiebbare *Bleistifte* usw." (ebd., 156).

„Das weibliche Genitale wird symbolisch dargestellt durch alle jene Objekte, die seine Eigenschaft teilen, einen Hohlraum einzuschließen, der etwas in sich aufnehmen kann. Also durch *Schachte*, *Gruben* und *Höhlen*, durch *Gefäße* und *Flaschen*, durch *Schachteln*, *Dosen*, *Koffer*, *Büchsen*, *Kisten*, *Taschen* usw. Auch das *Schiff* gehört in diese Reihe. Manche Symbole haben mehr Beziehung auf den Mutterleib als auf das Genitale des Weibes, so: *Schränke*, *Öfen* und vor allem das *Zimmer*. Die Zimmersymbolik stößt hier an die Haussymbolik, *Türe* und *Tor* werden wiederum zu Symbolen der Genitalöffnung. Aber auch Stoffe sind Symbole des Weibes, das *Holz*, das *Papier* und Gegenstände, die aus diesen Stoffen bestehen, wie der *Tisch* und das *Buch*. Von Tieren sind wenigstens *Schnecke* und *Muschel* als unverkennbar weibliche Symbole anzuführen; von Körperteilen der *Mund* zur Vertretung der Genitalöffnung, von Bauwerken *Kirche* und *Kapelle*" (ebd., 157/158).

„Manche Symbole bedeuten ein Genitale überhaupt, gleichgültig ob ein männliches oder weibliches, z. B. das *kleine Kind*, der *kleine Sohn* oder die *kleine Tochter*" (ebd., 159).

Ich weise darauf hin, daß alle diese Symbole völlig konkretistisch (vgl. Fünfter Teil B 2.7) und nur von *einem* Aspekt her gedeutet werden, nämlich dem, der aus äußeren Gründen auf Form und Funktion der Geschlechtsorgane hinweist. Bei der Auffassung von Kapelle oder Kirche als Symbol der Gebärmutter wird nur der formale Aspekt des Umschließenden oder Einschließenden gewählt, der größere, geistige, der den Begriff der Mütterlichkeit beinhaltet, wird ganz vernachlässigt.

Weitere Beispiele: „Die Eltern erscheinen im Traum als *Kaiser* und *Kaiserin*, *König* und *Königin* oder als andere Respekts-Personen; der Traum ist hier also sehr pietätsvoll. Minder zärtlich verfährt er gegen Kinder und Geschwister; diese werden als *kleine Tiere*, *Ungeziefer* symbolisiert. Die Geburt findet fast regelmäßig eine Darstellung durch eine Beziehung zum *Wasser* . . . Das Sterben wird im Traum durch *Abreisen, mit der Eisenbahn Fahren* ersetzt" (FGW XI, 154). Diese Symboldeutungen gehen über das Sexuelle hinaus, werden jedoch wieder reduktiv-konkretistisch genommen: der König bedeutet die Autorität des Vaters, die dieser im realen Kinderleben genießt; die Darstellung der Geburt wird als unbewußte Erinneruung an die konkrete eigene Geburt verstanden und eventuell als erstes und vorbildhaftes Angsterlebnis gedeutet (siehe FGW II/III, 405 Fußnote 2).

Auch der *Umgang mit den Symbolen* fügt sich bei Freud vollkommen ein in den Rahmen seiner Neurosen-Theorie, die bestimmt ist durch die Zurückführung der neurotischen Symptome wie der Traumphänomene auf die im *persönlichen Unbewußten* verankerten Erlebnisse der infantilen Welt und die Speisung des seelischen Geschehens ausschließlich aus den Quellen des Trieblebens. Dies, obgleich er in den *Symbolen als solchen* überindividuelle, kollektive Bildungen erkennt.

5. Die Traumdeutung

Sie bedient sich der Methode der freien Assoziation des Träumers und, wie oben ausgeführt, ergänzend der Einsetzung fester Symbolbedeutungen. Ihre erste Aufgabe ist es, das Ergebnis der Traumarbeit rückgängig zu machen, das heißt, vom manifesten Traum ausgehend, die latenten Traumgedanken zu erschließen.

Da der manifeste Traum infolge der Traumentstellung lediglich eine Fassade darstellt, die das eigentlich Gemeinte verbirgt, wird er nur als Ausgangspunkt der Deutungsarbeit genommen, ein Sinn für die analytische Erkenntnis wird ihm so wie er ist nicht beigemessen. Immer wieder weist Freud darauf hin, daß der manifeste Traum nicht das Eigentliche ist, daß er lediglich den Ausgangspunkt für die Deutungsarbeit liefert, die erst uns zum Eigentlichen, den latenten Traumgedanken, vordringen läßt. Er schreibt: „Man kümmere sich nicht um das, was der Traum zu besagen scheint, sei er verständig oder absurd, klar oder verworren, da es doch auf keinen Fall das von uns gesuchte Unbewußte ist" (FGW XI, 112). Und: „wir beschließen, uns um das, was wir gehört haben, um den *manifesten* Traum, möglichst wenig zu kümmern ... wir fordern den Träumer auf, sich gleichfalls vom Eindruck des manifesten Traums freizumachen, seine Aufmerksamkeit vom Ganzen weg auf die einzelnen Teile des Trauminhaltes zu richten und uns der Reihe nach mitzuteilen, was ihm zu jedem dieser Teilstücke einfällt" (FGW XV, 10).

Die Deutungsarbeit erfolgt gegen einen Widerstand (siehe FGW XI, 114), in welchem sich die verdrängende Instanz ausdrückt, welche als Zensur zur Traumentstellung geführt hat. Diese Auffassung führt zu einer Reihe von technischen Regeln: Da der latente Traumgedanke verpönt ist und der Zensur unterliegt, können wir keine affektive Bestätigung für ihn verlangen, im Gegenteil, wo auch immer ein Gedanke auftaucht, wird er als zum latenten Traummaterial gehörig angesehen. Ein Zweifel des Träumers bestätigt ihn nur. „Der Zweifel an der richtigen Wiedergabe des Traumes oder einzelner Traumdaten ist wieder nur ein Abkömmling der Traumzensur, des Widerstandes gegen das Durchdringen der Traumgedanken zum Bewußtsein (FGW II/III, 520). Diese hohe Einschätzung der Zensur beim Zustandekommen des Traumes einerseits und der starken Kohärenz der Assoziationen des Träumers mit den mutmaßlichen latenten Traumgedanken andererseits führt Freud zu der Forderung, daß man sich bei der Analyse eines Traumes „von der ganzen Skala der Sicherheitsschätzung frei mache, die leiseste Möglichkeit, daß etwas der oder jener Art im Traum vorgekommen sei, behandle wie die volle Gewißheit" (ebd., 521). Ebenso ist das Vergessen des Traumes eine Leistung der Zensur und ein „der Vergessenheit entrissener Traumteil ist nun jedesmal der wichtigste" (ebd., 523). Freud lehnte die schriftliche Fixierung von Träumen ab (siehe FGW VIII, 356). Es ist ihm gleichgültig, „wie viel, wie wenig, vor allem aber wie getreu oder wie unsicher man den Traum erinnert. Der erinnerte Traum ist ja doch nicht das Eigentliche, sondern ein entstellter Ersatz dafür, der uns dazu verhelfen soll, durch Erweckung von anderen Ersatzbildungen dem Eigentlichen näher zu kommen, das Unbewußte des Traumes bewußt zu machen" (FGW XI, 112).

Es ist Freud nicht entgangen, daß eine Anzahl von Träumen sich der Deutung entzieht. Er führte dies jedoch nicht auf eine Begrenztheit seiner Methode der Traumdeutung sondern auf die Wirkung eines extremen Wiederstandes im betreffenden Falle zurück. Geschieht die Deutung bei hohem Widerstandsdruck des Patienten, so wird der Traum nicht viel preisgeben: „Die Mehrzahl der Träume in schwierigen Analysen ist von solcher Art, so daß man aus ihnen nicht viel über Natur und Mechanismus der Traumbildung lernen kann, am wenigsten aber Auskünfte zu der beliebten Frage erhalten wird, wo denn die Wunscherfüllung des Traumes steckt" (FGW XIII, 302). Freud scheint jedoch auch eine andere Seite des Traumes gesehen zu haben, wenn er an der gleichen Stelle (ebd., 303) schreibt: „Eine Anzahl von Träumen, die während der Analysen vorfallen, sind unübersetzbar, wenngleich sie nicht gerade den Widerstand zur Schau tragen. Sie stellen freie Bearbeitungen der zugrunde liegenden latenten Traumgedanken vor und sind wohlgelungenen, künstlerisch überarbeiteten Dichtwerken vergleichbar ... Solche Träume dienen in der Kur als Einleitung zu Gedanken und Erinnerungen des Träumers, ohne daß ihr Inhalt selbst in Betracht käme" [!]. Damit scheint er Träume, die sich seinen Prämissen nicht beugen, die also nicht ein Produkt aus den infantilen Triebquellen einerseits, und dem Druck der Zensur andererseits darstellen, aus seiner Betrachtung auszuklammern.*

---

* Es fällt auf, daß Freud später, als er der sexuellen Libido den Aggressionstrieb gegenüberstellte, diesem bei der Entstehung der Träume keinerlei Bedeutung zugemessen hat. Dies, obgleich es sich bei der Aggression ebenso um einen primären Trieb handelt, der zum großen Teil der Unterdrückung anheim fallen muß. Wenn der Traum, wie alles psychische Geschehen, wesentlich aus Triebquellen gespeist wird, so wäre es theoretisch naheliegend anzunehmen, daß auch dem Aggressionstrieb bei der Traumentstehung eine entsprechende Rolle zukommt.

6. Zusammenfassung

Der Traum wird von Freud aufgefaßt entsprechend einem neurotischen Symptom. Er stellt für ihn eine Kompromißbildung zwischen zwei Instanzen dar: dem Unbewußten, dessen verdrängte Inhalte zum Bewußtsein, hier also zur Darstellung im Traume, und zur Erledigung ihrer Affekte drängen, und der Zensur, welche versucht, diese Inhalte in der Verdrängung zu erhalten, oder sie mindestens nur entstellt zum Traumbewußtsein zuzulassen. Die Inhalte des Unbewußten sind vorwiegend verdrängte, infantile, sexuelle Strebungen. Es gilt Freud zunächt als unbestrittene Erkenntnis, „daß alles Material, das den Trauminhalt zusammensetzt, auf irgendeine Weise vom Erlebten abstammt, also im Traum reproduziert, *erinnert* wird" (FGW II/III, 10/11). Das heißt, das in Betracht kommende Unbewußte mit seinen infantilen Inhalten ist ein „persönliches Unbewußtes".*

Da die unbewußten Inhalte infolge der Zensur nur entstellt zur Traumdarstellung kommen, ergibt sich die Unterscheidung von latenten Traumgedanken und manifestem Traum. Der manifeste Traum verliert daher an Wert, er wird zur täuschenden Fassade, um die man sich möglichst wenig zu kümmern hat und die nur die Anknüpfungspunkte für die Vielzahl der Assoziationen bietet, aus denen sich dann wie aus einer Art „Mutterlauge" (s. FGW XV, 12) die latenten Traumgedanken herauskristallisieren. Diese entsprechen oder führen zur „Infantilszene", deren im Unbewußten unerledigte Wunschvorstellungen jetzt dem Bewußtsein eingegliedert werden und deren affektive Ladung in der Übertragungssituation der Analyse bearbeitet und eventuell erledigt werden kann.

Wie die psychoanalytische Arbeit überhaupt, dient die Traumdeutung bei Freud letzten Endes einer nachträglichen Konfliktbewältigung. Sie ist reduktiv ausgerichtet.

Die Symbole werden als feststehende Zeichen für eine bekannte Sache angesehen. Sie werden ebenso konkretistisch aufgefaßt, indem sie jeweils nur auf die konkrete Sache oder die konkrete Funktion hinweisen und

---

* Davon machen allerdings die Symbole, bei denen es sich auch in der Auffassung Freuds um genetisch verankerte Bildungen handelt, eine Ausnahme (s. auch Fünfter Teil A 4.51).

auf nichts darüber hinaus. Ein Phallus-Symbol bedeutet das männliche Glied, nichts weiter. Nicht Zeugungskraft, Fruchtbarkeit, Möglichkeit geistiger Befruchtung etc.

Es scheint, daß diese Auffassung Freuds so lange berechtigt ist, als es sich um Träume handelt, die einem neurotischen Konflikt entspringen. Aber wie die seelischen Leistungen des Wachlebens nicht ausnahmslos unter dem Vorzeichen eines neurotischen Symptomes begriffen werden können, so kann man m. E. sicherlich auch die Leistung des Traumbewußtseins nicht ausschließlich als Ausfluß neurotischer Konflikte sehen. Insofern jedoch Träume einen konflikthaften Ursprung haben, spielen die infantilen sexuellen Wünsche als Triebfeder tatsächlich eine entscheidende Rolle. Ob sie allein in diesen Träumen das Entscheidende sind und die einzige Triebkraft abgeben, ist eine andere Frage. Die alle anderen Gesichtspunkte ausschließende Auffassung Freuds entspricht seiner Einschätzung der infantilen sexuellen Konflikte als einzige Ursache der Neurosen, seiner reduktiven Denkweise und seiner Bevorzugung formaler Gesichtspunkte. Deswegen sind für ihn am Traum auch das Wesentliche die Traumarbeit und ihre Mechanismen: Verdichtung, Verschiebung etc. Es kann kein Zweifel daran bestehen, daß diese Mechanismen für viele Träume gelten.

Die Betonung des formalen Aspektes und damit der Traummechanismen ließ Freud auch die sogenannte „prospektive Tendenz" des Traumes (Maeder, Jung, siehe Fünfter Teil B 2.41) ablehnen. Er schreibt zu diesem Gesichtspunkt: „Der Traum ist im Grunde nichts anderes als eine besondere *Form* unseres Denkens, die durch die Bedingungen des Schlafzustandes ermöglicht wird. Die *Traumarbeit* ist es, die diese Form herstellt und sie allein ist das Wesentliche am Traum, die Erklärung seiner Besonderheit. Ich sage dies zur Würdigung der berüchtigten ‚prospektiven Tendenz' des Traumes. Daß der Traum sich mit den Lösungsversuchen der unserem Seelenleben vorliegenden Aufgaben beschäftigt, ist nicht merkwürdiger, als daß unser bewußtes Wachleben sich so beschäftigt und fügt nur hinzu, daß diese Arbeit auch im Vorbewußten vor sich gehen kann, was uns ja bereits bekannt ist" (FGW II/III, 510 Fußnote 2). Hier opfert Freud bewußt die Möglichkeit, vom Traum angebotene, im Unbewußten oder Vorbewußten sich anbahnende Konfliktlösungen in das therapeutische Konzept einzubeziehen seiner formal betonten Auffassung vom Traum. Allerdings räumt er an anderer Stelle ein: „Sie erfahren aus den Deutungen der Träume, daß das unbewußte Denken der Menschen sich mit solchen Vorsätzen, Vorbereitungen, Überlegungen usw. beschäftigt, aus denen dann die Traumarbeit die Träume macht. Wenn sie sich für die Traumarbeit derzeit nicht interessieren, für die unbewußte Denkarbeit des Menschen aber sehr interessieren, dann eliminieren Sie die Traumarbeit und sagen von dem Traum praktisch ganz richtig aus, er entspreche einer Warnung, einem Vorsatz und dergleichen" (FGW XI, 228). Das wesentliche ist ihm aber die Traumarbeit und diese Akzentsetzung führt ihn im Verein mit seiner reduktiven Denkweise immer wieder zum infantilen Konflikt zurück und läßt ihn mögliche, nach vorwärts gerichtete Konfliktlösungen aus dem Auge verlieren.

Freud hat zur Erforschung des Traumes wie zu der der Neurose die entscheidenden Beiträge geliefert, die Pioniertat vollbracht, die beide erst einer rationalen wissenschaftlichen Erforschung zugänglich machten. Es stellt sich jedoch die Frage, ob sein Konzept der Neurosen der Mannigfaltigkeit der seelischen Phänomene, die sich in ihnen wiederspiegeln und die an ihrer Verursachung mitwirken, vollständig gerecht werden kann. Dies gilt in noch größerem Maße für die Traumtheorie. Beim Traum fällt es von vornherein schwer, ihn ausschließlich unter dem Gesichtspunkt eines Symptomes zu betrachten. Das Phänomen Traum läßt sich nicht in einen so engen Rahmen pressen und dementsprechend hat man bei der Lektüre der „Traumdeutung" häufig den Eindruck des Gewaltsamen und Erzwungenen. Es mag diesem Umstand entsprechen, daß die Traumdeutung in der Psychoanalyse offensichtlich an Bedeutung innerhalb der analytischen Arbeit verloren hat. Aus einer via regia zum Unbewußten scheint eher ein Seitenpfad geworden zu sein.

Andererseits möchte ich aber noch einer Kritik begegnen, die der Freudschen Assoziationsmethode innerhalb der Traumdeutung oft gemacht wird: Es wird ihr vorgeworfen, daß die Kette der aneinandergefügten Assoziationen schließlich immer zu einem Komplex führten, unabhängig davon, wovon man ausgehe, daß man also insofern ganz auf den Traum verzichten könne (s. z. B. C. A. Meier 1972, 27). Freud verlangt aber ausdrücklich, daß der Patient „sich der freien Assoziation *unter Festhaltung einer Ausgangsvorstellung* überlasse (FGW XI, 104). Die Assoziationen gehen also jeweils von einem bestimmten Traumelement aus und halten an diesem Element fest. „Hört man sich diese Fülle von Einfällen an, so merkt man bald, daß sie mit dem Trauminhalt mehr gemeinsam haben als nur die Ausgangspunkte. Sie werfen ein überraschendes Licht auf alle Teile des Traumes, füllen die Lücken zwischen ihnen aus, machen ihre sonderbaren Zusammenstellungen verständlich" (FGW XV, 11). Mit Hilfe der Assoziationen und der aus ihnen sich herausschälenden latenten Traumgedanken leistet die Traumdeutung also das, was sie *in erster Linie* leisten soll: sie macht den Traum verständlich, läßt ihn erscheinen als das, was er ist: als *„ein vollgültiges psychisches Phänomen"* (FGW II/III, 127). *In zweiter Linie* läßt sich mit dem assoziativen Verfahren spezifisches unbewußtes Konfliktmaterial und seine Einbettung in die aktuelle Lebenssituation erforschen. Die Sinnhaftigkeit der Assoziationen in bezug auf die Erklärung des Traumes und ihre Einbettung in bzw. ihre Beziehung zur aktuellen Lebenssituation ergeben also die Richtschnur für die Gültigkeit der assoziativ erforschten latenten Traumgedanken. Erst *in einem letzten Schritt* leisten sie (beim neurotischen Konflikt-Traum) die Aufklärung des infantilen sexuellen Konfliktes, welcher nach Freud die eigentliche Triebfeder für die Traumbildung ist.

7. Überleitung zu C. G. Jung

Freud hat die Jungsche Konzeption abgelehnt und mußte dies – wie ich früher ausgeführt habe – wahrscheinlich tun, um die Geschlossenheit und Stoßkraft seiner Theorie zu bewahren. Wir haben gehört, wie er die Auffassung von der „prospektiven Tendenz" zurückwies, sie als nicht dem Traume eigentümlich ansah, sie jedoch immerhin gelten ließ als eine generelle Tendenz des Vorbewußten. Die subjektstufige Auffassung des Traumgeschehens (siehe Fünfter Teil B 2.5) erledigte er noch rascher und ohne eingehendere Begründung: „Daß aber alle Personen, die im Traume vorkommen", schreibt er, „als Abspaltungen und Vertretungen des eigenen Ichs zu gelten haben, möchte ich als eine inhaltslose und unberechtigte Spekulation zurückweisen" (FGW XIII, 314).
Trotzdem scheinen sich einige Nahtstellen zu ergeben, an denen die Freudsche Auffassung ohne tieferen Bruch sich mit der von C. G. Jung

berührt. Ich streife dies nur ganz kurz. Erstens: zunächst ist die von Freud selbst mehrfach erwähnte Begrenztheit seiner Deutungsmethode anzuführen, welcher sich eine große Zahl von Träumen entzieht. Er schreibt: „Die nächste, wohlberechtigte Frage lautet: Kann man mit ihrer Hilfe [der Freudschen Methode der Traumdeutung] alle Träume deuten? Und die Antwort ist: Nein, nicht alle, aber doch so viele, daß man der Brauchbarkeit und Berechtigung des Verfahrens sicher ist. Aber warum nicht alle? Die neuerliche Antwort hat uns etwas Wichtiges zu lehren, was bereits in die psychischen Bedingungen der Traumbildung einführt: weil sich die Arbeit der Traumdeutung gegen einen Widerstand vollzieht, der von unscheinbaren Größen bis zur Unüberwindlichkeit – wenigstens für unsere jeweiligen Machtmittel – variiert" (FGW XV, 13; siehe auch XIII, 302/303). Freud nimmt also an, daß seine Methode der Traumdeutung grundsätzlich auf alle Träume anwendbar sei, daß sie aber unter Umständen an der Größe des Widerstandes scheitern könne. Bei der großen Bedeutung, die dem Phänomen des Widerstandes von ihm beigemessen wird, impliziert seine Theorie von vornherein die Möglichkeit, daß sich Träume der Deutung widersetzen, ja, man muß dies im Rahmen der Theorie geradezu erwarten.

Trotzdem stellt sich die Frage, ob hier nicht auch eine Grenze der Freudschen Methode offenbar wird und ob die Freudsche Traumdeutung nicht der Ergänzung durch eine anders orientierte Methode bedarf.

Zweitens: In die Richtung der Jungschen Auffassung scheint eine kleine Bemerkung in der „Traumdeutung" zu führen: „Jeder Traum hat mindestens eine Stelle, an welcher er unergründlich ist, gleichsam einen Nabel, durch den er mit dem Unerkannten zusammenhängt" (FGW II/III, 116 Fußnote). Man weiß nicht, was Freud hier im Auge hat, wenn er vom Unerkannten spricht, doch die Art seiner Formulierung suggeriert den Eindruck, daß er damit nicht allein den umgrenzten Inhalt des persönlichen Unbewußten und seiner infantilen Inhalte meinen könne, sondern daß er vielmehr die Berührung mit einem weiteren und tieferen Zusammenhang ahnt.

Drittens: Die abwertende Beurteilung des manifesten Traumes, die die Auffassung Freuds wesentlich von der Jungschen unterscheidet, erfährt doch einige Einschränkungen. Das Ausmaß der Traumentstellung hängt ja ab von der Tätigkeit der Zensur. Wo jene nur milde gewaltet hat, erscheint der manifeste Traum durchsichtiger und in sich selbst verständlicher. „Wenn der Widerstand gering ist, so ist auch der Ersatz vom Unbewußten nicht weit entfernt; ein großer Widerstand bringt aber große Entstellungen des Unbewußten und damit einen langen Rückzug vom Ersatz zum Unbewußten mit sich" (FGW XI, 115). Und in der „Traumdeutung" findet sich folgender Abschnitt: „Die unbefangenen [!] Träume Gesunder enthalten oft eine viel einfachere, durchsichtigere und mehr charakteristische Symbolik als die neurotischer Personen, in denen sie infolge der stärker wirkenden Zensur und der hieraus resultierenden weitergehenden Traumentstellung häufig gequält, dunkel und schwer zu deuten ist" (FGW II/III, 378). „Die unbefangenen Träume Gesunder": diese Wendung führt nahe an die Auffassung heran, daß der Traum kein Symptom, kein pathologisches Produkt sein muß. Wenn er das nicht ist, dann bedarf es aber auch keiner Traumarbeit im Sinne der Entstellung der latenten Traumgedanken, und der manifeste Traum würde meinen was er sagt. Schließlich müßte man dann auch für wahrscheinlich erachten, daß viele Träume von Gesunden (und evtl. von Kranken) keine Wunscherfüllungsträume zu sein bräuchten. Damit würde auch der von Freud als Motor des Traumes angenommene infantile Triebwunsch mindestens als generelle Bedingung der Traumentstehung entfallen. Anders ausgedrückt: Man wäre dann nicht mehr gezwungen, jeden Traum, der nicht offenkundig ein Wunscherfüllungs-Traum ist, als ein Produkt der Traumentstellung mit Symptomcharakter aufzufassen. Dies würde allerdings zugleich bedeuten, daß man die von Freud geschaffene enge Korrelation von Traum und neurotischem Symptom aufgibt. Man müßte dann einräumen, daß der Traum des Gesunden ebenso wie der des Neurotikers die Struktur eines neurotischen Symptomes haben kann, aber nicht haben muß.

Viertens: Freud geht zwar davon aus, „daß alles Material, das den Trauminhalt zusammensetzt, auf irgendeine Weise vom Erlebten abstammt, also im Traum reproduziert, *erinnert* wird . . ." (ebd., 10/11), also aus dem persönlichen Unbewußten stamme. Jedoch drängt sich ihm bereits in der „Traumdeutung" eine weitergehende Einsicht auf. Der Traum führt zunächst zu den Spuren der individuellen Kindheit zurück, aber „hinter dieser individuellen Kindheit wird uns dann ein Einblick in die phylogenetische Kindheit, in die Entwicklung des Menschengeschlechts, versprochen, von der die des Einzelnen tatsächlich eine abgekürzte, durch die zufälligen Lebensumstände beeinflußte Wiederholung ist ... [Wir] werden zur Erwartung veranlaßt, durch die Analyse der Träume zur Kenntnis der archaischen Erbschaft des Menschen zu kommen, das seelisch Angeborene in ihm zu erkennen" (ebd., 554). Und in „Abriß der Psychoanalyse" schreibt er: „Darüber hinaus bringt der Traum Inhalte zum Vorschein, die weder aus dem reifen Leben noch aus der vergessenen Kindheit des Träumers stammen können. Wir sind genötigt, sie als Teil der *archaischen* Erbschaft anzusehen, die das Kind, durch das Erleben der Ahnen beeinflußt, vor jeder eigenen Erfahrung mit sich auf die Welt bringt. Die Gegenstücke zu diesem phylogenetischen Material finden wir dann in den ältesten Sagen der Menschheit und in ihren überlebenden Gebräuchen" (FGW XVII, 89). Diese archaische Erbschaft, das seelisch Angeborene, ist aber das, was Jung als Archetypus im kollektiven Unbewußten beschreibt, womit er die von Freud hier angedeutete Linie fortsetzt und schließlich zu einem der Kernstücke seiner Traumlehre und seiner Psychologie macht.

Zum Abschluß der Besprechung der Freudschen Traumlehre möchte ich noch auf jenen Ausschnitt aus einer psychoanalytischen Behandlung eines 14jährigen Jungen hinweisen, den Freud in der „Traumdeutung" schildert (FGW II/III, 623/624). Freud ermuntert den jungen Patienten hier zu einer Art aktiver Imagination. Die Bilder, die der Junge sieht, werden von Freud interpretiert mit dem großartigen archetypisch-mythologischen Bild von Kronos, der seine Kinder frißt und von Zeus, der den gewalttätigen Alten mit der Sichel entmannt. Zwar nimmt Freud an, daß es sich bei dem Jungen um verdrängte Erinnerungen aus seinen mythologischen Kenntnissen handelt, aber selbst wenn man dem beistimmen wollte, fragt es sich doch, wie der junge Patient dazu kommt, seine persönlichen Erlebnisse und Konflikte in diese mythologischen Bilder zu übersetzen, um so mehr als ihm ja selbst das Verständnis für diese Zusammenhänge fehlt. Es fragt sich weiter, ob es ein Zufall ist, daß Freud selbst zu dieser (amplifizierenden) archetypischen Deutung greift, ein einziges Mal und dann gerade, wenn dieser Archetypus ohne Zweifel eine Modifikation des anderen großen archetypischen Bildes ist, welches Freud als einziges in seine Theorie aufgenommen und zum Angelpunkt des Neurosenverständnisses gemacht hat: den Ödipus-Komplex.

Am Anfang der „Traumdeutung" (ebd., 10/11) steht als „unbestrittene

Erkenntnis" die Herkunft allen Traummaterials von persönlich Erlebtem. Nach einem langen Weg, den Freud zurücklegt, rückt am Ende des Buches (ebd., 554) „das seelisch Angeborene", „die archaische Erbschaft" in sein Blickfeld und er führt die Phantasien eines Patienten auf ein mythologisch-archaisches Bild zurück! (ebd., 624).*

---

* Vgl. auch das oben Seite 249 angeführte Zitat aus Freuds letzter Arbeit: „Abriß der Psychoanalyse" (1938).

B Der Traum bei C. G. Jung

1. Die Traumtheorie Jungs als Teil seiner Theorie vom Wesen des Psychischen

Wie bei Freud, so ist auch bei Jung die Auffassung vom Traum, seiner Bedeutung, seiner Quellen und seiner Funktion eng verwoben mit der Auffassung vom Wesen der Psyche und ihrer bewegenden Kräfte überhaupt. Deswegen möchte ich an den Anfang der Darstellung der Traumdeutung Jungs eine Rekapitulation seiner Psychologie stellen, um den Rahmen bereit zu haben, in den sich seine Traumauffassung einfügt Für Jung stellt die Welt ein „Gegensatzgemälde dar" (s. Dritter Teil, B 1 und C 2). Die Gegensatzstruktur des Seienden ist ab origine gegeben und aus ihr ergibt sich letzten Endes die Bewegung des Seienden, die am deutlichsten im Dynamismus des Lebens zum Ausdruck kommt. Die Gegensatzstruktur des Seienden wiederholt sich in der Psyche, die in der Auffassung von Jung ein Mikrokosmos ist, der die (archetypischen) Bilder des Makrokosmos in sich birgt: „Zu diesen [Tatsachen] gehört die Gegensatzstruktur der Psyche, welche sie mit allen natürlichen Vorgängen gemeinsam hat. Letztere sind energetische Phänomene, die stets aus einem weniger wahrscheinlichen Zustand von Gegensatzspannung hervorgehen. Diese Formulierung ist für die Psychologie insofern sogar von besonderer Bedeutung, als das Bewußtsein in der Regel zögert, die Gegensätzlichkeit seines eigenen Hintergrundes einzusehen oder zuzugeben, obschon es gerade daraus seine Energie bezieht" (JGW XIV/I, S. XV). Am grundsätzlichsten bildet sich diese Gegensatzstruktur der Psyche in der Gegenüberstellung von Bewußtsein und Unbewußtem ab. *„Die Psyche stellt eine bewußt-unbewußte Ganzheit dar"* (JGW VIII, 230), und „Es gibt kein Gleichgewicht und kein System mit Selbstregulierung ohne Gegensatz. Die Psyche aber ist ein System mit Selbstregulierung" (JGW VII, 66/67). Bei dieser Selbstregulierung der Psyche –

einer Eigenschaft lebender Systeme überhaupt* – spielt die „kompensatorische Funktion des Traumes" (siehe B 2.3) eine wesentliche Rolle.

Das „persönliche Unbewußte" entspricht dem Unbewußten in der Freudschen Theorie. Es enthält Verdrängtes, Vergessenes, sowie subliminal Wahrgenommenes, welches also nie die Intensität erreichte, um zum Bewußtsein vorzudringen. Das „kollektive Unbewußte" erweitert sich zu dem unermeßlichen Raum des „objektiven Psychischen" (siehe z. B. JGW VIII, 265 und in dieser Arbeit Erster Teil B 2), objektiv psychisch insofern, weil es die allen Menschen gemeinsamen Grundformen menschlichen Erlebens und menschlicher Anschauung in den geistig-dynamischen Urgestaltungen der Archetypen enthält. Dieses kollektive Unbewußte ist der eigentliche schöpferische Urgrund des Menschen. Es verfügt gegenüber dem ausschnitthaften individuellen Bewußtsein über ein hohes Maß an Autonomie, welches es ihm ermöglicht, einseitige Einstellungen des Bewußtseins zu korrigieren. Das Unbewußte steht damit in einem komplementären Verhältnis zum Bewußtsein, insofern es dieses zur Vollständigkeit psychischer Lebensmöglichkeiten ergänzt, bzw. in einem kompensatorischen Verhältnis, insofern es einseitige und fehlerhafte Einstellungen des Bewußtseins korrigiert und ausgleicht (s. z. B. JGW VIII, 328).

Das Bewußtsein tendiert zur Einseitigkeit. Besonders beim westlichen Menschen tritt eine starke Überschätzung der rationalen Möglichkeiten hervor. Dieser entspricht eine Überschätzung der sinnlich wahrnehmbaren und handhabbaren äußeren Realität, die manipulierbar wird durch die Reduktion auf kausale Verknüpfungen. Dem tritt Jung entgegen mit dem Hinweis auf die Bedeutung des Unbewußten und seiner gefühlshaften Werte, welche erst den Menschen zur Vollständigkeit ergänzen. Die kausale Denkweise kann nur die Bedingungen des Seienden erklären. Eine Sinnfindung ist ihr versagt. Diesen Sinn sieht Jung in der Ganzwerdung des Menschen im Verlauf eines vom Unbewußten her gesteuerten Selbstwerdungsprozesses, dem Individuationsprozeß (s. auch: Vierter Teil B 1.4 und B 2). Die archetypischen Vorbilder oder Urbilder

---

* Vgl. Nicolai Hartmann: „Der Organismus ist getragen vom Verhältnis zur Umwelt; in sich selbst aber besteht er bis ins Kleinste im eigenartig ausgewogenen Verhältnis seiner Organe und ihrer Funktionen. Am Gleichgewicht dieses Verhältnisses und seiner Selbstregulation hängt ganz und gar der Lebensprozeß" (N. Hartmann, 1964, 261).

dieser Ganzheit findet er in vielen Dokumenten des menschlichen Geistes (Atman des Bramahnismus, Anthropos-Vorstellung in der Gnosis, filius regis oder lapis der Alchemie). Diese letztgenannten archetypischen Bilder faßt Jung als Archetypen des Selbst auf, in welchen die Gegensätze zur Ganzheit zusammenfallen. „Die Gegensatzpaare bilden vielmehr die Phänomenologie des paradoxen *Selbst*, der menschlichen Ganzheit" (JGW XIV/I, 4). Oder er bezeichnet „dieses Zentrum auch als das Selbst, worunter die Totalität des Psychischen überhaupt verstanden sein soll" (JGW XII, 59). Das bedeutet, daß Jung den kausalen Gesichtspunkt der Betrachtung des Seelischen, den Freud bevorzugt, ergänzt durch den finalen Aspekt. Dieser finale Aspekt fragt, was ein psychisches Phänomen bewirkt, „worauf es hinaus will". Das heißt, daß der finale Gesichtspunkt, anders als der kausale, der nur eine Bedingtheit von rückwärts her erkennt, eine Absicht und Sinnbezogenheit des seelischen Geschehens annimmt. Die Frage nach dem Sinn ist die älteste und immer noch wichtigste Frage des Menschen, selbst dann, wenn er den Sinn leugnet. Insofern stellt die Sinnfrage selbst ein archetypisches Muster dar, ist eine seelische Realität, die zunächst – unabhängig von ihrer Beantwortung – als Phänomen anerkannt werden muß. Allein aus der Tatsächlichkeit des psychischen Phänomens, daß der Mensch seit je nach dem Sinn gefragt hat, ist es für die Jungsche Psychologie unerläßlich, die Sinnhaftigkeit der seienden Dinge in ihren Bezugsrahmen aufzunehmen und ihr methodisch mit der Einführung des finalen Gesichtspunktes gerecht zu werden.

Die Erkenntnis jedoch, daß es einen autonomen psychischen Prozeß mit dem Ziele der Ganzwerdung gibt, zog Jung nicht aus theoretischen Spekulationen, sondern sie eröffnete sich ihm aus der Empirie: „Im analytischen Prozeß, das heißt in der dialektischen Auseinandersetzung zwischen dem Bewußtsein und dem Unbewußten, gibt es eine Entwicklung, ein Fortschreiten zu einem Ziel oder Ende, dessen schwer zu enträtselnde Natur mich während vieler Jahre beschäftigt hat . . . Solche Erfahrungen haben mich zuerst in der Annahme bestärkt, daß es in der Seele einen von äußeren Bedingungen sozusagen unabhängigen, zielsuchenden Prozeß gebe . . ." (ebd., 18 und 19).

Hier möchte ich darauf hinweisen, daß Freud, ungeachtet seiner kausal ausgerichteten Denkweise, ebenfalls ein entelechiales seelisches Prinzip, welches selbständig und von innen her den seelischen Entwicklungsprozeß steuert, bei seiner therapeutischen Arbeit voraussetzte. Dies geht sehr schön aus folgenden Ausführungen hervor: „Der Vergleich mit der chemischen Analyse findet seine Begrenzung darin, daß wir es im Seelenleben mit Strebungen zu tun haben, die einem Zwang zur Vereinheitlichung und Zusammenfassung unterliegen ... Der neurotisch Kranke bringt uns ein zerrissenes, durch Widerstände zerklüftetes Seelenleben entgegen, und während wir daran analysieren, die Widerstände beseitigen, wächst dieses Seelenleben zusammen, fügt die große Einheit, die wir sein Ich heißen, sich alle Triebregungen ein, die bisher von ihm abgespalten und abseits gebunden waren. *So vollzieht sich bei dem analytisch Behandelten die Psychosynthese ohne unser Eingreifen, automatisch und unausweichlich"* (FGW XII, 186; Hervorhebung vom Verf.). Einen ähnlichen Sachverhalt haben später Nunberg (1959, 177) als „synthetische Funktion des Ich" und Hartmann (1972b, 121) als „organisierende Funktion des Ich" beschrieben. Ich möchte auch daran erinnern, daß Freud in der dritten Fassung der Triebtheorie dem Eros verbindende, organisierende Kraft zugeschrieben, also ihn eigentlich zu einem „negentropischen", der physikalischen Entropie (dem im Psychischen der Todestrieb entspricht) entgegenwirkenden, eigentlich entelechialen Prinzip, erhoben hat (vgl. Dritter Teil A 2.24 und C).

Noch eine Bemerkung zum allgemeinen Verständnis der Jungschen Psychologie: Bei Jung ist die Psyche keineswegs eine homogene Einheit, die in ihrer Funktion mehr oder weniger vom Ich her reguliert wird, wie dies – allerdings mit Einschränkungen – bei Freud im Normalfall sein sollte. Mit der Betonung der Autonomie und Objektivität des Unbewußten nimmt bei Jung die Bedeutung der bewußten Anteile der Psyche ab und die Bedeutung der strukturbildenden Einzelelemente der Psyche zu. „Die Psyche [ist] keineswegs eine Einheit, sondern eine widerspruchsvolle Vielheit von Komplexen" (JGW VII, 221). Der Ausdruck „Komplex" ist hier sehr allgemein gefaßt und steht als Bezeichnung einer Psychischen Struktur von relativer Autonomie überhaupt. Die Komplexe gehören dem Unbewußten an (mit Ausnahme des „Ich-Komplexes"). Sie können das Bewußtsein jedoch irritieren, was zu ihrem Nachweis im Assoziationsexperiment Jungs führte (vgl. JGW VIII, 108).

Der Komplex ist „*das Bild* einer bestimmten psychischen Situation, die lebhaft emotional betont ist und sich zudem als inkompatibel mit der

habituellen Bewußtseinslage oder -einstellung erweist. Dieses Bild ist von starker innerer Geschlossenheit, es hat seine eigene Ganzheit und verfügt zudem über einen relativ hohen Grad von *Autonomie,* das heißt es ist den Bewußtseinsdispositionen in nur geringem Maße unterworfen" (ebd., 111). Man kann die Komplexe auch auffassen als *„abgesprengte Teilpsychen"* (ebd., 113). Mit zunehmender Entfernung vom Bewußtsein rücken die Komplexe in die Nähe der Archetypen: „Schließlich nehmen solche Komplexe, vermutlich proportional ihrer Distanz vom Bewußtsein durch Selbstamplifikation einen archaisch-mythologischen Charakter und damit *Numinosität* an" (ebd., 216). Man kann also sagen, daß die Komplexe Inhalte des *persönlichen* Unbewußten, die Archetypen solche des *kollektiven* Unbewußten seien, ohne die Möglichkeit von der Hand zu weisen, daß die persönlichen Komplexe gleichsam dem Sog des kollektiven Unbewußten anheimfallen und von dessen archetypischen Konfigurationen aufgenommen werden, indem sie ihnen ihre Energie zukommen lassen und zu ihrer Konstellation beitragen. Dem entspräche die Erfahrung Jungs, „daß die Inhalte des persönlichen Unbewußten (eben des Schattens) zunächst ununterscheidbar mit den archetypischen Inhalten des kollektiven Unbewußten zusammenhängen und bei der Bewußtwerdung des Schattens diese gleichsam mit heraufziehen" (JGW XII, 48).
Ich glaube, daß diese knapp skizzierten Umrisse der Jungschen Psychologie genügen, um nun seine Traumtheorie verstehen zu können.

2. Das Wesen des Traumes und die Methode der Traumdeutung

2.1 Das Wesen des Traumes

„Der Traum [ist] eine *spontane Selbstdarstellung der aktuellen Lage des Unbewußten in symbolischer Ausdrucksform"* (JGW VIII, 300). Der Traum stellt also etwas dar und sucht nicht, etwas zu verbergen. Jung nimmt den manifesten Traum als einen gültigen und unverstellten Ausdruck dessen, was das Unbewußte ausdrücken will. „Der Traum schildert die innere Situation des Träumers, deren Wahrheit und Wirklichkeit das Bewußtsein gar nicht oder nur widerwillig anerkennt" (JGW XVI, 151). Der Traum ist für ihn das Eigentliche, nicht nur eine Fassade, die unter dem Druck der Zensur bemüht ist, das Gemeinte zu entstellen und zu verbergen: „So ist auch das manifeste Traumbild der Traum selber und enthält den ganzen Sinn. Wenn ich Zucker im Urin finde, so ist es Zucker und nicht eine bloße Fassade für Eiweiß (ebd., 158). Jung versteht den Traum „als die Äußerung eines unwillkürlichen, dem Einfluß des Bewußtseins entzogenen, unbewußten seelischen Prozesses, der die innere Wahrheit und Wirklichkeit so darstellt, wie sie ist" (ebd., 152).

Zwei allgemeine theoretische Prämissen bringt Jung an den Traum heran: einmal, daß der Traum einen Sinn habe (s. ebd., 157), was sich aus seiner Auffassung der Psyche und ihrer Leistungen von selbst ergibt, und dann, „daß der Traum der bewußten Erkenntnis etwas Wesentliches hinzufüge" (ebd., 158). Auf diese komplementäre bzw. kompensatorische Funktion des Traumes kommen wir noch zu sprechen. Damit, daß der manifeste Traum selbst das Eigentliche ist, kann ihm Sinn und Zweckmäßigkeit noch nicht ohne weiteres angesehen werden (s. JGW VIII, 288). Der Traum drückt sich in einer Bildersprache, in Symbolen aus, die erst in einen Kontext eingebettet werden müssen, um verständlich zu werden. Auf jeden Fall steht für Jung fest, daß der Traum einen Sinn hat und dieser Sinn sich ohne willkürliche (wenn auch unbewußte) Entstellung im manifesten Traum ausdrückt. (Ich werde daher im Rahmen der Jungschen Traum-Theorie nur mehr von „Traum" sprechen.) Da der Traum darüber hinaus eine Selbstdarstellung des Unbewußten ist und dieses das eigentliche unendliche Meer des Lebens bedeutet, mit all seinen Möglichkeiten und Tendenzen, kann der Sinn des Traumes sich nicht in einer einzigen Tendenz beschränken. „Wie es . . . im Bewußtsein nicht nur Wünsche und Befürchtungen, sondern noch unendlich viele andere Dinge gibt, so besteht auch die allergrößte Wahrscheinlichkeit dafür, daß unsere Traumseele über einen ähnlichen, vielleicht sogar noch viel größeren Reichtum an Inhalts- und Lebensmöglichkeiten verfügt als das Bewußsein, dessen essentielle Natur Konzentration, Einschränkung und Ausschließlichkeit ist (JGW XVI, 157). Jung lehnt die Freudsche Auffassung vom Traum nicht einfach ab, er hält sie jedoch für zu eng (s. JGW VIII, 281 u. 287).

2.2 Aufbau und dramatische Struktur des Traumes

Obgleich die Träume in ihrer Gestaltung offensichtlich sehr unterschiedlich sind, vom kurzen Traumbild über ein scheinbares Sammelsurium von inkohärenten und unverständlichen Traumfetzen bis zu fast künstlerischen durchsichtigen Traumerzählungen gehen, von Gebilden, die in allen Teilen aus der Realität entlehnt zu sein scheinen bis zu phantastischen Bilderfolgen, glaubt Jung doch, daß es „eine große Mehrzahl ‚durchschnittlicher' Träume [gibt], in denen sich eine gewisse Struktur erkennen läßt, die derjenigen des *Dramas* nicht unähnlich ist" (JGW VIII, 336). In Anlehnung an den Aufbau des antiken Dramas entwirft Jung für den Traum folgendes Schema:

1. Exposition: „Ich bin auf der Straße, es ist eine Allee."
2. Verwicklung: „In der Ferne taucht ein Automobil auf . . . Es fährt merkwürdig unsicher . . ."
3. Kulmination oder Peripetie: „Plötzlich bin *ich* im Wagen und . . . selber dieser betrunkene Chauffeur . . . Ich stoße mit Krach in eine Mauer".
4. Lysis, Lösung: „Ich denke mit . . . Bangigkeit über meine Verantwortlichkeit nach" (vgl. ebd., 336).

Auch C. A. Meier glaubt, daß die Mehrzahl der Träume diesem dramatischen Grundmuster folgt, und fragt sich: „ob das Schema des echten Dramas etwa ein funktionelles Muster sei, das dem menschlichen Psychismus inhärent wäre. Es würde sich um eine archetypische Struktur handeln . . . damit hätte dann wohl das Drama seinen Ursprung im Traum" (C. A. Meier, 1972, 130). Es scheint mir jedoch zweifelhaft, ob tatsächlich der Mehrzahl der Träume ein solches Grundmuster zukommt, oder ob die Annahme eines solchen Musters nicht etwas von außen an den Traum heranträgt, was diesem seinem Wesen nach fremd ist.

2.3 Die kompensatorische Funktion des Traumes

Wie wir oben gesehen haben, stellen für Jung Bewußtsein und Unbewußtes ein Gegensatzpaar dar, welches zusammen die Ganzheit der Psyche ausmacht, die ihrerseits ein „System mit Selbstregulierung" (s. JGW

VII, 67) ist. Das Unbewußte steht dabei dem Bewußtsein als autonomes System gegenüber und verlangt gewissermaßen nach Gehör. Seine Vernachlässigung führt zu einer Gleichgewichtsstörung der Psyche, das heißt der Persönlichkeit. Der Traum ist eine wesentliche spontane Leistung des Unbewußten. „Die Träume enthalten Bilder und gedankliche Zusammenhänge, die wir nicht mit bewußter Absicht erzeugen. Sie entstehen spontan, ohne unser Zutun, und stellen somit eine der Willkürlichkeit entzogene, psychische Tätigkeit dar. Der Traum ist daher eigentlich ein höchst objektives, sozusagen ein Naturprodukt der Psyche ... Da nun der psychische Lebensprozeß ... nicht bloß ein kausaler Ablauf, sondern auch ein final orientierter, zweckmäßiger Vorgang ist, so darf man vom Traum, der nichts anderes als eine Selbstabbildung des psychischen Lebensprozesses darstellt, Indizien über eine objektive Ursächlichkeit sowohl wie über objektive Tendenzen erwarten" (JGW VII, 144). Deswegen kommt den Träumen eine wesentliche, ausbalancierende Funkion auf die Gesamtheit der Psyche zu. Der Traum hält dem Bewußtsein die Daten, Möglichkeiten und Tendenzen des Unbewußten gegenüber, und dies um so drastischer, je einseitiger die bewußte Einstellung ist. Dieses Verhalten des Traumes nennt Jung „*Kompensation*, welcher [Begriff] allein imstande ist ... alle Verhaltungsweisen des Traumes sinnvoll zusammenzufassen ... Die *Kompensation* ist ... eine Gegeneinanderhaltung und Vergleichung verschiedener Daten oder Standpunkte, wodurch ein *Ausgleich* oder eine *Berichtigung* entsteht" (JGW VIII, 328). Diese kompensatorische Funktion des Unbewußten, welche sich im Traume kundtut, kann nach Jung ihre Wirksamkeit auch entfalten, wenn der Traum bewußt nicht verstanden wird, da eine Beeinflussung der psychischen Einstellung nicht allein über intellektuelles Verstehen möglich ist (vg. ebd., 279). Ohne Zweifel wird aber die Interpretation des Traumes, die die unbewußten Daten und Bilder dem Bewußtsein zugänglich macht, die ausgleichende und entwicklungsfördernde Rolle des Traumes beträchtlich unterstützen. Zusammenfassend kann man also sagen, daß der Traum sich kompensatorisch zur jeweiligen Bewußtseinslage verhält, gewissermaßen „die Situation rektifiziert. Er bringt das bei, was auch noch dazu gehört, und verbessert dadurch die Einstellung. Dies ist der Grund, warum wir bei unserer Therapie der Traumanalyse bedürfen" (ebd., 285).

2.4 Weitere Traumfunktionen

2.41 Die prospektive Funktion

Diese Funktion des Traumes hat A. Mäder hervorgehoben. Sie bedeutet, daß der Traum Entwicklungen und Konfliktlösungen antizipieren kann. Es kommt ihm dabei zustatten, daß das Unbewußte über einen Schatz subliminaler Erfahrungen und Erinnerungsspuren verfügt, die ihm zusammen mit der ihm an sich innewohnenden ausgleichenden, kompensatorischen Tendenz gelegentlich besser gestattet, zukünftige Möglichkeiten und Entwicklungen zu beurteilen, als dies dem Bewußtsein gelingt. Jung schreibt dazu: *„Ich möchte die prospektive Funktion des Traumes unterscheiden von seiner kompensatorischen Funktion.* Letztere bedeutet zunächst, daß das Unbewußte, als relativ zum Bewußten betrachtet, der Bewußtseinslage alle diejenigen Elemente angliedert, die am Vortage unterschwellig geblieben sind . . . Die prospektive Funktion dagegen ist eine im Unbewußten auftretende Antizipation zukünftiger bewußter Leistungen . . . ein im voraus entworfener Plan. Sein symbolischer Inhalt ist gelegentlich der Entwurf einer Konfliktlösung" (JGW VIII, 290/291).

Besondere Bedeutung kommt der prospektiven Traumfunktion dann zu, wenn „die bewußte Einstellung objektiv wie subjektiv unangepaßt ist, dann gewinnt die für gewöhnlich bloß kompensierende Funktion des Unbewußten an Wichtigkeit und erhöht sich zu einer *führenden, prospektiven Funktion*, die imstande ist, der bewußten Einstellung eine gänzlich veränderte und der früheren gegenüber verbesserte Richtung zu geben" (ebd., 292/293).

Wie wir oben gesehen haben (vgl. Fünfter Teil A 6), lehnte Freud die prospektive Funktion des Traumes völlig ab, da er als eigentliche Leistung des Traumes, bzw. als dessen Wesen, die Mechanismen der Traumarbeit ansah und die prospektive Tendenz den latenten Traumgedanken zuordnete, die zwar das Material für den Traum liefern, jedoch nicht dessen Wesen ausmachten. Sieht man aber den Traum unbefangen als selbständiges psychisches Phänomen an, dann kann man nicht umhin, zuzugeben, daß eine derartige prospektive Funktion sich in ihm ausdrückt und daher vom Inhaltlichen her sehr wohl als zu seinem Wesen gehörig aufgefaßt werden kann. Wenn man – wie Freud – den Traum jedoch einer nur reduktiv-kausalen Betrachtungsweise unterwirft, die letztlich immer zum selben inhaltlichen Komplex – der infantilen Sexualität – zurückführt, kann man die prospektive Funktion als nicht zum Wesen des Traumes gehörig ausklammern.

2.42 Die reduktive Funktion

Jung schließt mit diesem Begriff an die Auffassung Freuds an. Der reduktive Traum sieht nach rückwärts und enthüllt nach Jung die Nichtigkeit und physiologischen Bedingtheiten des Menschen. „Die reduzierende Funktion des Unbewußten ist uns in erster Linie durch die Forschungen Freuds deutlich gemacht worden. Seine Traumdeutung beschränkt sich im wesentlichen auf die verdrängten persönlichen und infantil-sexuellen Untergründe des Individuums" (JGW VIII, 294). Jung baut diese Gruppe von Träumen aber nicht wie Freud in eine Konflikttheorie ein und läßt die infantilen sexuellen Inhalte nicht zum Motor des Traumes werden. Vielmehr faßt er diese Träume als eine besondere Form des kompensatorischen Traumes, als negative Kompensation auf. Sie haben bei ihm gewissermaßen eine charakterologische Funktion, insofern diese Träume – nach seiner Auffassung – sich bei Menschen einstellen, „deren bewußte Einstellung und Anpassungsleistung die individuellen Möglichkeiten überschreiten, sie scheinen besser und wertvoller als sie sind . . . Solche Menschen erklimmen eine höhere Stufe, als ihrem Wesen entspricht, zum Beispiel vermöge der Wirkung eines Kollektivideals oder der Lockung eines Kollektivvorteils oder der Unterstützung durch die Sozietät. Sie sind, im Grunde genommen, ihrer äußeren Höhe innerlich nicht gewachsen, weshalb in allen diesen Fällen das Unbewußte eine *negativ-kompensierende*, das heißt eine *reduzierende Funktion* hat" (ebd., 293).

2.43 Der Reaktionstraum

Darunter versteht Jung die Träume, welche einer traumatischen Situation entspringen, die sowohl zu einer psychischen als auch zu einer physischen Laesion (des Nervensystems) geführt haben. Es sind die sich ständig wiederholenden Träume in den traumatischen Neurosen, von denen Freud annimmt, daß sie unter dem Wiederholungszwang stünden. Sie fügen sich weder dem allgemeinen Traumkonzept Freuds noch dem von Jung ein (vgl. JGW VIII, 296/297).

2.5 Die Deutung auf der Objekt- und auf der Subjektstufe
Die analytische (kausal-reduktive) und die synthetische
(konstruktive) Deutung

Die analytische Deutung faßt die handelnden Personen und Situationen als auf objektive äußere Realitäten bezogen auf. Wenn ich vom Vater träume, ist es der Vater. Wenn nur das eine oder andere Merkmal an ihn erinnert, andere Züge der Traumfigur jedoch dem Bilde des Vaters fremd sind und vielleicht tatsächlich an andere Real-Figuren erinnern, dann wird diese „Traum-Entstellung" erklärt mit der Wirkung der Zensur und den Mechanismen der Traumarbeit, hier also der Verdichtung. Jedoch geht auch diese Art der Deutung über den bloßen Bezug zu Realobjekten hinaus, indem sie diese häufig als Ersatz früherer wichtiger Personen der Infantilszene erkennt bzw. als Darstellungen von Inbildern oder Aspekten von Inbildern, wie wir sie von den ersten Objekten in uns geformt haben. Auch bei der Deutung auf der Objektstufe spielt also ein wesentliches subjektives Moment hinein und wird anerkannt, insofern unsere Inbilder keine reinen Abbilder der Real-Objekte darstellen, sondern von subjektiven Faktoren entscheidend überformt werden. Immerhin ist für die analytische kausal-reduktive Deutung kennzeichnend, daß sie „den Traum . . . in seine Reminiszenzbestandteile und die zugrundeliegenden Triebvorgänge auflöst" (JGW VII, 88). Die Deutung auf der Objektstufe bedient sich außerdem der Prämisse, daß das Traumgeschehen eingebettet sei in einen mehr oder weniger aktuellen neurotischen Konflikt, welcher in Personen und Handlungen des Traumes sich spiegelt.

Zwei Beobachtungen haben Jung dazu geführt, eine weitere Möglichkeit der Traumauffassung zu konzipieren: erstens, daß die handelnden Figuren und die dargestellten Situationen im Traume häufig keine Beziehungen zu Realpersonen und Konfliktsituationen aufweisen, und daß zu diesen Traumelementen dann keine Assoziationen des Träumers zu gewinnen sind; zweitens, daß zwar solche Beziehungen zwischen Traumfiguren und Realobjekten gegeben sind, aber die kausal-reduktive Deutung in einen Leerlauf gerät und nichts zutage fördert, als was der Analysand schon längst weiß. Natürlich kann dies bedeuten, daß ein zugrundeliegender, aus der Infantilsituation sich ableitender Konflikt trotz aller intellektueller Einsicht emotional noch nicht verarbeitet ist und sich daher in immer neuen Formen darstellt. Wenn aber diese spürbare affektive Beteiligung ebenfalls ausbleibt, so weigert sich Jung, dies in jedem Fall auf den Widerstand zurückzuführen. Er schließt vielmehr aus dem Leerlauf und der Monotonie, die sich in solchen Fällen aus dem Beharren auf der Deutung auf der Objektstufe ergeben, daß der Traum etwas anderes meint, etwas, was ausschließlich mit dem subjektiven Innen des Patienten zu tun hat: „Wenn nun die analytische oder kausalreduktive Deutung nichts Neues mehr bringt, sondern immer nur dasselbe in verschiedenen Variationen, dann ist der Moment gekommen, wo man auf etwa auftauchende archetypische Motive achten muß. Kommt ein solches Motiv deutlich zum Vorschein, so ist auch der Zeitpunkt eingetreten, wo eine Änderung des Interpretationsverfahrens angezeigt ist" (ebd., 91). Jung entschließt sich an dieser Stelle, alle Komponenten des Traumes ausschließlich in den Träumer selbst zu verlegen, und erkennt die handelnden Figuren als Personifikationen von Persönlichkeitsanteilen des Träumers selbst. „Zu diesem Zweck müssen wir sie vom [äußeren] Objekt lösen und als symbolische Darstellungen subjektiver Komplexe der Patientin betrachten" (ebd., 98). Diese Art der Deutung nennt Jung „Deutung auf der Subjektstufe". Sie „ist synthetisch, indem sie die zugrundeliegenden Reminiszenz-Komplexe von den äußeren Anlässen loslöst und als Tendenzen oder Anteile des Subjektes auffaßt und dem Subjekt wiederum angliedert... In diesem Fall sind also alle Trauminhalte als Symbole für subjektive Inhalte aufgefaßt" (ebd., 92).

Wie schon oben angedeutet, gewinnt diese Auffassung des Traumes unabhängig von der Empirie – durch welche sie allerdings in großem Ausmaß bestätigt wird – unter theoretischen Gesichtspunkten ihre Berechtigung aus der Überlegung, daß erstens alles, was von außen in uns eintritt, einer subjektiven Bearbeitung unterliegt, in das Gewebe der eigenen Persönlichkeit und des eigenen Lebensplanes hineinverwoben wird, wodurch erfahrungsgemäß das innere Abbild des Außen von Subjekt zu Subjekt stark wechselt und die Bedeutung des Realobjektes für das Subjekt oft viel stärker durch die inneren Faktoren des Subjektes selbst als durch die realen Eigenschaften des Objektes bestimmt wird. Zweitens kann Äußeres nur wahrgenommen werden, insofern es im Innen des Subjektes eine Entsprechung hat, und diese innere Entsprechung bestimmt die Art der Erfahrung des äußeren Objektes. Deswegen kann man aus der Art, wie das Subjekt das Objekt erfährt und welche

Erfahrungen es auswählt, Rückschlüsse ziehen auf die innere Struktur des Subjektes. Diese Art der Betrachtung legt den Akzent nicht auf das äußere Geschehen, sondern auf die Inbilder (Imagines) des Subjektes. „Unsere Imagines sind Bestandteile unseres Geistes, und wenn unser Traum irgendwelche Vorstellungen reproduziert, so sind dies in erster Linie *unsere* Vorstellungen, in deren Bildung die Gesamtheit unseres Wesens verwoben ist . . . Die ganze Traumschöpfung ist im wesentlichen subjektiv . . . Diese einfache Wahrheit ist die Grundlage jener Auffassung des Traumsinnes, die ich als Deutung auf der *Subjektstufe* bezeichnet habe. Diese Deutung faßt, wie der Terminus sagt, alle Figuren des Traumes als personifizierte Züge der Persönlichkeit des Träumers auf" (JGW VIII, 303).

2.6 Komplex und Archetypus in der Traumdeutung auf der Subjektstufe

Die subjektstufige Deutung des Traumes bezieht sich also auf die wesentlich dem Subjekt selbst zugehörigen Inhalte und Strukturen der Psyche. Wie wir gesehen haben, faßt Jung die unbewußte Psyche nicht als eine homogene, gewissermaßen zentral gesteuerte Einheit auf, sondern löst sie auf in eine Vielzahl von relativ autonomen Strukturen, in Komplexe und Archetypen. Sofern es sich um Strukturen des persönlichen Unbewußten handelt, die mehr oder weniger durch persönliches Erleben überformt sind und sich häufig durch konflikthaften, mit der bewußten Einstellung inkompatiblen Charakter auszeichnen, spricht er von *Komplexen* (vergl. Zweiter Teil B 1).

Hier muß man allerdings hinzufügen, daß die Komplexe nicht unbedingt pathologischen Charakter zu haben brauchen. Jung schreibt z. B.: „Ich bin deshalb eher zur Annahme geneigt, daß autonome Komplexe zu den normalen Lebenserscheinungen gehören, und die Struktur der unbewußten Psyche ausmachen" (JGW VIII, 120). Wir erinnern uns ja auch daran, daß Jung vom „Ich-Komplex" spricht. Man kann deswegen die Komplexe ansehen als die autonomen Strukturen des persönlichen Unbewußten, während die Archetypen die Strukturdominanten des kollektiven Unbewußten darstellen. Die Komplexe können also sowohl Komponenten der Normal-Psyche sein als auch pathologische psychische Bildungen. Letztere sind jedoch der Beobachtung leichter zugänglich, weil sie sich aus dem gewissermaßen unauffälligen Ablauf des normalen psychischen Geschehens herausheben. Deswegen entdeckte Jung in seinen Assoziationsexperimenten pathologische Komplexe. Ebenso versteht man im allgemeinen Sprachgebrauch unter dem Ausdruck „Komplex" einen störenden, pathologischen seelischen Inhalt.

Die Komplexe lassen sich auffassen als Teilpersönlichkeiten. Sie sind „die handelnden Personen unserer Träume" und „die Traumpsychologie zeigt mit aller nur wünschenswerten Deutlichkeit, wie die Komplexe *personifiziert* auftreten, wenn kein hemmendes Bewußtsein sie unterdrückt, genau wie die Folklore die Heinzelmännchen schildert, die nachts im Haus rumoren" (JGW VIII, 112/113). Die „neurotische Dissoziation der Persönlichkeit" (vgl. ebd., 115) entsteht aus der relativen Autonomie der Komplexe, und erst deren Integration in die bewußte, vom Ich her gesteuerte Persönlichkeit läßt sie ihre pathogene Bedeutung verlieren.

Die Archetypen gehören dem *kollektiven Unbewußten* an, sie stellen die Struktur-Dominanten des kollektiven Unbewußten und zugleich die vorgegebenen Urformen menschlichen Denkens, Fühlens und Erlebens dar (s. Zweiter Teil B 2–2.4). Die innere Verwandtschaft von Komplex und Archetypus zeigt sich in der ihnen beiden gemeinsamen Autonomie. Wenn der Archetypus eine Grundform menschlicher Erfahrungsmöglichkeit darstellt, so muß er jeweils im persönlichen Leben individuelle Ausgestaltungen erfahren. Diese persönlichen Ausgestaltungen werden naturgemäß im persönlichen Unbewußten der größeren Schwankungsbreite unterliegen und dort, wo sie pathologischen Überformungen ausgesetzt sind, den irritierenden und störenden Charakter des Komplexes erhalten. Andererseits zeigt sich bei genügender Auflösung der komplexbedingten Störungen des persönlichen Unbewußten, daß hinter den Komplexen die allgemeingültigen Bilder des kollektiven Unbewußten auftauchen. Die persönlichen Komplexe enthüllen dann also ihre archetypische Grundstruktur. „Es ist die Tatsache, daß die Inhalte des persönlichen Unbewußten (eben des Schattens) zunächst ununterscheidbar mit den archetypischen Inhalten des kollektiven Unbewußten zusammenhängen und bei der Bewußtwerdung des Schattens diese gleichsam mit heraufziehen" (JGW XII, 48), oder umgekehrt gesehen: Je größer die Distanz der Komplexe zum Bewußtsein wird, in je tiefere Schichten des Unbewußten sie hinab verfolgt werden, desto mehr nehmen sie „einen archaisch-mythologischen Charakter" (s. JGW VIII, 216) an, das heißt den Charakter des Archetypus. Die Deutung auf der Subjektstufe gliedert also zunächst die komplexhaften, vom Ich-Bewußtsein „abgesprengten Teilpsychen" der bewußten Persönlichkeit wieder an. Ein Vorgang, der von anderen Voraussetzungen aus geschildert dem entspricht, was Freud mit seinem berühmten Zitat meint, „Wo Es war, soll Ich werden" (FGW XV, 86). Im weiteren Verlauf stößt die Trauminterpretation dann auf immer wiederkehrende typische Motive, die nichts eigentlich Konflikthaftes mehr an sich tragen, sondern eine innere Entwicklungstendenz der autonomen unbewußten Psyche ausdrücken. Auf dieser Stufe haben wir die Neurosenpsychologie verlassen, „denn sobald der Prozeß die Sphäre des kollektiven Unbewußten erreicht, hat man es mit gesundem Material, nämlich mit den universalen Fundamenten der individuell variierten Psyche, zu tun" (JGW XII, 49).

Wir haben jetzt also nach der Auffassung Jungs die bildhaft sich darstellenden Strukturen des kollektiven Unbewußten erreicht, deren inhärente Dynamik einen sinnvollen und zielgerichteten Prozeß einleitet: den Individuationsprozeß. In den Träumen, die diesem Muster folgen, sind „mythologische Motive beziehungsweise Mythologeme enthalten, die ich als Archetypen bezeichnet habe. Darunter sind spezifische Formen und bildmäßige Zusammenhänge zu verstehen, die sich in übereinstimmender Form nicht nur in allen Zeiten und Zonen, sondern auch in den individuellen Träumen, Phantasien, Visionen und Wahnideen finden" (JGW VIII, 332).

2.7 Das Symbol

Der besonderen Auffassung des Symbols kommt in der Jungschen Theorie große Bedeutung zu, und sie unterscheidet sich grundsätzlich von der Auffassung Freuds (s. auch Fünfter Teil A 4.51). Bei Freud hat das Symbol eine feststehende und konkrete Bedeutung. Er faßt das Symbol auf als Zeichen für einen wohldefinierten Begriff (semantische Auffassung). Das hat zu tun mit Freuds kausal-reduktiver Betrachtungsweise, welche die genetische Kette eines sich ausdifferenzierenden Entwicklungsprozesses nach rückwärts verfolgt und das aktuelle, zusammengesetzte und komplizierte Beobachtungsmaterial auf einfachere und eindeutig definierte Elemente zurückführt. Demgegenüber hat eine finale Betrachtungsweise, welche zukünftige, sinngebundene Ziele einer Entwicklung im Auge hat oder supponiert, mit auf erst sich Anbahnendem, noch Unbekanntem, erst in Hinweisen Sich-ahnen-Lassendem zu tun. „Die kausale Betrachtungsweise tendiert, ihrer Natur entsprechend, zur Eindeutigkeit, das heißt zu festen Symbolbedeutungen. Die finale Betrachtungsweise dagegen sieht im veränderten Traumbild den Ausdruck einer veränderten psychologischen Situation. Sie kennt keine festen Symbolbedeutungen" (JGW VIII, 280). Für Jung weist das Symbol jeweils über seine bekannten Charaktere hinaus auf noch Unbekanntes. „Das Symbol . . . setzt immer voraus, daß der gewählte Ausdruck die bestmögliche Bezeichnung oder Formel für einen relativ unbekannten, jedoch als vorhanden erkannten oder geforderten Tatbestand sei" (JGW VI, 515). Noch deutlicher wird das Gemeinte in einer anderen Formulierung: „Der Sinn des Symbols ist nämlich nicht der, daß es ein verhüllendes Zeichen für etwas allgemein Bekanntes ist, sondern sein Sinn besteht darin, daß es ein Versuch ist, das noch gänzlich Unbekannte und Werdende analogisch zu verdeutlichen" (JGW VII, 325). Das Symbol steht als Wegzeichen in einem zielsuchenden Prozeß, welcher für das Bewußtsein vielleicht in seiner Absicht zu ahnen, in seinem Wesen jedoch unerkennbar ist. (Wenn wir als diesen Prozeß den der Individuation erkennen, so begreifen wir zwar in abstrakter Form das Ziel der Ganzwerdung, wissen aber nicht, was Ganzwerdung bedeutet, ehe wir sie erleben. Hier ist es wie mit allen Dingen menschlicher Existenz, je höher ihr Wert, desto schwieriger die intellektuelle Erkenntnis und Formulierung: So können auch die höchsten christlichen Werte Liebe, Glaube und Hoffnung zwar genannt werden, bleiben aber völlig leer, solange sie nicht im positiven Erleben begründet sind.) Das Symbol weist also einerseits über sich selbst bzw. über das an ihm Bekannte hinaus, andererseits weist es hin auf eine an sich unerkennbare Grundstruktur der Psyche, den Archetypus.

Ich möchte versuchen, dies noch etwas konkreter zu beschreiben: In der semantischen Auffassung Freuds bedeutet etwa ein langer aufgerichteter Gegenstand, z. B. eine Säule, den Penis in der konkreten Bedeutung des männlichen Genitales und nichts weiter. In der symbolischen Auffassung Jungs wird dasselbe Bild zum Phallus-Symbol und damit wiederum zu einem Symbol für einen viel umfassenderen Bedeutungskreis: „Stets bedeutete der Phallus das schöpferische *Mana,* das ‚Außerordentlich Wirksame‘ ... die Medizin- und Fruchtbarkeitskraft, welche aequivalent auch durch den Stier, den Esel, den Granatapfel, die Yoni, den Bock, den Blitz, den Pferdehuf, den Tanz, den magischen Beischlaf auf dem Acker, das menstruum und unendlich viele andere Analogien ausgedrückt wurde, genau wie im Traum. Das allen Analogien, also auch der Sexualität, Zugrundeliegende ist ein archetypisches Bild von schwer zu bestimmendem Charakter“ (JGW XVI, 167).

Neben dem allgemein verbindlichen Charakter kollektiver Symbole, stellt das im Traum auftauchende symbolische Bild die *individuelle psychische Realisierung* einer an sich unerkennbaren innerpsychischen Struktur, des Archetypus dar („Erscheint der Archetypus im Jetzt und Hier von Raum und Zeit, kann er im Bewußtsein in irgendeiner Form wahrgenommen werden, dann sprechen wir von Symbol“ (Jacobi 1957, 86).

2.8 Der Traum als Spiegelung und als Wegführer des Individuationsprozesses

Ausgehend von der kompensatorischen Funktion des Traumes und weiterschreitend über die subjektstufige Deutung und die Symbolauffassung Jungs sind wir nun wieder zu den Archetypen, den dynamischen Grundstrukturen des Unbewußten gelangt. Die Grundauffassung Jungs sieht in allem Seelischen einen autonomen, zielsuchenden Prozeß. Dementsprechend ist der Archetypus nichts Statisches, sondern ein dynamisch wirkendes Prinzip. Diese Dynamik teilt er seiner im Traumbild jeweils individuellen psychischen Realisierung, dem Traumsymbol mit. Der einzelne Traum stellt der bewußten Einstellung die korrigierenden und kompensierenden Daten des irrationalen Unbewußten gegenüber und bewirkt so – richtig aufgefaßt und gedeutet – eine Verbesserung und Erweiterung der Einstellung und des Gesichtskreises der Persönlichkeit in Richtung auf eine ausbalancierte Vollständigkeit (s. Transcendente Funktion Erster Teil B 2). Die Abfolge von Träumen innerhalb eines analytischen Prozesses läßt darüber hinaus eine Entwicklung erkennen, die insgesamt auf Ganz- oder Selbstwerdung abzielt. Dies nennt Jung den Individuationsprozeß. „Es ist dies eine Art von *Entwicklungsvorgang* in der Persönlichkeit. Zunächst erscheinen einem die Kompensationen als jeweilige Ausgleichungen von Einseitigkeiten oder Ausbalancierungen gestörter Gleichgewichtslagen. Bei tieferer Einsicht und Erfahrung dagegen ordnen sich diese anscheinend einmaligen Kompensationsakte einer Art von *Plan* ein. Sie scheinen unter sich zusammenzuhängen und in tieferem Sinne einem gemeinsamen Ziel untergeordnet zu sein, so daß eine lange Traumserie nicht mehr als ein sinnloses Aneinanderreihen inkohärenter und einmaliger Geschehnisse erscheint, sondern als ein wie in planvollen Stufen verlaufener Entwicklungs- oder Ordnungsprozeß. Ich habe diesen in der Symbolik langer Traumserien sich spontan ausdrückenden unbewußten Vorgang als *Individuationsprozeß* bezeichnet" (JGW VIII, 330).

Wie wir bei der Besprechung der Psychologie der Übertragung (s. Vierter Teil B 2) gesehen haben, stellen sich die Symbole der Ganzheit oder des Zieles im Verlaufe des Prozesses in abstrakter Form als Mandala-Symbole, das heißt in Form des Kreises oder der Quaternität dar, die gleichzeitig die Vereinigung der Gegensätze ausdrücken (s. auch JGW XVI, 339). In seinem Buch „Psychologie und Alchemie" hat Jung dies an Hand einer langen Serie von Träumen und Visionen dargestellt.

Die Gegensatzstruktur des Seins und der Seele ist die philosophisch-psychologische Grundannahme Jungs. Aus ihr fließt die Energie des Lebens und bringt den lebendigen Prozeß in Gang. Das Ziel dieses Prozesses ist die Vereinigung der Gegensätze, die für die Persönlichkeit im Individuationsprozeß eine annähernde Verwirklichung erfahren kann. In diesem Prozeß repräsentieren der Traum und seine Bilder die „andere Seite", das Unbewußte und Irrationale, das in sich selbst und zum Bewußtsein Widersprüchliche, welches nach Integration verlangt.

2.9 Die Methode der Traumdeutung

Die andersartige Auffassung Jungs vom Wesen der Träume bedingt natürlich auch eine andere Methode der Traumdeutung. Diese Interpretation ist in ihrer Art nicht weniger schwierig als die Freudsche. Zwar ist bei Jung „das manifeste Traumbild der Traum selber", keine „Fassade, die den wirklichen Sinn verdeckt" (s. JGW XVI, 158), aber die Vieldeutigkeit und der Bedeutungsumfang der symbolischen Traumbilder und der Wechsel ihrer Bedeutung in Abhängigkeit von der psychologischen Gesamtsituation des Träumers bringt ihre eigenen Schwierigkeiten mit sich. Jung schreibt: „Das Verstehen der Träume ist nämlich eine so schwierige Sache, daß ich es mir schon längst zur Regel gemacht habe, wenn mir jemand einen Traum erzählt und nach meiner Meinung frägt, vor allem einmal zu mir selber zu sagen: ‚Ich habe keine Ahnung, was dieser Traum bedeutet' " (JGW VIII, 323).

Die kompensatorische Funktion des Traumes kann nur richtig bewertet werden bei subtiler Kenntnis der bewußten Einstellung des Träumers (s. ebd., 283). Wie bei Freud ist die weitere Bedingung zum Traumverständnis die Aufnahme eines sorgfältigen Kontextes zu jedem Traumelement. Jung selbst schreibt: „Es ist das große Verdienst FREUDs, der Traumforschung auf die Spur verholfen zu haben. Er hat vor allem erkannt, daß wir ohne den Träumer keine Deutung vornehmen können" (ebd., 325). Und weiter unten sagt Jung zur Methode: „Um den Sinn des Traumes festzustellen, habe ich auf Grund der oben erläuterten Erkenntnis ein Verfahren ausgebildet, das ich als das *Aufnehmen des Kontextes* bezeichne und das darin besteht, daß bei jeder hervorstehenden Einzelheit des Traumes durch die Einfälle des Träumers festgestellt wird, in welcher Bedeutungsnuance sie ihm erscheint" (ebd., 326). Dieser Kontext, der vom Träumer selbst stammt, wird ergänzt durch das Wissen des Analytikers, welcher die Struktur des Traumbildes vergleicht mit der ähnlicher Bilder, die als Niederschlag des kollektiven Unbewußten in Mythos, Märchen und religiösen Vorstellungen gefunden werden. „Es ist . . . unbedingt nötig, den auftauchenden Phantasiebildern, die dem Bewußtsein fremdartig, ja sogar bedrohlich gegenüberstehen, sozusagen einen Kontext zu geben, um sie dem Begreifen näher zu bringen. Dies geschieht, wie die Erfahrung zeigt, am besten durch das mythologische Vergleichsmaterial" (JGW XII, 49). Diese Einbettung des vom Träumer gelieferten symbolischen Bildmateriales in ein vergleichbares Material mythologischer Bilder, welches das Verstehen ermöglicht und gleichzeitig die individuelle persönliche Produktion in einen größeren allgemeinmenschlichen Zusammenhang stellt, nennt Jung *Amplifikation*. Wir haben bereits oben (s. Fünfter Teil A 6) gesehen, daß es falsch ist, Amplifikations- und Assoziations-Methode gegeneinander auszuspielen. Auch Jung benutzt die Assoziation des Träumers, freilich anders als Freud: er erhofft sich von ihnen nicht den Rekurs auf die kausalen pathogenetischen Glieder, welche für Freud in den latenten Traumgedanken auftauchen, (obwohl er diese Methode nicht einfach verwirft), sondern die genaue Kenntnis der Bedeutungsnuancen, die die Traumelemente für den Träumer und seine aktuelle und persönliche psychische Situation haben. Die eigentliche Amplifikation tritt ergänzend und naturgemäß erst dann hinzu, wenn die Traumsymbole auf der Ebene des kollektiven Unbewußten den Rang archetypischer Gestaltungen erreichen.

Zwei zunächst widersprüchliche Gesichtspunkte sind dabei zu beachten: Da die Träume als Ausdruck der zum Bewußtsein gegensätzlichen oder mindestens korrigierenden Einstellung des Unbewußten kompensatorischen Charakter haben, entspricht der Traumsinn im allgemeinen nicht dem, was die bewußte Einstellung bei oberflächlicher Betrachtung vermutet. Deswegen warnt Jung: „Entspricht der gefundene Traumsinn der Erwartung, so ist dies sogar ein Grund zu Mißtrauen; denn in der Regel ist der Standpunkt des Unbewußten komplementär oder kompensatorisch zum Bewußtsein und daher unerwartet ‚anders'" (JGW XII, 63). Vor allzu raschen Deutungen und Fehldeutungen schützt sich Jung von vornherein durch die heuristische Regel, sich „bei jedem Traumdeutungsversuch die Frage vorzulegen: welche bewußte Einstellung wird durch den Traum kompensiert" (JGW XVI, 164). Andererseits entstammt der Traum dem eigenen Unbewußten des Träumers und bringt diesem eine für ihn bestimmte höchstpersönliche Botschaft, die der intellektuellen und affektiven Bestätigung des Träumers bedarf, soll sie wirksam werden. Daher muß „wer bewußte Suggestion vermeiden will, eine Traumdeutung so lange als ungültig ansehen, bis jene Formel gefunden ist, die das Einverständnis des Patienten erreicht" (ebd., 156). (Hier liegt ein grundsätzlicher methodischer Unterschied zu Freud vor, der eine ausdrückliche Verneinung des Patienten als Zeichen des Widerstandes und geradezu als Bestätigung für die gefundene Deutung ansieht.)

Eine zureichende Sicherheit bekommt für Jung eine Deutung vor allem dann, wenn die Traummotive in einer größeren Traumserie wiederholt und von verschiedenen Seiten beleuchtet werden. Dabei werden Unvollkommenheiten und etwaige Irrtümer in der Deutung durch die nachfolgenden Träume evtl. berichtigt (siehe ebd., 159).

Abschließend noch zwei technische Hinweise:

Erstens: Die Überzeugung, daß im manifesten Traum das einzelne Traumelement nichts verbirgt, sondern vielmehr etwas ganz Besonderes und Spezifisches ausdrückt, verleiht der möglichst getreuen Reproduktion des Traumes anders als bei Freud große Wichtigkeit. Während Freud die Aufzeichnung des Traumes durch den Patienten eher ablehnt, leitet Jung seine Patienten an, „über ihre Träume und die Deutungen sorgfältig Buch zu führen. Auch leite ich sie an, ihre Träume in der angedeuteten Weise vorzubereiten, so daß sie ihren Traum mit dem Kontextmaterial aufgeschrieben schon zur Stunde bringen. In späteren Stadien lasse ich sie auch die Deutungen ausarbeiten. Auf diese Weise lernt es der Patient, auch ohne Arzt mit seinem Unbewußten richtig zu verfahren" (ebd., 160).

Zweitens: Jung verwirft die reduktiv-kausale Deutungsmethode Freuds nicht, sofern es um Deutungen geht, die auf der Objektstufe stattfinden. Er ergänzt sie durch seine Deutung auf der Subjektstufe. Das wirft die Frage auf, wo und wann man welche Deutungsmethode anwenden soll. Ich kann diese Frage hier nur kurz streifen: Man wird objektstufig deuten, wenn es in der Analyse im klassischen Sinne um die Auflösung der infantilen Komplexe und Bindungen geht, ebenso, wenn der Traum eine aktuelle konflikthafte Beziehung mit eindeutig gekennzeichneten realen Personen schildert. Dann werden die entsprechenden Assoziationen des Träumers zur aktuellen realen Situation oder zu den pathogenetisch wirksamen infantilen Reminiszenzen nicht ausbleiben. Sind jedoch die handelnden Personen und Situationen unbekannt, bleiben entsprechende Assoziationen aus, oder erkennt der Träumer selbst mit affektiver Beteiligung den symbolischen, mythologischen Charakter der Traumbilder und zeigt er sich von dessen numinosem Charakter berührt, dann wird die subjektstufige Deutung in ihr Recht treten.

Schließlich kann insbesondere die Ebene, auf der der Traum spielt, wechseln, obwohl die handelnden Personen die gleichen bleiben. Dies geschieht besonders innerhalb der Übertragung. „Sobald die Objektstufe der Deutung anfängt, monoton und ergebnislos zu werden, weiß man, daß es Zeit ist, die Figur des Arztes als ein Symbol für projizierte Inhalte aufzufassen, die dem Patienten zugehören" (JGW VIII, 306).*

* Vergleiche auch JGW VII, 91: „Wenn nun die analytische oder kausal-reduktive Deutung nichts Neues mehr bringt, sondern immer nur dasselbe in ver-

Das Kriterium für die Berechtigung einer Deutung ergibt sich bei Jung aus der Aufdeckung eines für den Träumer bedeutungsvollen Traumsinnes.

3. Schluß

Es ist Jung oft vorgeworfen worden, daß er durch seine Betonung der Autonomie und objektiven Bedeutung des Unbewußten, durch die Arbeit mit Symbol und Archetypus und insbesondere durch seine Betonung und Verselbständigung des „Innen" gegenüber der äußeren Realität, diese letztere aus dem Auge verliere und seine Adepten zu einer Art Flucht in ein Wolkenkuckucksheim verleiten würde. Jung selbst war sich dieser Gefahr wohl bewußt und hat immer wieder auf sie hingewiesen: „So sehr man auf der einen Seite die psychologische Bedeutung des Traumes unterschätzt, so groß ist auch die Gefahr für den, der sich viel mit Traumanalyse beschäftigt, daß er das Unbewußte in seiner Bedeutung für das reale Leben überschätzt ... Eine mehr oder weniger ausschließliche Berücksichtigung des Traumstandpunktes unter Übergehung der Bewußtseinslage wäre ... schlecht angebracht und nur geeignet, die bewußte Leistung zu verwirren und zu zerstören. Nur bei einer offenkundig ungenügenden und defekten bewußten Einstellung hat man ein Recht, dem Unbewußten einen höheren Wert zuzubilligen" (JGW VIII, 291/292). Und an anderer Stelle: „Die Erfahrung hat mir gezeigt, daß sich bei einiger Kenntnis der Traumpsychologie leicht eine Überschätzung des Unbewußten einstellt, welche die bewußte Entschlußkraft beeinträchtigt. Das Unbewußte funktioniert aber nur befriedigend, wenn das Bewußtsein seine Aufgaben bis zum Rande der Möglichkeit erfüllt" (ebd., 338). Offenbar wird mit dem oben genannten Vorwurf Jung etwas angekreidet, was lediglich einer fehlerhaften oder überzogenen Anwendung seiner Methode zuschulden kommen kann.

schiedenen Variationen, dann ist der Moment gekommen, wo man auf etwa auftauchende archetypische Motive achten muß. Kommt ein solches Motiv deutlich zum Vorschein, so ist auch der Zeitpunkt eingetreten, wo eine Änderung des Interpretationsverfahrens angezeigt ist."

Schließlich noch eine Bemerkung zu der Möglichkeit, Träume nach verschiedenen Methoden und Auffassungen zu deuten, und über die eigenartige Tatsache, daß Patienten in Freudschen Analysen offenbar vorwiegend Träume produzieren, die der Freudschen, und Patienten in Jungschen Analysen solche, die mehr der Jungschen Auffassung entgegenkommen. Zu dieser merkwürdig erscheinenden Tatsache hat sich Freud folgendermaßen geäußert: „Eines Tages schien der objektive Wert der Traumforschung durch die Beobachtung in Frage gestellt, daß die analytisch behandelten Patienten den Inhalt ihrer Träume nach den Lieblingstheorien ihrer Ärzte einrichten, indem die einen vorwiegend von sexuellen Triebregungen träumen, die anderen vom Machtstreben und noch andere sogar von der Wiedergeburt (W. Stekel) . . . Das Tatsächliche dieser Neuheit läßt sich bald als selbstverständlich und für die Theorie des Traumes belanglos erkennen. Die den Traum anregenden Tagesreste erübrigen von den starken Interessen des Wachlebens. Wenn die Reden des Arztes und die Anregungen, die er gibt, für den Analysierten bedeutungsvoll geworden sind, so treten sie in den Kreis der Tagesreste ein, können die psychischen Reize für die Traumbildung abgeben . . . Wie diese anderen Anreger des Traumes können auch die vom Arzt angeregten Gedankengänge im manifesten Trauminhalt erscheinen oder im latenten nachgewiesen werden" (FGW XI, 244/245).

Diese Erklärung trifft sicherlich zu, sie sagt zunächst jedoch nichts aus über Wert und Berechtigung der verschiedenen Auffassungen vom Traum. Man kann nämlich verschiedene Träume methodisch gleichartig interpretieren und man kann den gleichen Traum methodisch verschieden interpretieren. Die Frage ist nur, ob die verschiedenen Deutungen „richtig" sind, das heißt psychologisch einen für Arzt und Patienten befriedigenden Sinn ergeben. Hier zeigt sich, daß die Auffassung von Freud und Jung sich nicht ausschließen, sondern am rechten Ort und zur rechten Zeit angewendet, sich sinnvoll ergänzen. Dies deshalb, weil die Phänomene des Lebendigen durch eine kausale Erklärung allein nicht ausreichend beschrieben werden können. Dem Lebendigen ist die Kategorie der Sinnhaftigkeit eigen. (Oder doch mindestens ist sie eigen dem menschlichen Geiste, der aber seinerseits als ein Phänomen des Lebens in allen seinen Aspekten ernst genommen werden muß.) Sinnhaftigkeit kann aber nur erschlossen werden, durch eine finale Betrachtungsweise.

Dies gilt natürlich auch für die Betrachtung psychologischer Tatbestände: „Wenn ein psychologisches Faktum erklärt werden soll, so ist daran zu erinnern, daß das Psychologische eine doppelte Betrachtungsweise erfordert, nämlich die *kausale* und die *finale* . . . (JGW VIII, 275). Und weiter unten: „Dem naturwissenschaftlichen Geiste unserer Zeit, der streng kausalistisch denkt, liegt die kausale Betrachtung viel mehr. In Hinsicht einer naturwissenschaftlichen Erklärung der Traumpsychologie dürfte daher die FREUDsche kausale Betrachtungsweise außerordentlich viel für sich haben. Aber ich muß ihre Vollständigkeit bestreiten, denn die Psyche ist nicht bloß kausal zu erfassen, sondern erfordert auch eine finale Betrachtung. Erst eine Vereinigung beider Gesichtspunkte . . . vermag uns eine vollkommenere Auffassung vom Wesen des Traumes zu geben" (ebd., 281).

Ich hoffe, daß es mir wenigstens annäherungsweise gelungen ist, zu zeigen, daß sich die Gesichtspunkte Freuds und Jungs in Bezug sowohl auf den Traum als auch auf ihre tiefenpsychologischen Konzepte überhaupt zu einer „vollkommeneren Auffassung" ihres Gegenstandes, der menschlichen Psyche, ergänzen können. Und dies trotz und zugleich wegen aller Verschiedenheiten und Gegensätzlichkeiten in den Voraussetzungen und Anschauungsweisen der beiden Forscher.

Sechster Teil

Bemerkungen
über die Möglichkeit einer
Synthese in der praktischen
therapeutischen Arbeit

„Denn woraus entsteht die Einseitigkeit der Systeme? Antwort:...
nicht aus dem, was man behauptet, sondern aus dem, was man leugnet."
Schelling*

* Schelling V, 7 „Erlanger Vorträge"

Die Überzeugung, daß die Konzeptionen von Freud und von Jung – gerade wenn sie in ihrer Eigenart gesehen und verstanden werden – sich zu einer vollständigeren Erfassung der seelischen Phänomene ergänzen können, führt zwangsläufig zu einer Beeinflussung und wie ich glaube, zu einer Befruchtung, der praktischen Arbeit mit dem Patienten.
Allerdings scheint sich eine wesentliche Schwierigkeit daraus zu ergeben, daß die beiden Schulen verschiedene therapeutische Techniken entwickelt haben, die ihren Auffassungen jeweils am besten gerecht werden. Dieser Umstand steht einer Synthese in der Praxis vielleicht mehr im Wege als die Verschiedenheit der theoretischen Standpunkte.
Soweit ich weiß, liegen über die Einbeziehung schulfremder Auffassungen im Bereich der Literatur beider Schulen wenig Berichte vor*. Auch aus diesem Grunde ist es mir hier nur möglich, skizzenhafte Andeutungen zu geben, die naturgemäß überwiegend von meiner persönlichen Arbeitsweise und Erfahrung ausgehen**.

---

* Ich möchte hier jedoch an die Arbeiten von W. Bitter erinnern; in diesem Zusammenhang insbesondere an sein Buch „Die Angstneurose" (Bitter 1971). Bitter bemühte sich um eine „Synopsis" der Schulen, wobei er auch die Adlersche Schule mit einbezog, allerdings nicht mit gleichem Gewicht wie die von Freud und Jung. In der oben angeführten Arbeit gibt er Beispiele einer Analyse nach Freud und einer nach Jung. Er wählt dabei die Methode gemäß der Besonderheit der Persönlichkeit und der Erkrankung des Patienten und führt die einzelne Analyse im Wesentlichen jeweils nach Gesichtspunkten und Technik der betreffenden Schule allein durch.
Als Kenner der Psychoanalyse stellt W. Hochheimer unvoreingenommen die Jungsche Psychologie dar. Auch nach ihm richtet sich die Wahl der Behandlungsmethode nach den Gegebenheiten des jeweiligen Falles (Hochheimer 1966, 83). Jedoch geht Hochheimer nicht näher auf Gesichtspunkte der Praxis ein.
** Es kam mir in dieser Arbeit vor allem darauf an, zu versuchen, zwischen den theoretischen Grundlagen der beiden Lehrgebäude eine Brücke zu schlagen. Ich habe mich dabei eng an die Darlegungen von Freud und Jung selbst gehalten und auf eine eingehendere kritische Stellungnahme zu den beiden Systemen verzichtet, die mir im Rahmen dieser Arbeit, die vor allem darauf abzielt, dem Leser die beiden psychologischen Auffassungen zu erschließen, nicht angebracht erschien.
Eine kurzgefaßte, aber eingehende und kritische Darstellung der beiden tiefenpsychologischen Schulen gibt D. Wyss (1972).

1. Die Psychoanalyse Freuds als Fundament

Ich gehe also von meiner eigenen Erfahrung aus, ungeachtet der Wahrscheinlichkeit, daß es andere Möglichkeiten des Vorgehens geben mag. Persönlich glaube ich, daß, sofern man überhaupt beide Schulen bei der Arbeit berücksichtigt, die Freudsche Psychoanalyse, wie es auch den historischen Gegebenheiten entspricht, die theoretische und technische Grundlage bildet.

Deswegen gehe ich von der Annahme aus, daß der Analytiker eine im Freudschen Sinne analytische Haltung distanzierter Einfühlung und „gleichschwebender Aufmerksamkeit" (FGW VIII, 377) einnimmt, die ihn zunächst für den Patienten zu einer „Spiegelplatte" werden läßt, die dem Patienten sich selbst und sein von ihm gebrachtes Material reflektiert (siehe ebd., 384). (Die Wichtigkeit einer derartigen Haltung des Analytikers wird auch durch die moderne Entwicklung der Narzißmus-Theorie bestätigt, s. z. B. bei Kohut und Grunberger.)

Damit gibt der Analytiker vor allem einer spontanen Entwicklung der Assoziationen des Patienten Raum. Ebenso nehme ich an, daß der Analytiker in der Lage ist, Übertragung und Widerstand zu erkennen und zu analysieren. Dies ermöglicht im weiteren Fortgang die Entwicklung eines spontanen, das heißt vom Analytiker nicht willkürlich gelenkten Prozesses, innerhalb dessen es weitgehend vom Patienten selbst, seiner Persönlichkeit und der Art seiner Störung abhängt, welche Gesichtspunkte und Anschauungsformen, welche Deutungsmöglichkeiten und -prinzipien sich anbieten.

2. Die Einbeziehung der Auffassungen Jungs

Ich kann mich hier auf einige allgemeine, von Jung selbst genannte Gesichtspunkte berufen, die oben bereits kurz besprochen wurden (s. Vierter Teil, B 3).

2.1 Die Abhängigkeit vom Lebensalter des Patienten

Beim jungen Patienten, der noch ein Stück Leben expansiv zu erobern hat und bei dem die infantilen Bindungen einerseits großes Gewicht haben, andererseits aber noch lösbar erscheinen (insofern sie noch nicht zu weitgehend in starre Strukturbildungen eingemauert sind), werden die Erklärungsprinzipien und die Technik der Freudschen Psychoanalyse überwiegen.*

Bei den Patienten in der zweiten Lebenshälfte sind manchmal die Probleme, die sich aus den ungelösten infantilen Konflikten ergeben, nicht mehr so drängend. Sei es, daß sie zureichend gelöst sind, sei es, daß der Betreffende sich mit den Einschränkungen seines Lebens, die sich aus ihnen ergeben, arrangiert hat, sei es auch, daß sie in Strukturen eingeflossen sind, die der Patient als sich selbst zugehörig empfindet. Nachdem die Möglichkeiten, im äußeren Leben zu expandieren, erschöpft oder fragwürdig geworden sind, gewinnt die Frage nach dem Sinn, welche wir letzten Endes nur aus uns selbst beantworten können, an Gewicht. Die Zentrierung der Persönlichkeit, welche eng mit den Fragen von Wert und Sinn verknüpft ist, wird vorrangig: „Dem Menschen der zweiten Lebenshälfte bedeutet die Entwicklung der im Unbewußten schlummernden Gegensatzfunktion die Erneuerung des Lebens. Diese *Entwicklung geht aber nicht mehr über die Lösung von infantilen Bindungen*, Zerstörung von infantilen Illusionen und Übertragung der alten Bilder auf neue Figuren, sondern sie geht über das *Gegensatzproblem*" (JGW VII, 66). Dieser Weg über das Gegensatzproblem bedeutet, wie wir gesehen haben, den Weg der Individuation, der Selbstwerdung über die Auseinandersetzung mit den archetypischen Bildern.

Ich möchte hier jedoch einfügen, daß, wenn in der Jugend die Lösung von den Eltern (und dies bedeutet die hinlängliche Bewältigung der infantilen Konflikte), die Eroberung eines Stückes Welt, Leistung und Erfolg naturgemäß im Vordergrund stehen, wie es in der zweiten Lebenshälfte die Sinnfrage tut, doch beide Problemkreise ineinander verzahnt sind. Es handelt sich nur um eine Verlagerung von Schwerpunkten auf einer kontinuierlichen Entwicklungslinie. Auch in der Jugend ist die Sinnfrage aktuell. Sie ist aber noch verlötet mit der Problematik der Lösung von der älteren Generation und mit der realen Aufgabe der Existenzfindung. Sie wird deswegen expansiv nach außen gewendet und

---

* S. JGW VII, 79: „Wo noch Vater- und Mutterbild überwunden werden sollten, wo noch ein Stück äußeres Leben, das der Durchschnittsmensch natürlicherweise besitzt, zu erobern wäre, da sprechen wir besser gar nicht vom kollektiven Unbewußten und vom Gegensatzproblem."

z. B. an Gesellschaftsstrukturen abgehandelt, das heißt, sie wird projiziert. Andererseits wird beim älteren Menschen die Hinwendung auf sich selbst erschwert, wenn die Ablösung von den infantilen Konfliktfeldern nicht ausreichend gelungen ist. Schließlich bedeutet die übermäßige Betonung von Leistung, Erfolg, Durchsetzungsvermögen und äußerer Repräsentation in unserer modernen Gesellschaft in gewissem Sinne eine kollektive „Infantilisierung", die dem älteren Menschen oft einen Rollenzwang auferlegt, der seinen inneren Bedürfnissen widerspricht.

Das bedeutet für die Therapie, daß auch der ältere Patient häufig einer Analyse seiner infantilen Konflikte bedarf. Weil diese aber nur einen Sektor seiner Persönlichkeit ausmachen und er mit seiner reiferen Gesamtpersönlichkeit dem Leben anders gegenübersteht, als ein sehr junger Mensch, wird zugleich die Sinnfrage eine größere Bedeutung für ihn haben. Deswegen können unter Umständen die Analyse infantiler Konflikte und die therapeutische Wirkung des Individuationsprozesses sich gegenseitig unterstützen. Jede Lösung einer infantilen Abhängigkeit erleichtert den Weg der Selbstfindung und Selbstwerdung. Jeder Schritt auf dem Wege der Selbstwerdung erleichtert seinerseits zugleich die Überwindung infantiler Abhängigkeit. Diesen Vorstellungen legen wir einen natürlichen Entwicklungsablauf zugrunde – der eben von der Lösungsproblematik der Jugend zur Sinnfrage des älteren Menschen führt – und nützen die in ihm vorgegebenen Möglichkeiten für unsere therapeutische Hilfe aus.

2.2 Die Ablösung der Deutungsprinzipien Freuds durch Konzeptionen Jungs im Laufe einer Analyse

Das bisher Ausgeführte bedeutet lediglich eine Akzentverteilung. Man wird sich jeweils vom Patienten selbst führen lassen. Voraussetzung dafür ist, daß man mit möglichst großer Unvoreingenommenheit das Material, welches der Patient ausbreitet, beobachtet. Es kann nun sein, daß ein Patient sich über lange Zeit mit seinen infantilen Konflikten auseinandersetzt. Schließlich scheint eine gewisse Ermüdung einzutreten, insofern die monotone Wiederholung von Bildern und Einfällen einen Stillstand der Analyse zu signalisieren scheint. Besonders bei Patienten der zweiten Lebenshälfte muß man darauf achten, ob jetzt die

Analyse nicht eine andere Bedeutungsebene erreicht hat: „Wenn nun die analytische oder kausal-reduktive Deutung nichts Neues mehr bringt, sondern immer nur dasselbe in verschiedenen Variationen, dann ist der Moment gekommen, wo man auf etwa auftauchende archetypische Motive achten muß. Kommt ein solches Motiv deutlich zum Vorschein, so ist auch der Zeitpunkt eingetreten, wo eine Änderung des Interpretationsverfahrens angezeigt ist" (JGW VII, 91).

Die gleichen Bilder können jetzt auf einen neuen Sinngehalt hinweisen. Während sie zuvor Ausdruck der Auseinandersetzung mit den infantilen Objekten und ihren projektiven Ersatzfiguren waren, sind sie jetzt zu einer Darstellung der dem Subjekt eigen zugehörigen Inbilder geworden. Die objektstufige Auseinandersetzung mit äußeren Objekten ist übergegangen in eine subjektstufige Auseinandersetzung mit archetypischen Persönlichkeitsstrukturen, die primär dem Patienten selbst zugehören und deren eigentliches Gesicht für einige Zeit noch verborgen war unter der Überformung durch Züge der realen Außenobjekte, auf welche sie projiziert waren. Der analytische Prozeß hat die Ebene gewechselt, ist aus dem Bereich des persönlichen Unbewußten in den des kollektiven Unbewußten und der Archetypen übergewechselt. Das bedeutet, daß die Gesichtspunkte der Freudschen Analyse jetzt abgelöst werden müssen durch die der Jungschen Psychologie.

Es wäre nun falsch, einen strikten Gegensatz zwischen objektstufiger und subjektstufiger Deutung zu konstruieren. Die Deutungsmodi entsprechen nur einer Verlagerung des Schwerpunktes entweder auf die Objekte der Außenwelt oder auf die präformierten Inbilder des Subjektes. Innere und äußere Realität stehen aber in einer untrennbaren Wechselwirkung, insofern äußere Realität innerlich nur in den dem Menschen eigenen Formen von Wahrnehmen, Denken und Erleben aufgefangen und abgebildet werden kann und insofern andererseits die in uns präformierten Strukturen nur durch das Einströmen des „Objekt-Materials" der äußeren Welt zur bildhaften innerpsychischen Realität sich gestalten. In der ersten Lebenshälfte überwiegt die Frage, was das Außen, was die Welt sei und was ich selbst innerhalb dieser Welt darstelle. Sobald sich hier stabile Anschauungsformen und Vorstellungen herausgebildet haben, gewinnt in der zweiten Lebenshälfte die andere Frage an Bedeutung: Die Frage nach dem eigenen Sein, dem eigenen Wesen und dies in einem unmittelbareren, von dem Beziehungsgefüge der äußeren Realität stärker abgelösten Sinn. Aus der „naturwissenschaftlichen Frage" nach dem Warum, welche einmündet in die Erkenntnis von kausalen Abläufen, von Handhabbarkeiten und in die Beherrschung der Objekte, wird die „ontologisch-theologische" Frage nach Sein und Sinn in die eingeschlossen ist die Frage nach Gott. (Auch hier wäre es wieder falsch, einen Gegensatz zu konstruieren. Sinn- und werthaftes Erleben des eigenen, inneren Seins und Umgang mit den Objekten der äußeren Realität im sozio-kulturellen Umraum gehören ebenfalls zusammen.)

Bei dem Wechsel der Bedeutungsebene der Produktionen des Patienten gibt es natürlich Täuschungsmöglichkeiten. Die erwähnte Monotonie der Einfälle kann ein Widerstandsphänomen sein. Man wird das aus dem Stadium und dem bisherigen Verlauf der Analyse, aber auch aus den Fortschritten des Patienten in seinem realen Leben ablesen müssen. Wie im analytischen Prozeß überhaupt, ergibt sich aber eine Bestätigung oder Widerlegung unserer Auffassung oft aus dem Erfolg der Deutungen und dem weiteren Verlauf der Analyse.

2.3 Die parallele Anwendung Freudscher und Jungscher Erklärungsprinzipien

Häufiger scheint es der Fall zu sein, daß ein analytischer Prozeß, bei dem es offenkundig um die Bearbeitung infantilen, konflikthaften Materiales geht, von Anfang oder von einem bestimmten Zeitpunkt an, begleitet wird vom Auftauchen archetypischen Materiales aus dem kollektiven Unbewußten, in welchem sich ein final orientierter Prozeß ankündigt. Hier gewinnt man gelegentlich den Eindruck, daß die reduktive Auflösung des infantilen Konflikts die Energien freisetzt, welche einen final orientierten Prozeß in Gang setzen oder in diesen einfließen. Am leichtesten und deutlichsten ist das naturgemäß an den Träumen oder Traumserien zu sehen. Es scheint mir sogar fast so zu sein, daß sich Träume einer subjektstufigen und archetypischen Interpretation häufiger erschließen als einer Interpretation im Freudschen Sinne. Damit mag zusammenhängen, daß die Trauminterpretation in der Jungschen Analyse weiterhin den Status einer via regia zum Unbewußten einnimmt, während sie in der Psychoanalyse Freuds eher hinter der Bearbeitung von Übertragung und Widerstand zurücktritt.

Zur Erklärung des möglichen Überwiegens subjektstufiger Träume* kann man vielleicht die Freudsche Vorstellung heranziehen, daß im Schlafe die libidinösen Besetzungen von den (Außen-)Objekten zurückgezogen werden. Man kann dann weiter annehmen, daß die Besetzungen auch von den innerseelischen Objektrepräsentanzen zurückgezogen und auf die dem Subjekt primär zugehörigen Strukturen und Bilder verlagert werden. Die Libido regrediert in größere Tiefe und aktiviert Inhalte, die vornehmlich der inneren Welt des Subjektes angehören und ihre Ähnlichkeiten mit äußeren Objekten allenfalls der Überformung durch die „Eindrücke" aus der äußeren Welt verdanken. Insofern hat man dann das Recht, die auftauchenden Bilder als Repräsentanten von Persönlichkeitsanteilen des Patienten selbst und die Interaktionen des Träumers mit ihnen als einen innerseelisch orientierten Entwicklungsprozeß und nicht als eine auf Außenobjekte bezogene Auseinandersetzung aufzufassen. Eine weitere Begründung für die subjektstufige Auffassung von Träumen ist das, was Freud die Rücksicht auf „plastische Darstellbarkeit" (s. Fünfter Teil A 4.1) nennt. Der Traum kann auch das, was sich nur auf das eigene Innen des Träumers bezieht, nicht reflektieren, sondern er muß es ebenfalls in Bildern darstellen: Der Träumer erlebt seine eigene Kindlichkeit und Hilflosigkeit und er träumt sich als Kind. Oder er fühlt, wie von innen unbewußte Triebhaftigkeit und Aggression andrängen, und er träumt vielleicht von wilden Tieren etc.

Innen und Außen ergänzen sich und handeln ständig miteinander. Der an den ersten Objekten und ihren späteren Ersatzfiguren sich abspielende Prozeß (Freud), und der autonome, von wesensinhaerenten archetypischen Strukturen des Subjektes gesteuerte Prozeß (Jung), sind zwei Seiten eines im Grunde identischen Geschehens. Die Auseinandersetzung mit den ersten Objekten gelangt nie zu einem vollständigen Ende, und andererseits spielt von allem Anfang an archetypisches Geschehen als Grundlage unserer genotypisch festgelegten Erlebensformen und Erlebensmöglichkeiten mit.

Es ist ebenso wichtig wie schwierig, im analytischen Ablauf jeweils richtig einzuschätzen, welcher Seite aktuell die größere Bedeutung zu-

---

* Natürlich ist es eine Frage der Interpretation, ob man Traumelemente objekt- oder subjektstufig auffassen will. Es entspricht also einem persönlichen Eindruck, wenn ich vermute, daß sich Träume häufiger auf subjektstufiges Erleben beziehen.

kommt, das heißt welche Seite methodisch eine erfolgreiche Bearbeitung ermöglicht. In bezug auf die inzestuöse Übertragungsproblematik schreibt Jung: „Die Bewertung der Tatsache ist allerdings, der Natur des Gegenstandes entsprechend, über alle Maßen kontrovers. Handelt es sich um einen genuinen Inzesttrieb oder um eine pathologische Variation? Oder ist der Inzest eines der *Arrangements* (Adler) des Machtwillens? Oder handelt es sich um eine Regression normaler Libido auf infantile Vorstufen aus Furcht vor einer unmöglich scheinenden Lebensaufgabe? Oder ist die Inzestphantasie überhaupt nur symbolisch, und handelt es sich dabei um die Reaktivierung des Inzestarchetyps, der in der Geistesgeschichte eine so bedeutende Rolle spielt? . . . Die Erklärung wird variieren nach Art des Falles, des Stadiums der Behandlung und der Auffassungsgabe, resp. der Urteilsreife des Patienten" (JGW XVI, 190/191). Technisch ist es möglich, sicher aber nicht immer empfehlenswert, reduktive, objektstufige Interpretationen durch subjektstufige, archetypisch orientierte Deutungen zu ergänzen. Man wird in einer Analyse, die sich vorwiegend mit der Auflösung infantiler Bindungen beschäftigt, beim Auftauchen archetypischer Bilder nicht sofort die Behandlungsebene wechseln. Dies auch eingedenk des Hinweises von Jung: „Der Archetypus ist natürlich immer und überall am Werke. Aber die praktische Behandlung erfordert es nicht immer, namentlich nicht bei jungen Leuten, daß man irgenwie des näheren mit dem Patienten darauf eingeht" (JGW VII, 119). Ein „Springen" von einer Auffassungsposition zur anderen oder ein vom Material her ungenügend unterbautes Wechseln der Analysenebene begünstigt den Widerstand bzw. fordert Widerstand geradezu heraus. Andererseits führt ein starres Nicht-Berücksichtigen archetypischen Materials auch innerhalb einer reduktiv geführten Analyse zur Frustrierung des Patienten und eventuell zum Stillstand. Wenn Material vom Unbewußten mit Nachdruck angeboten wird, verlangt es eine ihm angemessene Bearbeitung. Die Integration archetypischen Materiales kann den Patienten bereichern und ihm indirekt die weitere reduktive Bearbeitung seiner infantilen Konflikte erleichtern.

2.4 Die Bedeutung von extravertierter oder introvertierter Einstellung des Patienten

Neben dem Lebensalter und der Lebenssituation einerseits und dem Stadium der Analyse andererseits, scheint eine wichtige Rolle zu spielen, ob beim Patienten eine extravertierte oder introvertierte Einstellung überwiegt. Extravertierte Patienten handeln ihre Konflikte naturgemäß am Objekt ab. Sie erleben sich selbst, das heißt ihr „Innen" mehr oder weniger ausschließlich in der Begegnung mit den Außenobjekten und in der Projektion auf diese. Introvertierte Menschen leben mehr mit ihrem eigenen „Innen". Vielleicht kann man sagen, daß sie sich unmittelbarer mit ihren Imagines als mit den Außenobjekten auseinandersetzen. In der denkenden (philosophischen) Auseinandersetzung mit der Welt ist für den Extravertierten die Realität der sinnlich wahrnehmbaren Dinge das Eigentliche, für den Introvertierten sind es die Ideen.*

Im analytischen Prozeß beobachtet man dementsprechend, daß beim Introvertierten die „autonome", von den (archetypischen) Inbildern gespeiste Seite des Prozesses rascher und stärker zum Tragen kommt als die „dialogische", welche an den Außenobjekten orientiert ist und die eine größere Affinität zum extravertierten Typ hat.

Bei einer „dialogisch" geführten Analyse im Sinne von Freud behält man gewissermaßen immer den Boden unter den Füßen, eben weil der Prozeß objektorientiert ist. Jedoch scheinen sich manche introvertierte Patienten geradezu zu weigern, in einen derartigen Prozeß einzutreten. Das entspricht nicht immer nur einem starken Widerstand, sondern der Besonderheit ihrer Erlebensweise. Bei solchen Patienten kann man dann eventuell hochinteressante zusammenhängende Traumserien bekommen, die einem innerpsychischen Prozeß entsprechen. Man kann dabei aber Gefahr laufen, daß dieser Prozeß gewissermaßen innerseelisch isoliert ab-

---

* Das beste Beispiel dafür ist der „Universalienstreit" der scholastischen Philosophie. In ihm würde dem extravertierten Denken die nominalistische Auffassung entsprechen, welche annimmt, daß nur den konkreten Einzeldingen Wirklichkeit zukomme, die Allgemeinbegriffe (Ideen) aber lediglich Abstraktionen seien, Namen, in denen das Denken nachträglich Ähnliches zusammenfasse. Dem introvertierten Denken zugeordnet wäre der „Begriffsrealismus", der den Allgemeinbegriffen (Ideen) eine metaphysisch objektive Realität im Sinne objektiver Wesenheiten zuspricht.

läuft, sich zwar in der Analyse abbildet, aber in der Realität des Patienten nicht „greift". Das bedeutet dann aber, daß sich im Patienten selbst ebenfalls nichts oder wenig ändert, weil sich Verhaltens- und Persönlichkeitsänderungen nur in der Interaktion im sozialen Beziehungsgefüge strukturieren und festigen können. In solchen Fällen steht die Analyse vor der Aufgabe eines Brückenschlages zwischen innerer und äußerer Realität, welcher erst dem von innen her potentiell Gegebenen die Realisierung ermöglicht.

3. Schlußbemerkung

Die Gefahr für die Praxis der Analyse liegt in einem unverbundenen Nebeneinander der theoretischen Konzepte und ihrer Anwendung; in einem gewissermaßen opportunistischen Elektizismus, der die Theorien im Gange der Analyse ausbeutet, indem er Zuflucht nimmt zu „Ad hoc-Interpretationen", ohne Berücksichtigung der Persönlichkeit des Analysanden und des Stadiums der Analyse und ohne deren Grundlinien herauszuarbeiten und die Verteilung der vom analytischen Material her gegebenen Gewichte zu kennen.

Man kann diese Gefahr jedoch vermeiden, wenn man sorgsam, ohne Gewalt und ohne Voreingenommenheit versucht, sich in den Patienten einzufühlen, ihn zu verstehen und erst in zweiter Linie darangeht, das von ihm gebotene Material in ein zur Verfügung stehendes Interpretationsmodell einzuordnen. Man erfährt dann, daß die Arbeit mit den beiden Konzeptionen von Freud und Jung eine Erweiterung unseres Verständnis-Spielraumes bedeutet und uns die Möglichkeit gibt, beweglicher auf Prozesse einzugehen, die sich im Patienten abspielen. Vieles wird dem Unvoreingenommenen trotzdem dunkel und unverständlich bleiben. Um so dankbarer wird er jedoch für jede Idee sein, die einen weiteren Bereich des Seelischen zu erhellen vermag.

Literaturverzeichnis

Aster, von 1963:
E. v. Aster, „Geschichte der Philosophie", Alfred Kröner, Stuttgart 1963

Balint 1970:
M. Balint, „Therapeutische Aspekte der Regression", Ernst Klett, Stuttgart 1970
Bitter 1971:
W. Bitter, „Die Angstneurose", Kindler, München 1971
Bormann 1972:
K. Bormann: „Platon: die Idee" in „Grundprobleme der großen Philosophen, Philosophie des Altertums und Mittelalters", UTB 146, Vandenhoeck und Ruprecht in Göttingen 1972
Braun 1971:
H. J. Braun, „L. Feuerbachs Lehre vom Menschen", Frommann-Holzboog, Stuttgart 1971
Braun 1972:
H. J. Braun, „Die Religionsphilosophie L. Feuerbachs", Frommann-Holzboog, Stuttgart 1972

Dimitrov 1974:
Dimitrov, Chr. u. Gerdjikov, Iv., „Ludwig Feuerbach und Sigmund Freud", Ztschr. für psychosomat. Med. u. Psychoanalyse, 20. Jahrg. 1974, 87 ff

Erikson 1961:
Erik H. Erikson, „Kindheit und Gesellschaft", Ernst Klett, Stuttgart 1961

Feuerbach (mit Angabe des Bandes):
„Ludwig Feuerbach, Sämtliche Werke"
Frommann-Holzboog, Stuttgart 1959/64
Bd VI: „Das Wesen des Christenthums"
Bd VII: „Das Wesen der Religion"
Bd VIII: „Vorlesungen über das Wesen der Religion"
Bd X: „Zur Ethik"
Franz, von 1972:
Marie-Louise von Franz, „C. G. Jung", Verlag Huber, Frauenfeld und Stuttgart 1972
FGW (mit Angabe des Bandes):
Sigmund Freud, „Gesammelte Werke", S. Fischer Verlag, Frankfurt am Main
Bd I:
„Studien über Hysterie"
Bd II/III:
„Die Traumdeutung"
„Über den Traum"
Bd IV:
„Zur Psychopathologie des Alltagslebens"
Bd V:
„Drei Abhandlungen zur Sexualtheorie"
„Bruchstück einer Hysterie-Analyse"
Bd VIII:
„Die psychogene Sehstörung in psychoanalytischer Auffassung"

„Die zukünftigen Chancen der psychoanalytischen Therapie"
„Die Handhabung der Traumdeutung in der Psychoanalyse"
„Formulierungen über zwei Prinzipien des psychischen Geschehens"
„Zur Dynamik der Übertragung"
„Ratschläge für den Arzt bei der psychotherapeutischen Behandlung"
„Zur Einleitung der Behandlung"
Bd X:
„Ein Traum als Beweismittel"
„Zur Geschichte der psychoanalytischen Bewegung"
„Erinnern, Wiederholen, Durcharbeiten"
„Zur Einführung des Narzißmus"
„Triebe und Triebschicksale"
„Das Unbewußte"
„Bemerkungen zur Übertragungsliebe"
„Metapsychologische Ergänzungen zur Traumlehre"
Bd XI:
„Vorlesungen zur Einführung in die Psychoanalyse"
Bd XII:
„Eine Schwierigkeit in der Psychoanalyse"
„Wege der psychoanalytischen Therapie"
Bd XIII:
„Jenseits des Lustprinzips"
„Massenpsychologie und Ich-Analyse"
„‚Psychoanalyse' und ‚Libidotheorie' "
„Das Ich und das Es"
„Bemerkungen zur Theorie und Praxis der Traumdeutung"
„Das ökonomische Problem des Masochismus"
Bd XIV:
„Selbstdarstellung"
„Die Zukunft einer Illusion"
„Das Unbehagen in der Kultur"
Bd XV:
„Neue Folge der Vorlesungen zur Einführung in die Psychoanalyse"
Bd XVI:
„Die endliche und die unendliche Analyse"
Bd XVII:
„Abriß der Psychoanalyse"

Freud, Briefe 1960:
S. Freud, Briefe 1873-1939, S. Fischer 1960
Frey – Rohn 1969:
Liliane Frey-Rohn, „Von Freud zu Jung", Rascher Verlag, Zürich und Stuttgart 1969

Gillespie 1971:
W. H. Gillespie, „Aggression und Trieblehre", „Psyche" XXV, 1971
Glover 1968:
E. Glover, „The Birth of the Ego" George Allen and Unwin, London 1968
Greenson 1966:
R. Greenson, „Das Arbeitsbündnis und die Übertragungsneurose", „Psyche" XX, 1966

Greenson 1971:
R. Greenson und M. Wexler, „Die übertragungsfreie Beziehung in der psychoanalytischen Situation", „Psyche" XXV, 1971
Greenson 1973:
R. Greenson, „Technik und Praxis der Psychoanalyse", Ernst Klett, Stuttgart 1973
Grunberger 1976:
B. Grunberger, „Vom Narzißmus zum Objekt", Suhrkamp, Frankfurt/Main 1976

Hartmann 1970:
Heinz Hartmann, „Ich-Psychologie und Anpassungsproblem", Ernst Klett, Stuttgart, 1970
Hartmann 1972 a:
Heinz Hartmann, „Die Grundlagen der Psychoanalyse", Ernst Klett, Stuttgart 1972
Hartmann 1972 b:
Heinz Hartmann, „Ich-Psychologie", Ernst Klett, Stuttgart 1972
Hartmann, N. 1964:
Nicolai Hartmann, „Der Aufbau der realen Welt", Walter de Gruyter, Berlin 1964
Heimann 1950:
Paula Heimann, „On Counter-Transference", Int. J. Psycho-Anal. 31, 1950
Hochheimer 1968:
W. Hochheimer, „Die Psychotherapie von C. G. Jung", Hans Huber, Bern und Stuttgart 1966
Hoffmann 1950:
E. Hoffmann, „Platon", Atemis, Zürich 1950

Jacobi 1957:
J. Jacobi, „Komplex, Archetypus, Symbol", Rascher, Zürich und Stuttgart 1957
Jacobi 1959:
J. Jacobi, „Die Psychologie von C. G. Jung", Rascher, Zürich und Stuttgart 1959
Jaffé 1967:
Aniela Jaffé (Hsg.), „Erinnerungen, Träume, Gedanken von C. G. Jung", Rascher, Zürich und Stuttgart 1967
Jones 1962:
E. Jones, „Sigmund Freud"
H. Huber, Bern und Stuttgart 1962
Jones 1965:
E. Jones, „Die Psychoanalyse und die Triebe", „Psyche" XIX, 1965
JGW (mit Angabe des Bandes):
C. G. Jung, Gesammelte Werke, Rascher Verlag, Zürich und Stuttgart
Bd IV:
„Versuch einer Darstellung der psychoanalytischen Theorie" (1913)
„Über Psychoanalyse" (1916)
„Der Gegensatz Freud und Jung" (1929)
Bd V:
„Symbole der Wandlung"
Bd VI:
„Psychologische Typen"
Bd VII:
„Über die Psychologie des Unbewußten"

„Die Beziehungen zwischen dem Ich und dem Unbewußten"
„Die Struktur des Unbewußten"
Bd VIII:
„Über die Energetik der Seele"
„Die transcendente Funktion"
„Allgemeines zur Komplextheorie"
„Instinkt und Unbewußtes"
„Die Struktur der Seele"
„Theoretische Überlegungen zum Wesen des Psychischen"
„Allgemeine Gesichtspunkte zur Psychologie des Traumes"
„Vom Wesen der Träume"
„Das Grundproblem der gegenwärtigen Psychologie"
„Synchronizität als ein Prinzip akausaler Zusammenhänge"
Bd IX/I:
„Über den Archetypus mit besonderer Berücksichtigung des Animabegriffes"
Bd IX/II:
„Aion"
Bd XI:
„Zur Psychologie östlicher Meditation"
Bd XII:
„Psychologie und Alchemie"
Bd XIV/I + II:
„Mysterium Conjunctionis"
Bd XVI:
„Grundfragen der Psychotherapie"
„Die praktische Verwendbarkeit der Traumanalyse"
„Zur Psychologie der Übertragung"
Jung, Briefe:
C. G. Jung, Briefe I-III, Walter, Olten 1972-1973

Kant 1781/1787:
I. Kant, Kritik der reinen Vernunft. Hartknoch, Riga 1781, [2]1787. Zitiert nach: Werke in sechs Bänden. Herausgegeben von W. Weischedel, Band II. Insel, Wiesbaden 1956
Kemper 1969:
W. Kemper „Übertragung und Gegenübertragung als funktionale Einheit" in „Jahrbuch der Psychoanalyse" VI, 1969, Hans Huber, Bern
Kernberg 1975:
O. F. Kernberg, „Zur Behandlung narzißtischer Persönlichkeitsstörungen", „Psyche" XXIX, 1975
Klein 1962:
Melanie Klein, „Das Seelenleben des Kleinkindes", Ernst Klett, Stuttgart 1962
Kohut 1973:
H. Kohut, „Narzißmus", Suhrkamp, Frankfurt/Main 1973
Kuiper 1969:
P. C. Kuiper, „Zur Metapsychologie von Übertragung und Gegenübertragung", „Psyche" XXIII, 1969

Laplance/Pontalis 1972:
J. Laplance/J.-B. Pontalis, „Vokabular der Psychoanalyse", Suhrkamp, Frankfurt/Main 1972

Loch 1965 a:

W. Loch, „Voraussetzungen, Mechanismen und Grenzen des psychoanalytischen Prozesses", Hans Huber, Bern 1965

Loch 1965 b:

W. Loch, Übertragung-Gegenübertragung", „Psyche" XIX, 1965

Lorenz 1975:

K. Lorenz, „Die Rückseite des Spiegels", R. Piper, München 1973

Lorenzer 1972:

A. Lorenzer, „Kritik des psychoanalytischen Symbolbegriffs", Suhrkamp, Frankfurt/Main 1972

Mahler 1972:

Margot S. Mahler, „Symbiose und Individuation", Ernst Klett, Stuttgart 1972

Meier 1972:

C. A. Meier, „Die Bedeutung des Traumes", Walter, Olten und Freiburg im Breisgau 1972

Menninger 1977:

K. A. Menninger u. Ph. S. Holzman, „Theorie der psychoanalytischen Technik", Frommann-Holzboog, Stuttgart 1977

Moersch 1976:

E. Moersch, „Symbol, Repräsentanz, Primärprozeß", „Psyche" XXX, 1976, 503 ff

Morin 1974:

E. Morin, „Das Rätsel des Humanen", R. Piper, München 1974

Neumann 1971:

E. Neumann, „Ursprungsgeschichte des Bewußtseins", Walter, Olten 1971

Nunberg 1959:

H. Nunberg, „Allgemeine Neurosenlehre", Hans Huberg, Bern 1959

Phillips 1962:

J. H. Phillips, „Psychoanalyse und Symbolik", H. Huber, Bern und Stuttgart 1962

Pieper 1966:

J. Pieper, „Wahrheit der Dinge", Kösel-Verlag 1966

Platon: Phaidon:

in Platon, „Meisterdialoge", Artemis, Zürich 1958

Platon: Phaidros:

in Platon, „Meisterdialoge", Artemis, Zürich 1958

Platon: Staat:

in Platon, „Der Staat", Artemis, Zürich 1950

Platon: Timaios:

in Platon, „Spätdialoge" Bd II, Artemis, Zürich 1969

Rapaport 1973:

D. Rapaport, „Die Struktur der psychoanalytischen Theorie", Ernst Klett, 1973

Reich 1960:

Anni Reich, „Einige Bemerkungen zur Gegenübertragung" in „Jahrbuch der Psychoanalyse" Bd I, 1960

Sandler 1973:
  J. Sandler, Ch. Dare, A. Holder, „Die Grundbegriffe der psychoanalytischen Thera-
  pie", Ernst Klett, Stuttgart 1973
Schelling 1965 (mit Angabe des Bandes): ·
  „Schellings Werke" herausgegeben von Manfred Schröter, Münchner Jubiläumsdruck
  1927 unveränderter Nachdruck 1965, C. H. Beck Verlagsbuchhandlung, München
  Bd I: „Ideen zu einer Philosophie der Natur",
       „Von der Weltseele"
  Bd III: „Vorlesungen über die Methode des akademischen Studiums",
       „Philosophie der Kunst"
  Bd IV: „Stuttgarter Privatvorlesungen"
       „Über das Wesen deutscher Wissenschaft"
       „Die Weltalter"
  Bd. V: „Erlanger Vorträge"
  Bd VI: „Historisch-kritische Einleitung in die Philosphie der Mythologie"
       „Philosophie der Mythologie"
Schmidt 1977:
  A. Schmidt, „Ludwig Feuerbach: Anthropologischer Materialismus" in
  „Grundprobleme großer Philosophen, Philosophie der Neuzeit II",
  UTB Vandenhoeck u. Ruprecht in Göttingen
Sertillanges 1954:
  A. D. Sertillanges, „Thomas von Aquin", J. Hegner, Köln und Olten 1954
Speidel 1972:
  H. Speidel, „Freuds Symbolbegriff"
  in „Psyche", 31. Jhrg. 1977, 689 ff
Spinoza:
  Spinoza, „Die Ethik", Alfred Kröner, Stuttgart 1966
Suzuki 1972:
  D. T. Suzuki, „Die große Befreiung", O. W. Barth, Weilheim 1972
Sterba:
  Richard Sterba zitiert bei Sandler 1973

Ticho 1969:
  E. und G. Ticho, „Das Behandlungsbündnis und die Übertragungsneurose" in
  „Jahrbuch der Psychoanalyse" Bd VI, 1969
Topitsch 1975:
  E. Topitsch „Die Voraussetzungen der Transcendentalphilosophie", Hoffmann und
  Campe, Hamburg 1975

Waelder 1963:
  R. Waelder, „Die Grundlagen der Psychoanalyse", Huber und Klett 1963
Wisdom 1967:
  J. O. Wisdom, „Die psychoanalytischen Theorien über die Melancholie" in „Jahr-
  buch der Psychoanalyse" Bd IV, 1967
Wyss 1972:
  D. Wyss, „Die tiefenpsychologischen Schulen von den Anfängen bis zur Gegenwart",
  Vandenhoeck & Ruprecht in Göttingen 1972

Zeltner 1954:
  H. Zeltner, „Schelling", Frommann-Holzboog, Stuttgart 1954